NAZISMO E GUERRA

Richard Bessel

NAZISMO E GUERRA

Tradução
Maria Beatriz de Medina

Publicado primeiramente no Reino Unido sob o título *Nazismo e Guerra* de Richard Bessel.

Publicado mediante acordo com Weidenfeld & Nicolson.

"Um livro da Weidenfeld & Nicolson"

EDITORA OBJETIVA LTDA.
Rua Cosme Velho, 103
Rio de Janeiro – RJ – CEP: 22241-090
Tel.: (21) 2199-7824 – Fax: (21) 2199-7825
www.objetiva.com.br

Título original
Nazism and War

Capa
Rodrigo Rodrigues

Imagem de capa
James A. Guilliam/Getty Images

Revisão
Diogo Henriques
Raquel Correa
Rita Godoy
Rodrigo Rosa

Editoração eletrônica
Abreu's System Ltda.

CIP-BRASIL. CATALOGAÇÃO NA PUBLICAÇÃO
SINDICATO NACIONAL DOS EDITORES DE LIVROS, RJ

B465n

Bessel, Richard

Nazismo e guerra / Richard Bessel; tradução Maria Beatriz de Medina. – 1. ed. – Rio de Janeiro : Objetiva, 2014.

Tradução de: *Nazism and War*
255p. ISBN 978-85-390-0572-7

1. Hitler, Adolf, 1889-1945. 2. Nazismo – Alemanha. 3. Guerra Mundial, 1939-1945. I. Título.

14-10269 CDD: 940.5344
CDU: 94(100)'1939/1945'

SUMÁRIO

AGRADECIMENTOS

Este pequeno livro é uma tentativa de examinar o nazismo concentrando--se no que estava no seu núcleo: a guerra racista. É isso que fornece a estrutura narrativa do livro e o critério de seleção para os tópicos que foram incluídos e os que tiveram de ficar de fora. O grosso do texto foi esboçado quando eu estava na Alemanha no outono de 2002 e no inverno de 2003. Nesse período, tive o grande privilégio de gozar da hospitalidade e dos recursos da Universität der Bundeswehr, em Hamburgo, e, depois, do Max-Planck-Institut für Geschichte, em Göttingen. Quero agradecer aos meus colegas acadêmicos e à equipe de apoio dessas duas excelentes instituições, sem a ajuda das quais eu não escreveria este livro. Em especial, quero deixar pública minha dívida de gratidão para com dois colegas que tornaram possível, produtiva e agradável minha estada em Hamburgo e Göttingen: professor Bernd Wegner, da Universität der Bundeswehr, e professor Alf Lüdtke, do Max-Planck-Institut. Sobretudo por meio de discussões ao longo dos anos, ambos me ajudaram enormemente a elaborar minhas ideias sobre os temas aqui discutidos. Também gostaria de agradecer à Fundação Alexander von Humboldt pelo apoio ao longo dos anos, que possibilitou os primeiros períodos de pesquisa na Alemanha; essa pesquisa, logo após as duas guerras mundiais, acabou chegando direta e indiretamente a este livro. Numa época em que universidades e institutos de pesquisa se veem sob pressão financeira crescente, é ainda mais importante dar crédito a instituições que, pela sua prática, continuam a afirmar que a pesquisa acadêmica não é apenas uma questão de custo, mas também de valores.

ABREVIATURAS

BDM *Bund deutscher Mädel* (Liga das Moças Alemãs)
DAF *Deutsche Arbeitsfront* (Frente Alemã do Trabalho)
PD Pessoas Desalojadas
Gestapo *Geheime Staatspolizei* (Polícia Secreta do Estado)
HJ *Hitler Jugend* (Juventude Hitlerista)
KPD *Kommunistische Partei Deutschlands* (Partido Comunista da Alemanha)
NSDAP *Nationalsozialistische Deutsche Arbeiterpartei* (Partido Nacional--Socialista dos Trabalhadores Alemães)
NSF *Nationalsozialistische Frauenschaft* (Liga das Mulheres Nacional-Socialistas)
OKH *Oberkommando des Heeres* (Alto-Comando do Exército)
OKW *Oberkommando der Wehrmacht* (Alto-Comando das Forças Armadas)
RAF *Royal Air Force* (Real Força Aérea britânica)
RSHA *Reichssicherheitshauptamt* (Gabinete Central de Segurança do Reich)
SA *Sturmabteilungen* (Tropa de Choque)
SD *Sicherheitsdienst* (Serviço de Segurança da SS)
SPD *Sozialdemokratische Partei Deutschlands* (Partido Social-Democrata da Alemanha)
SRP *Sozialistische Reichspartei* (Partido Socialista do Reich)
SS *Schutzstaffel* (Brigada de Defesa)

INTRODUÇÃO

O nazismo era inseparável da guerra. Como movimento político, o nacional-socialismo alemão cresceu e triunfou num país profundamente marcado pela experiência e pela derrota na Primeira Guerra Mundial. O seu líder encontrou o significado da vida na guerra, que descreveu como "a mais inesquecível e a maior época da minha vida", comparada à qual "todo o passado desaparecia totalmente".[1] Como ideologia política, o nazismo girava em torno da guerra e do combate: lutar era, ao mesmo tempo, o principal propósito das nações e o parâmetro da saúde de uma "raça". A ideologia do nazismo era uma ideologia de guerra, que via a paz como mera preparação para a guerra, que postulava um combate eterno entre as supostas raças e que se concretizou em guerras iniciadas para redesenhar o mapa racial do continente europeu. A prática política do nazismo era agressiva e belicosa, levando violência às ruas da Alemanha e orgulhando-se com formações de soldados políticos fardados em estilo militar. Raramente a linguagem da guerra esteve ausente da propaganda do movimento e do regime nazistas. Assim que capturou o poder do Estado, o seu comando seguiu uma trajetória de notável coerência, embora irracional e, em última análise, autodestrutiva, rumo à guerra. O comando nazista buscou militarizar a economia e a sociedade alemãs e doutrinar a população para aceitar a guerra voluntariamente e até aprová-la com entusiasmo. Provocou uma Segunda Guerra Mundial que se mostrou ainda mais destrutiva do que a Primeira. Mudou a natureza da guerra e acrescentou, aos horrores do conflito em massa numa época industrial, a barbárie de uma guerra racista de extermínio. Ofereceu ao povo alemão a participação não num processo político democrático, mas na violência e na guerra. Levou a guerra a quase todos os pontos do continente europeu e à vida de quase todas as famílias alemãs. Trouxe à Alemanha uma derrota jamais sofrida por nenhuma outra nação e, na sua esteira, forçou os alemães a dar um jeito de ressurgir dos escombros políticos, econômicos, sociais e psicológicos da guerra mais terrível já travada pelo homem e do mais terrível frenesi de matança da história da humanidade.

Nazismo e guerra formam o pivô no qual girou o século XX, não só na Alemanha como no continente europeu. No centro da tumultuada história da Europa no século XX esteve a disseminação e por fim a contenção, após enorme derramamento de sangue, das ondas de choque criadas pela Primeira Guerra Mundial.[2] Com a Primeira Guerra, o verniz de civilidade e até de civilização foi arrancado de sociedades de toda a Europa. Os canhões de agosto de 1914 anunciaram uma época em que dezenas de milhões de europeus tiveram morte violenta e centenas de milhões foram subjugados por ditaduras cruéis nas quais o bem do indivíduo foi subordinado ao que se considerava o bem coletivo. Com a destruição do Terceiro Reich em 1945, a maré virou, por meio de uma guerra mundial selvagem e destrutiva e a um custo enorme. Mas só no final do século XX — com o encerramento do período do pós-guerra, a unificação alemã e o colapso do comunismo na União Soviética e em toda a Europa oriental — os desdobramentos profundamente destrutivos que se seguiram à catástrofe da Primeira Guerra Mundial tiveram fim no continente europeu.

Assim, consideramos que as origens do nazismo não remontam primariamente a estruturas sociais e econômicas há muito estabelecidas e de certa forma peculiares à Alemanha, mas sim ao efeito profundamente desestabilizador da Primeira Guerra Mundial e da derrota dos alemães. De todo modo, o nazismo também foi uma manifestação e o ponto culminante de um tema antigo da história europeia moderna, isto é, o racismo. A crença de que os seres humanos podem ser divididos em "raças" e que essas "raças" podem ser classificadas numa hierarquia de valor humano tomou forma e conquistou apoio generalizado muito antes que os canhões começassem a disparar em 1914. O nazismo precisa, portanto, ser entendido como expressão de um sistema de crenças e pensamentos que obteve ampla difusão na Europa do século XIX e que dificilmente seria exclusivo da Alemanha. Exclusivo da Alemanha, contudo, foi que um grande número de bandidos políticos, inspirados por uma ideologia racista grosseira, conseguisse tomar o poder de uma das nações industriais mais desenvolvidas do mundo e usar esse poder para travar uma guerra em escala até então inimaginável. Foi esse fato que permitiu ao nazismo se tornar a aplicação mais terrível do racismo que já apareceu na história do mundo.

As campanhas nazistas de genocídio racista — acima de tudo a tentativa de eliminar toda a população judia da Europa — passaram com justiça a ocupar o centro do palco na pesquisa recente sobre o Terceiro Reich. Conforme o interesse na classe e na consciência de classe murchava com o recuo do marxismo como inspiração dos historiadores, conforme eram disponibilizados novos arquivos de fontes, relativos sobretudo às atividades dos ocupantes nazistas da Europa oriental durante a guerra, e conforme os historiadores passavam a levar mais a sério a ideologia nazista, a "raça" foi posta no centro das investigações históricas. Não só a florescente pesquisa do assassinato dos judeus da Europa[3] e as impressionantes e detalhadas investigações sobre a ocupação e o genocídio nazistas na Polônia oriental (Galícia), na Bielorrússia e nos países bálticos,[4] como também os estudos sobre o corpo de comandantes do Escritório Central de Segurança do Reich que formou o organismo executivo das campanhas de genocídio,[5] sobre a regulamentação do casamento e da política familiar da Alemanha nazista,[6] sobre o ataque nazista aos ciganos da Europa,[7] sobre o tratamento de pessoas rotuladas como "associais",[8] sobre a criminosa polícia investigativa do Terceiro Reich,[9] sobre as políticas nazistas de povoamento,[10] sobre o império econômico criado pela SS,[11] sobre medicina e eugenia,[12] só para citar alguns, puseram a "raça" no centro das suas deliberações. Hoje, escrever sobre o nazismo é escrever sobre o racismo nazista e a sua concretização em campanhas deliberadas, organizadas e abrangentes de homicídio em massa. No seu aspecto mais estridente, o novo paradigma foi apresentado por Michael Burleigh e Wolfgang Wippermann, que escreveram: "O principal objetivo da política social [nazista] continuava a ser a criação de uma nova ordem racial hierárquica. Tudo o mais estava subordinado a essa meta, inclusive a conduta do regime nas relações exteriores e na guerra. Aos olhos dos políticos raciais do regime, a Segunda Guerra Mundial era, acima de tudo, uma guerra racial a ser travada com imensa brutalidade até o fim."[13] É difícil discordar. Burleigh e Wippermann apresentam o argumento indiscutível de que as interpretações baseadas no totalitarismo, na modernização ou nas teorias globais do fascismo erram o alvo porque deixam de abordar o que realmente importava no nacional-socialismo: a guerra e o homicídio em massa com inspiração racial.

Mas uma concentração estreita na "raça" corre o risco de negligenciar aspectos importantes da história do nazismo: o desenvolvimento da economia do Terceiro Reich, a vida cotidiana dos alemães sob o regime nazista, a atratividade da ideia de abolir as diferenças de classe numa "comunidade nacional" (*Volksgemeinschaft*), o fortalecimento e as campanhas militares que, afinal de contas, foram a principal preocupação de Hitler durante a maior parte do seu período como líder do "Estado racial". É claro que nenhum desses temas pode ser separado do racismo nazista. O Terceiro Reich pode ter sido um dos grandes regimes distributivos dos tempos modernos, visando a igualdade e uma sociedade sem classes entre os membros da *Volksgemeinschaft*; entretanto, em última análise, isso se baseava na exploração de outros povos e no saque sistemático da propriedade de judeus mandados para a morte.[14] No Terceiro Reich, a principal função da economia era fornecer os recursos necessários para travar guerras raciais; os interesses e as oportunidades cotidianos dos alemães eram cada vez mais afetados pela propaganda e por políticas que tinham em seu centro ideias de raça; a *Volksgemeinschaft* era aquela em que um oficial do exército poderia se casar com a filha de um operário, mas não com uma judia; o bem-estar do povo alemão dependia cada vez mais da escravização de outros povos; e as forças armadas alemãs se envolveram consciente e voluntariamente em guerras de extermínio racial. Numa frase recente e memorável, Götz Aly descreveu isso como uma "unidade de política econômica, social, racial e bélica que assegurou apoio a esse Estado".[15] O conceito nazista de "raça" e a crença numa luta eterna e essencial entre raças tratavam da guerra — a guerra contra um inimigo político interno, a guerra contra os judeus, a guerra contra os eslavos e a guerra contra qualquer um que ficasse no caminho dos planos dos alemães racialmente puros de escravizar os vizinhos e se instalar em todo o continente europeu.

Este livro pretende apresentar uma discussão concisa do nazismo concentrando-se no que há no seu núcleo: luta e guerra concebidas racialmente. A guerra foi causa e efeito, condição e consequência do nazismo. A guerra foi condição do sucesso dos nazistas e essência do seu projeto; dominou as atividades do regime nazista e a vida dos povos por ele subjugados;

e as consequências das guerras deflagradas pelo Terceiro Reich estenderam-se muito mais do que o próprio nazismo. É isso que dá estrutura a este livro: quatro ensaios que examinam a relação entre o nacional-socialismo alemão e a guerra, dispostos em sequência cronológica: o período posterior à Primeira Guerra Mundial, sem a qual seria difícil imaginar a ascensão e o triunfo do nazismo; o caminho para a Segunda Guerra Mundial, que dominou a política nazista depois que Hitler passou a liderar o governo alemão; a condução da Segunda Guerra Mundial, na qual a ideologia nazista se concretizou numa guerra racista de extermínio; e o período posterior à Segunda Guerra Mundial, no qual os escombros deixados pelo nazismo afetaram a vida de alemães e europeus muito além de maio de 1945.

Abordar a história do nazismo dentro desse arcabouço permite, e até exige, integrar história política, econômica, social e militar. Além disso, oferece um caminho através de parte do imenso volume de literatura especializada na história do Terceiro Reich gerado nas últimas décadas. Isso amplia necessariamente as fronteiras cronológicas da história do nazismo além do período compreendido entre os anos de 1933 e 1945, que marcam o início e o fim do domínio de Hitler. Ou seja, significa examinar o nazismo tanto como pós-história do que o precedeu, no caso a Primeira Guerra Mundial, quanto como pré-história do que ocorreu depois da erradicação do Terceiro Reich em maio de 1945. O nazismo, além de deixar na sua esteira sofrimentos sem paralelo, também foi seguido pela criação final de uma Alemanha (Ocidental) e uma Europa (ocidental) extremamente estáveis e prósperas. Essa história de sucesso do pós-guerra, se é que se pode chamá-la assim, também foi consequência do nazismo e da guerra, mas concretizada a um custo enorme — num continente dividido, sobre os ossos de dezenas de milhões de pessoas que morreram em consequência da violência e da destruição provocadas pela Alemanha nazista. A ascensão e a queda do nazismo e as guerras provocadas pelo Terceiro Reich afetaram profundamente a sociedade, a política e as mentalidades alemãs e europeias, e continuariam a afetá-las durante décadas. Isso torna ainda mais necessário abordar a história do nazismo não sob a perspectiva de um espetáculo de horrores exótico, sui generis e condenável como erupção singular e única do mal, mas como uma parte aterrorizante da história do mundo imperfeito no qual vivemos.

UM

O PERÍODO POSTERIOR À PRIMEIRA GUERRA MUNDIAL E A ASCENSÃO DO NAZISMO

Na prisão, depois de condenado por comandar o fracassado Putsch da Cervejaria, também conhecido como Putsch de Munique, em novembro de 1923, Adolf Hitler descreveu no *Mein Kampf* como terminou a sua Primeira Guerra Mundial:

> Na noite de 13 a 14 de outubro [de 1918], começou o bombardeio a gás na frente sul de Ypres. Empregava-se um gás cujo efeito ignorávamos ainda. Nessa mesma noite, eu devia conhecê-lo por experiência própria. Estávamos ainda numa colina ao sul de Werwick [Wervock], na noite de 13 de outubro, quando caímos sob um fogo de granadas que já durava horas e se prolongou pela noite adentro, de maneira mais ou menos violenta. Lá por volta da meia-noite, já uma parte de nossos companheiros tinha sido posta fora de combate, alguns para sempre. Pela manhã, senti também uma dor que de 15 em 15 minutos se tornava mais aguda e, às sete horas da manhã, trôpego e tonto, com os olhos ardendo, eu me retirava levando comigo a minha última mensagem da guerra. Já algumas horas mais tarde, os meus olhos tinham se transformado em carvão incandescente. Em torno de mim tudo estava escuro.
>
> Foi assim que eu vim para o hospital de Pasewalk, na Pomerânia, e ali tive de assistir à revolução![1]

No seu relato pessoal e dramatizado de como tomou conhecimento do armistício e da revolução, quando era um cabo do exército temporariamente cego, Hitler afirmou:

> Quanto mais eu procurava esclarecer as ideias, nessa hora, com relação ao terrível acontecimento, tanto mais eu corava de raiva e de vergonha. Que significavam todas as dores dos meus olhos comparadas com essa miséria?
>
> Seguiram-se dias terríveis e noites mais terríveis ainda. Eu sabia que tudo estava perdido. Contar com a misericórdia do inimigo era loucura. Nessas noites cresceu em mim o ódio contra os responsáveis por esses acontecimentos.

Para Hitler, a lição era clara:

> Com judeus não se pode pactuar. Só há um pró ou um contra.
>
> Eu, porém, resolvi tornar-me político.[2]

Essa afirmativa nos diz muito sobre a origem do nazismo e da política nazista: consequência de uma guerra mundial perdida, exprimindo ódio cego e inflexível na sua hostilidade violenta aos supostos inimigos da Alemanha, sobretudo os judeus. É difícil imaginar um final mais revelador da Primeira Guerra Mundial do que aquele vivenciado por Adolf Hitler: internado num hospital militar na provinciana Pomerânia, temporariamente cego devido a um ataque de gás de mostarda em Flandres[3] — um inválido indefeso —, enquanto os exércitos alemães desmoronavam e as esperanças e ilusões que tinham sustentado o apoio ao esforço de guerra da Alemanha se evaporavam. Se houve um momento único e identificável do nascimento do nazismo, foi naquele hospital militar de Pasewalk em novembro de 1918.

O fim súbito, catastrófico e, para a maioria dos alemães, inesperado da Primeira Guerra Mundial foi um choque tremendo, acompanhado e ampliado pelo choque da revolução política. A aparente unidade que saudara a deflagração da guerra em 1914 — ela mesma mais um reflexo de como os fatos de agosto de 1914 foram noticiados e, mais tarde, percebidos do que uma reação real dos alemães na época[4] — foi superada pela divisão declarada, amarga e violenta. Embora tivesse começado, como acreditava a maioria dos alemães, com um povo unido na devoção ao seu país, a Grande Guerra terminou com a abdicação do cáiser e o descrédito e a desintegração do sistema imperial em meio à desordem social e econômica. Não foi a superioridade militar dos aliados, reforçada por centenas de milhares de novos soldados americanos em 1918, que emoldurou para os alemães a lembrança da derrota, mas o seu próprio colapso. O descontentamento generalizado com as dificuldades sofridas na Alemanha durante a guerra, o radicalismo e as greves do operariado, a "greve militar oculta" dos soldados alemães depois do fracasso das ofensivas do início de 1918[5] e, por fim, no final de outubro e início de novembro, o motim de marinheiros em Kiel e Wilhelmshaven, que se rebelaram contra a possibilidade de serem mandados numa missão suicida e sem esperanças quando a guerra estava praticamente perdida, ajudaram a precipitar a queda do cáiser. Os políticos social-democratas, em cujo colo caiu o governo alemão em novembro de 1918, dificilmente gozavam de apoio popular universal. Em vez disso, enfrentaram uma população sofrida e amargurada, cheia de expectativas irreais sobre o que a paz traria e profundamente dividida quanto ao que via no caminho adiante.

Nos meses que se seguiram ao armistício e à revolução, a Alemanha pareceu afundar no caos político e econômico. Embora a transição política propriamente dita de novembro de 1918 fosse extraordinariamente pacífica, e embora o retorno e a desmobilização dos exércitos da Alemanha durante a guerra acontecessem muito mais tranquilamente do que se pensara, logo houve derramamento de sangue. Nas antigas províncias prussianas de Posen e Prússia Ocidental, insurgentes poloneses conseguiram arrancar do controle alemão territórios com maioria populacional polonesa. Em Berlim, em janeiro de 1919, um mal preparado levante comunista foi esmagado com facilidade e os líderes espartaquistas Rosa Luxemburgo e Karl Liebknecht foram assassinados. Nas regiões industriais da Alemanha (principalmente no Ruhr) houve greves, queda acentuada da produtividade e violência. Enquanto o velho exército definhava, o governo auxiliou a criação e passou a depender de formações militares mercenárias, os Freikorps. Compostas de veteranos de guerra e gazeteiros que haviam perdido a oportunidade de lutar nas trincheiras, as unidades dos Freikorps suprimiram de maneira geralmente muito brutal e sangrenta supostas ameaças de esquerda ao governo e serviram de introdução à política para muitos homens que, mais tarde, se destacariam no movimento nazista. A escassez de carvão e alimentos, as dificuldades de transporte e a inflação galopante tornaram muito sofrida a vida dos alemães. A incerteza política e o caos econômico se refletiram no aumento da criminalidade: os crimes contra a propriedade dispararam contra o pano de fundo da inflação e os confrontos violentos se tornaram cada vez mais comuns.[6] A sociedade bem-ordenada que os alemães pensavam conhecer parecia ter sumido. Pouco antes de morrer em 1990, o grande sociólogo judeu alemão Norbert Elias recordou: "Ainda me lembro com clareza da experiência de que a guerra subitamente acabara. Subitamente, a ordem desmoronou. Todos tinham de contar consigo mesmos. Só se sabia que a paz chegara, a Alemanha fora derrotada, o que era triste, e então tentava-se simplesmente seguir a vida."[7]

A Primeira Guerra Mundial transformara a Alemanha num lugar muito menos civilizado e muito mais difícil para "seguir a vida". Não surpreende que isso provocasse ressentimento generalizado. Diante da desintegração da ordem, os alemães procuraram onde lançar a culpa da catástrofe que os atingira. Em vez de enfrentar a difícil verdade de que o seu país entrara na guerra, lutara e fora empobrecido por ela, eles olharam cheios de raiva em duas direções: externamente, os aliados que impuseram o *Diktat* de Versalhes, supostamente intolerável, à Alemanha prostrada; e, internamente, àqueles no país que teriam esfaqueado a Alemanha pelas costas. O Tratado de Versalhes que a Alemanha foi obrigada a assinar em julho de 1919 foi um choque terrível. Para os alemães, muitos dos quais, na época do armistício, aguardavam com ingênua esperança uma paz inspirada pelos princípios elevados enunciados pelo presidente americano Woodrow Wilson no outono de 1918, o tratado pareceu insuportavelmente implacável. A perda de territórios no oeste (Alsácia-Lorena, Eupen-Malmedy), no norte (o norte de Schleswig) e, mais importante, no leste (Posen, Prússia Ocidental, partes da Alta Silésia), a imposição de indenizações altíssimas que exigiriam décadas para serem pagas e a "cláusula de culpa na guerra" que atribuía a deflagração da guerra ao governo alemão foram consideradas intoleráveis e injustas. Sem os recursos econômicos que o Tratado de Versalhes tirava do Reich, parecia a muitos que o futuro do país era soturno. Assim, ficou fácil atribuir as dificuldades da Alemanha na década de 1920 não ao custo social e material de uma guerra mundial perdida, mas a um acordo de paz supostamente injusto imposto pelos aliados a um país prostrado. A condenação do Tratado de Versalhes vinha não somente da direita, mas de todo o espectro político; na verdade, a hostilidade ao *Diktat* de Versalhes talvez tenha sido o único ponto de consenso no mundo conflituoso da política de Weimar.

A questão de como a Alemanha caíra nessa confusão foi igualmente prejudicial à política democrática responsável. Muitos alemães passaram a acreditar que, depois de defender lealmente a Alemanha contra um mundo de inimigos durante quatro longos anos, as forças armadas tinham desmoronado devido à traição interna. Não a superioridade dos aliados, mas uma "facada nas costas" foi a causa apresentada para a derrota repentina e inesperada. Dado o contexto da derrota da Alemanha na Primeira Guerra Mundial — com os exércitos alemães ainda em solo inimigo ocupado, depois de terem tirado a Rússia do conflito e imposto uma paz punitiva à potência derrotada no leste, e após anos de propaganda otimista e gerenciamento das notícias por um governo e um alto-comando que promoveram ilusões a respeito das possibilidades da Alemanha —, foi fácil acreditar que os soldados alemães não tinham sido derrotados em campanha, mas solapados por traidores e revolucionários dentro do país. Enquanto supostamente os soldados da linha de frente travavam uma luta heroica até o fim, foi a frouxa população nacional, com o moral corroído pela escassez, pelas dificuldades e por agitadores esquerdistas inescrupulosos que não sabiam o que era pátria, que supostamente não conseguiu manter o esforço de guerra da Alemanha. O mito da luta heroica foi acoplado ao mito da traição, e ficou mais fácil engolir os mitos do que a realidade ambígua, confusa e desconfortável de que a Alemanha realmente perdera a guerra.

A construção de mitos politicamente corrosiva começou no momento em que a Alemanha desistiu da luta militar desesperançada. Em meados de novembro de 1918, por exemplo, o Ministério da Guerra prussiano deu instruções para a "recepção festiva" dos "nossos heróis cinzentos da campanha [que] retornam invictos ao *Heimat* [lar] depois de proteger o solo nativo dos horrores da guerra durante quatro anos".[8] Friedrich Ebert, social-democrata que assumiu o comando do governo provisório da Alemanha depois da Revolução de Novembro e que perdera dois filhos na guerra, falou em termos semelhantes ao saudar os soldados alemães que voltavam a Berlim em 10 de dezembro de 1918 e declarar: "Seu sacrifício, suas façanhas não têm igual. Nenhum inimigo os derrotou!"[9] Embora Ebert também observasse que foi "apenas depois que a superioridade dos adversários em homens e material bélico se tornou ainda maior [que] abandonamos a luta", o padrão fora criado. Aceitou-se a afirmação de que as forças alemãs não tinham sido derrotadas no campo de batalha. Mas se não no campo de batalha, onde? Pouco depois da assinatura do armistício, ouviu-se cada vez mais na Alemanha a alegação de que o Reich fora "esfaqueado pelas costas" dentro de casa. Essa alegação foi adotada e ampliada de maneira tipicamente insincera pelo marechal de campo Paul von Hindenburg, que, em novembro de 1919, declarou numa comissão de inquérito parlamentar que a Alemanha não perdera a guerra devido ao fracasso do comando militar ou dos soldados em combate, mas porque o *Heimat* não se mantivera firme. Numa frase que teria repercussões de longo prazo, Hindenburg repetiu a alegação que circulava desde dezembro de 1918, quando um "general inglês" teria dito que "o exército alemão foi esfaqueado pelas costas".[10]

Hindenburg, que juntamente com Erich Ludendorff fora responsável pela condução da guerra na Alemanha de 1916 a 1918, sem dúvida sabia a verdade. Mas isso não impediu que a frase se fixasse no vocabulário político de Weimar e da Alemanha nazista nem que fosse adotada por milhões de pessoas com razões próprias para aceitar a lenda da facada nas costas em vez de enfrentar a difícil verdade do que acontecera quando a Alemanha perdeu a Primeira Guerra Mundial. Assim se preparou o palco para a substituição das lembranças da experiência da guerra por um mito da experiência da guerra. Em vez de ver o confronto como um massacre sem sentido a serviço de um regime autocrático, os alemães puderam, nas palavras de George Mosse, recordar "a guerra como um evento significativo e até sagrado. [...] O Mito da Experiência da Guerra foi projetado para mascarar a guerra e legitimar a sua experiência; substituir a realidade da guerra".[11]

O modo como a Primeira Guerra Mundial da Alemanha terminou e foi lembrada teve graves consequências. Fez com que a nova ordem republicana democrática que surgiu depois de 1918 e que era produto da derrota enfrentasse a divisão desde o princípio: grande proporção da população alemã — a maioria, no fim das contas — permaneceu taciturnamente hostil ou se opôs com violência ao novo "sistema" democrático. Isso fez com que os responsáveis pela participação catastrófica da Alemanha na Primeira Guerra Mundial — que deixou mais de 2 milhões de alemães mortos e outros milhões marcados para o resto da vida, que tirou do controle alemão territórios a oeste, ao norte e a leste e ocasionou profundos problemas econômicos — conseguissem fugir à responsabilidade. Fez com que o novo governo republicano enfrentasse expectativas populares que, na posição dificílima em que se encontrava em termos diplomáticos e econômicos, não podia ter esperanças de cumprir. E fez com que os alemães não aceitassem a derrota nem fizessem a transição de uma sociedade em guerra para uma sociedade em paz após 1918. O ódio que recebia expressão tão frequente na vida política alemã — contra o *Diktat* de Versalhes, contra os políticos democráticos, contra os supostos "criminosos de novembro", contra os ricos, contra judeus e estrangeiros — foi, em grande medida, uma herança da Primeira Guerra Mundial.

Esse foi um terreno fértil para o crescimento de um movimento político construído sobre o ódio, dedicado a liquidar o sistema político que nascera da derrota militar, superar as divisões políticas e sociais pela criação de uma "comunidade do povo" alemão (*Volksgemeinschaft*) e reverter "o terrível acontecimento", "essa miséria" de novembro de 1918. Adolf Hitler, que literalmente não conseguiu ver o que acontecia na Alemanha quando o armistício foi assinado, decidiu impedir que a facada nas costas voltasse a acontecer. Nunca mais haveria traição interna aos soldados alemães no front; nunca mais elementos pretensamente antialemães teriam permissão de disseminar o seu veneno na população civil. A resposta à pergunta retórica que Hitler fez no trecho do *Mein Kampf* que descreve a sua experiência em novembro de 1918 — "Éramos nós ainda dignos de nos cobrir com a glória do seu passado?"[12] — se tornaria um enfático "Sim". A vergonha de 1918 seria apagada pela vitória total ou pela derrota total. Os elementos traiçoeiros seriam eliminados; não haveria um segundo armistício.

O Partido dos Trabalhadores Alemães, que mais tarde se tornaria o Partido Nacional-Socialista dos Trabalhadores Alemães (ou Partido Nazista), nasceu logo depois da Primeira Guerra Mundial. Foi fundado em 9 de janeiro de 1919, um dos muitos pequenos grupamentos políticos de direita que surgiram em Munique nas condições caóticas que se seguiram à derrota e à revolução. Munique, talvez ainda mais do que Berlim, passara por profunda agitação política depois da guerra. Ali a monarquia bávara dos Wittelsbach caiu em 7 de novembro, dois dias antes de o cáiser abdicar, e foi seguida por uma sucessão de regimes de extrema esquerda, dos quais o último (a República Soviética de Munique, que buscava inspiração em Moscou) foi esmagado no início de maio depois de um mês caótico no poder e, finalmente, sucedido por um governo bávaro conservador que criou um lar agradável para os adversários direitistas do governo republicano de Berlim. O futuro líder do Partido Nazista retornara de Pasewalk para Munique em 21 de novembro, mas permaneceu no exército o máximo que pôde; na verdade, só recebeu formalmente a baixa no final de março de 1920. Nisso Hitler foi bem diferente da grande massa de veteranos da Primeira Guerra Mundial, que só queriam deixar para trás as forças armadas e voltar à vida civil. Hitler encontrou emprego no exército como *V-Mann* (*Vertrauensmann*, informante) e, depois de designado para um "curso de instrução" antibolchevique, passou a fazer parte de um esquadrão de informantes do exército encarregados de vigiar os muitos grupos políticos radicais que brotavam na capital bávara. Foi nesse papel que, em 12 de setembro de 1919, ele compareceu a uma reunião do Partido dos Trabalhadores Alemães. Alguns dias depois, filiou-se.[13]

O caminho de Hitler na política ao entrar no pequeno e "maçante" Partido dos Trabalhadores Alemães foi consequência direta da sua experiência no final da Primeira Guerra Mundial e do trabalho continuado no exército. Nesse sentido muito tangível, o nazismo estava vinculado à guerra desde o seu começo como movimento político. Havia outros vínculos também, como os Freikorps, que em muitos aspectos funcionavam como uma "vanguarda do nazismo".[14] As unidades dos Freikorps, comandadas por oficiais com experiência recente na guerra e compostas por cerca de 250 mil homens em março de 1919,[15] não serviam apenas para reforçar o exército e proteger o governo de ameaças reais e imaginárias da esquerda; elas também levaram a guerra para o período do pós-guerra e foram um lar temporário para muitos que, mais tarde, se destacariam no movimento nazista. Entre eles estavam Ernst Röhm, que foi chefe do estado-maior dos Freikorps Epp; Rudolf Hess, integrante dos Freikorps Epp; Martin Bormann, que serviu nos Freikorps Rossbach; Viktor Lutze, que participou da

Organisation Heinz e da Freischar Schill; e Reinhard Heydrich, que serviu sob o comando do general Maercker nos *freiwilliges Landesjägerkorps* [corpos voluntários de fuzileiros].

Uma vez que quase todos os jovens adultos alemães tinham servido nas forças armadas durante a guerra, era inevitável que os veteranos das trincheiras assumissem importância na agitação e na política radical dos anos do pós-guerra. Entretanto, não foi apenas a experiência em combate durante e após a Primeira Guerra Mundial que configurou o nazismo e o Terceiro Reich. Muitos dos que se tornaram providenciais na execução das políticas nazistas mais radicais, inclusive as de genocídio, pertenciam à geração que vivenciou a guerra e a agitação do pós-guerra quando adolescentes (com muita frequência com os pais longe, no front).[16] Sua experiência de guerra havia sido na frente interna, mas nem por isso menos importante. Na verdade, foi nessa geração, mais do que na "geração do front", que o arguto observador Sebastian Haffner discerniu as raízes do nazismo: "A geração verdadeiramente nazista foi formada pelos nascidos na década de 1900 a 1910, que vivenciaram a guerra como um grande jogo e não foram tocados pela sua realidade."[17]

O nascente movimento nazista — em 7 de agosto de 1920, Hitler mudou o nome do Partido dos Trabalhadores Alemães, que rapidamente passou a dominar, para Partido Nacional-Socialista dos Trabalhadores Alemães — se caracterizava por antimarxismo, antissemitismo, oposição ao Tratado de Versalhes e compromisso com a violência interna e externa. Cada uma dessas atitudes brotava da guerra que acabara de ser travada e perdida; cada uma delas indicava a guerra à qual o futuro regime nazista se dedicaria. O "internacionalismo marxista" era considerado uma ameaça que afastava os trabalhadores alemães da sua comunidade racial e nacional e corroía a unidade do *Volk*, que sabotara a luta da Alemanha em 1918 e que, portanto, tinha de ser destruído. Os judeus eram considerados os bacilos por trás da ameaça marxista, que buscavam poluir, enfraquecer e destruir o *Volk* alemão e, portanto, tinham de ser eliminados. O Tratado de Versalhes era considerado um meio pelo qual os inimigos da Alemanha visavam manter o Reich prostrado para sempre, e precisava ser derrubado não apenas para restaurar o status quo ante, mas para permitir que a Alemanha se expandisse e tomasse no leste o "espaço vital" de que supostamente precisava. E a violência era considerada o meio para obter um Terceiro Reich e uma Europa dominada pelos alemães — por meio do esmagamento do "sistema" democrático de Weimar, da destruição do marxismo, da solução da "questão judaica", do rompimento dos "grilhões de Versalhes" e do aumento das forças armadas, para que a Alemanha pudesse voltar à guerra. Em resumo, o nazismo era um movimento que se dedicava a travar a guerra tanto interna (contra marxistas, judeus e seus simpatizantes dentro da Alemanha) quanto externa e que se guiava por uma visão racista do mundo que postulava uma hierarquia de valor humano, com o "ariano" alemão no topo e "os judeus" na base.

Isso dificilmente era exclusivo do movimento nazista. Vários movimentos periféricos de direita radical brotaram no clima febril e embebido de violência da Alemanha pós-Primeira Guerra Mundial e atraíram para as suas fileiras os ressentidos, os irados e os desesperados que sentiam profundo antagonismo em relação à ordem republicana que chegara ao poder graças à derrota na guerra. A hostilidade violenta à nova república, aos marxistas, aos judeus e a Versalhes obteve apoio considerável no período imediato do pós-guerra. Em vez das divisões encarniçadas que os fracos governos de Weimar pareciam amplificar, haveria uma *Volksgemeinschaft* alemã unida que superaria as divisões sociais e de classe e da qual os "corpos estranhos" (*Fremdkörper*) racialmente diversos seriam removidos. A retórica e a prática violentas dos nazistas — que logo criaram esquadrões armados, as Tropas de Choque (*Sturmabteilung*, SA) que, a partir de 1921, foram usadas de maneira agressiva para proteger comícios políticos e disseminar propaganda — combinavam com o clima de guerra civil latente caracterizado por tentativas de golpe, centenas de homicídios políticos, agitação industrial e crime em ascensão. E a mensagem racista e antissemita dos nazistas, embora pudesse ser mais extremada do que a de alguns concorrentes, afinava-se com o clima em que aumentavam a violência e os incidentes antissemitas.[18]

Com Hitler no comando e com os seus discursos atraindo multidões cada vez maiores em Munique e arredores, o jovem movimento nazista obteve atenção e apoio crescentes no início da década de 1920. Então, com o fracasso do Putsch da Cervejaria de Munique no ápice da inflação, em novembro de 1923, o período do pós-guerra imediato teve um fim estrondoso. Uma coisa era deitar falação retórica contra os supostos "criminosos de novembro" em Berlim enquanto se gozava da hospitalidade do governo bávaro; outra bem diferente era cometer um ato violento de traição. Com a tentativa inepta de forçar o governo bávaro a apoiar a derrubada do governo de Berlim e desafiar pela força o governo do Reich, o movimento nazista teve o mesmo destino dos vários grupos de esquerda que enfrentaram com violência o Estado alemão nos anos imediatamente após a guerra: quando começou a sua marcha sobre Berlim (imitando a Marcha sobre Roma de Mussolini no ano anterior), Hitler, ao lado de Erich Ludendorff, o ex-intendente-geral do antigo exército, foi detido por uma força armada diante do *Feldherrenhalle*, perto do centro de Munique. A Reichswehr* podia não ser capaz de defender o país de exércitos estrangeiros, mas se a situação se agravasse o exército alemão se dispunha a defender o Estado alemão da derrubada violenta dentro de casa.

A tentativa do Putsch da Cervejaria foi um ponto de virada na história do nazismo, de um modo não necessariamente visível na época. Ela marcou a última de uma série de tentativas de derrubar a República de Weimar nos seus primeiros anos. O momento que parecia ser o de maior instabilidade da República de Weimar, com soldados franceses e belgas ocupando o Ruhr para forçar a Alemanha a pagar as indenizações, com a hiperinflação num nível de depreciação monetária nunca visto na história mundial, com a economia alemã em queda livre, com desafios violentos da direita e da esquerda, foi, na verdade, o momento em que a república virou a esquina e obteve a relativa estabilidade de meados da década de 1920. Com a fracassada tentativa nazista de golpe, a estabilização da moeda pouco depois e o esforço do governo alemão de Gustav Stresemann para chegar a um acordo com os franceses e dar fim à ruinosa ocupação do Ruhr, a "grande desordem" do período imediatamente posterior à guerra chegou ao fim.

O Putsch da Cervejaria também transformou Hitler em personagem nacional. Além da tentativa de golpe que levou os alemães do norte e do

---

* As forças armadas alemãs entre o fim da Primeira Guerra Mundial e 1935, quando foram rebatizadas Wehrmacht. (N. E.)

leste do país a conhecer o agitador nazista da Baviera, o julgamento subsequente (que Hitler transformou em palanque para si) serviu ainda mais para levar o líder nazista às primeiras páginas do país inteiro. Talvez o mais importante tenha sido que o fracasso do putsch fez com que o movimento nazista rompesse com boa parte da sua prática nos primeiros anos do pós-guerra. O envolvimento de tropas de ataque nazistas com outros grupos paramilitares — que se intensificara no início de 1923 e pressionou para que Hitler agisse em novembro antes que os partidários mais radicais o desertassem — levara ao desastre e foi revertido assim que o NSDAP foi recriado em meados da década de 1920. Quando voltou a se formar depois que Hitler cumpriu a pena levíssima de prisão por traição, o Partido Nazista não era mais um movimento de veteranos dispostos a praticar ações extraparlamentares violentas. Ele se transformou num partido político disciplinado e dedicado ao jogo parlamentar para destruir a democracia.

Em 27 de fevereiro de 1925, quando recriou o Partido Nazista em Munique, Hitler estava decidido a não repetir os erros que quase deram fim à sua carreira política em novembro de 1923. A partir daí, a campanha contra o sistema de Weimar seria realizada dentro do arcabouço da legalidade formal. O NSDAP seria uma organização unificada e centralizada, baseada na lealdade incondicional e irrestrita ao seu líder. Os membros do Partido Nazista não tinham permissão para pertencer a outros grupos políticos ou paramilitares; o comando nazista teria de assegurar "a unidade interna do movimento e a sua organização de baixo para cima"; a SA não admitiria "grupos armados e formações" nas suas fileiras e seria um esquadrão desarmado incumbido de proteger reuniões e "esclarecer" o público. No entanto, a meta básica do movimento nazista continuava a mesma: combater "o inimigo mais pavoroso do povo alemão [...] os judeus e o marxismo".[19]

O partido continuava com as metas de superar as divisões de classe entre alemães, criar a *Volksgemeinschaft* que excluiria os judeus e destruir o sistema de Weimar. Permanecia comprometido com um programa político combativo, racista e antidemocrático e inflexível na sua recusa a aceitar a derrota da Alemanha na Primeira Guerra Mundial e o Tratado de Versalhes. Mas os tempos tinham mudado depois de 1923. A desordem dos anos imediatos do pós-guerra tinha passado e o apoio público aos extremos políticos se esvaíra. A democracia talvez não fosse muito apreciada pelo povo alemão, mas em meados da década de 1920 não parecia mais em risco iminente de destruição. Nas eleições nacionais para o Reichstag em maio de 1928, o Partido Nazista conseguiu atrair meros 2,6% dos votos — menos da metade do que o Partido Popular Alemão da Liberdade obtivera nas eleições para o Reichstag em maio de 1924.

No entanto, em 1928 os nazistas podiam se gabar de algumas realizações importantíssimas. O NSDAP conseguira crescer além das suas primeiras fortalezas na Baviera e se tornara um partido político nacional; no norte e no leste da Alemanha, os vários grupos *völkisch** que tinham participado das eleições de 1924 sob uma única bandeira se uniram cada vez mais como organizações do Partido Nazista.[20] Isso fez com que, embora em 1924 tivessem trabalhado em conjunto com outras entidades *völkisch*, os nazistas obtivessem na prática, em 1928, o monopólio da política direitista radical e racista da Alemanha. O NSDAP talvez ainda fosse pequeno, mas não tinha mais grandes concorrentes pelo voto racista. Embora ainda não atraísse uma proporção significativa dos eleitores da Alemanha, o Partido Nazista conseguiu atrair um número substancial de ativistas políticos: no final de 1928, o NSDAP tinha cerca de 100 mil filiados[21] — número impressionante para um partido que, em termos nacionais, atraíra meros 810 mil eleitores em maio do mesmo ano. Os nazistas também começaram a levar para as suas fileiras uma geração mais jovem; alistando rapazes na organização de tropas de assalto e obtendo um nível extraordinário de apoio entre os universitários,[22] conseguiu ampliar o seu apoio bem além da geração dos que tinham lutado na Primeira Guerra Mundial. E em Adolf Hitler os nazistas tinham um líder que despertava grande interesse público e apoio popular e que mantinha unido numa organização política disciplinada um corpo de filiados extremamente refratário. Na verdade, sem Hitler no comando é possível que o NSDAP se desfizesse; o "princípio da liderança" ditatorial com que Hitler legitimava a sua posição talvez tenha

---

* Termo germanizado surgido na segunda metade do século XIX nos círculos nazistas na Alemanha, na Áustria e na Hungria para designar a ideia de "pertencer a uma nação", principalmente no conceito de povo baseado na raça; no uso atual da língua emprega-se preferencialmente o adjetivo "étnico". (N. E.)

sido fundamental para a sobrevivência do movimento nazista nos anos relativamente estáveis da República de Weimar.

De fato, o movimento nazista ressuscitado em meados da década de 1920 teria de fazer o jogo da espera. Pode ter sido "numericamente insignificante [...] um grupo divisionista radical-revolucionário incapaz de exercer qualquer influência perceptível sobre a grande massa da população e o curso dos eventos políticos", como explicou o ministro do Interior do Reich num relatório confidencial de julho de 1927.[23] No entanto, as suas realizações nesse período — a criação de uma organização partidária disciplinada, a supressão de desafios à liderança de Hitler, o estabelecimento na prática do monopólio da política de direita na Alemanha — o deixaram em boa posição para lucrar com os problemas embutidos na sociedade e na política de Weimar assim que viessem à superfície, como aconteceu no final da década de 1920 e início da de 1930.

Apesar dos sucessos da era Stresemann em meados da década de 1920 — relativa estabilidade econômica e reintegração na comunidade das nações —, a política de Weimar nunca adquiriu alicerces democráticos sólidos. Quase invariavelmente, os partidos políticos que aceitavam a responsabilidade governamental eram recompensados nas urnas com a queda do apoio; todos os partidos que participaram de coalizões governamentais entre 1924 e 1928 tiveram menos votos em 1928 do que quatro anos antes. Os partidos políticos tendiam a considerar que o seu papel era promover interesses sociais e econômicos específicos e não representar o bem-estar da nação como um todo, e o eleitorado alemão votava da mesma maneira. Uma porção respeitável da população alemã, tanto à esquerda quanto à direita, continuava hostil não só a esta ou àquela coalizão governamental ou partido político, mas ao sistema de governo republicano como um todo. Sem dúvida, muitos alemães concordavam com o sentimento que a associação regional do Stahlhelm — organização direitista de veteranos de Brandemburgo que contava com algo entre 400 mil e 500 mil filiados em meados da década de 1920 — exprimiu em setembro de 1928:

> Odiamos até o fundo d'alma o sistema atual [...], porque obstrui a nossa visão para libertar a Pátria escravizada e limpar o povo alemão da culpa inverídica pela guerra, para obter o necessário

> espaço vital no leste, para preparar novamente o povo alemão para o serviço militar.[24]

Apesar de Paul von Hindenburg, herói da Primeira Guerra Mundial e dificilmente personificação do "sistema" democrático de Weimar, ter sido eleito presidente do Reich em 1925 após a morte de Friedrich Ebert, a hostilidade ao governo republicano de Berlim continuou violenta. Na verdade, o fato de esse general idoso ter atraído uma coalizão tão ampla de apoio eleitoral conservador e direitista para se tornar chefe de Estado da república alemã foi um sinal fatídico do futuro.[25]

Como indica o estridente grito de guerra do Stahlhelm, a herança da Primeira Guerra Mundial envenenou a política da Alemanha de Weimar. Isso aconteceu de várias maneiras e criou o clima no qual o nazismo prosperaria. A primeira delas foi a injeção de violência na política nacional. Em meio ao caos e às acirradas divisões dos anos do pós-guerra imediato, assassinatos políticos tiraram a vida, entre outros, de Hugo Haase (um dos seis membros do Conselho de Representantes do Povo que assumira a responsabilidade do governo em novembro de 1918) em 1919; de Matthias Erzberger (político do Zentrum [Partido do Centro] que assinara o armistício em 1918 e mais tarde foi ministro das Finanças do Reich) em 1921; e de Walther Rathenau (ministro das Relações Exteriores e, durante a guerra, chefe da Secretaria de Guerra de Matérias-Primas) em 1922. As unidades dos Freikorps empregaram violência mortal com liberalidade ao esmagar rebeliões de esquerda reais e imaginárias. As formações paramilitares se tornaram generalizadas no cenário político de Weimar; a retórica política se tornou violentíssima; e a aceitação tácita e abrangente da violência se constituiu numa das características mais importantes da vida pública na Alemanha de Weimar.[26] A segunda foi que, em todo o espectro político alemão, aceitava-se que o Tratado de Versalhes era completamente injusto, que as indenizações estabelecidas por ele eram intoleráveis. Essa convicção sustentou a ilusão de que a situação voltaria a melhorar desde que fossem suspensos os fardos externos impostos pelos aliados vingativos. Em vez de enfrentar as consequências de travar e perder uma guerra, os alemães optaram por uma política fundamentalmente irresponsável na qual grande parte das suas dificuldades seria atribuída a fatores externos, a estrangeiros, ao *Diktat* de Versalhes. Em terceiro lugar, as perdas territoriais, principalmente no lado leste da "fronteira sangrenta" com a Polônia, foram consideradas uma ferida aberta e um lembrete constante da guerra perdida — e, para muitos, da necessidade de travar a seguinte. No conjunto, a sociedade alemã permanecia num estado de guerra civil latente que, quando o momento chegou, se mostrou mais do que propício ao crescimento do movimento nazista.

Embora a guerra estrangeira e nacional tivesse um papel imenso na política da Alemanha de Weimar, o efetivo das forças armadas alemãs permaneceu bem pequeno. Os termos do Tratado de Versalhes limitaram a Reichswehr, o exército alemão, a 100 mil homens, cerca de um sexto do efetivo total em armas da Alemanha às vésperas da guerra, em 1913. Além disso, os que serviam na Reichswehr eram voluntários que tinham de se alistar para 12 anos de serviço. Isso significava que as forças armadas tinham interação muito menos direta com a sociedade alemã do que antes do Tratado de Versalhes, que entrou em vigor em 1920: não havia alistamento compulsório; não havia um fluxo constante de rapazes saídos das forças armadas para a vida civil; a carreira nas forças armadas não estava disponível a todos que a desejassem. Mas a Alemanha de Weimar estava impregnada das lembranças da guerra, dos efeitos da guerra, das imagens e dos valores militaristas. Tornou-se normal que partidos políticos tivessem esquadrões armados e fardados. No final da República de Weimar, as tropas de choque nazistas representavam a maior e mais bem-sucedida dessas formações de "soldados políticos", mas de modo algum eram as únicas. Os comunistas tinham a sua Rotfrontkämpferbund [Liga dos Combatentes da Frente Vermelha] (e, depois de proibida em 1929, a *Kampfbund gegen den Faschismus* [Liga de Luta contra o Fascismo], os sociais-democratas eram apoiados pela Reichsbanner-Schwarz-Rot-Gold [Bandeira Preta-Vermelha-Dourada do Reich], que se gabava de um número substancial de filiados, e até o católico Partido do Centro, dificilmente renomado pela militância ou pelo militarismo, tinha o seu Kreuzschar [Banda da Cruz]. Era quase como se, na ausência de oportunidades de se alistar no exército, os rapazes da Alemanha de Weimar recorressem a várias organizações paramilitares e esquadrões fardados para exprimir a sua admiração pelos valores militares e ter uma válvula de escape para a violência.

Além de incapaz de satisfazer o desejo de vida militar de muitos rapazes, a Reichswehr também era efetivamente incapaz de defender o país contra ataques. Embora, caso necessário, pudesse defender o Estado contra rebeliões internas, a Reichswehr não estava em condições de rechaçar ameaças militares externas com a desvantagem numérica que tinha diante do exército da França (750 mil homens em 1925), da Polônia (300 mil homens) e até da Tchecoslováquia (150 mil homens).[27] Toda ilusão que pudesse alimentar a respeito da sua capacidade de defender a Alemanha foi destruída em 1923, quando o comando das forças armadas teve de assistir impotente enquanto as forças francesas e belgas invadiam o Ruhr para cobrar indenizações em gêneros.[28] Igualmente grave era o perigo representado pela Polônia. Durante o período de Weimar, a Reichswehr considerava a Polônia uma séria ameaça militar e se convenceu de que faltava às forças armadas alemãs força suficiente para enfrentar um ataque do novo Estado polonês.[29] A Reichswehr podia planejar e realmente planejou o rearmamento e as guerras futuros, planejamento que significava aplicar a lição do conflito de 1914-1918 — ou seja, que a guerra numa época industrial exigia que a economia e a sociedade fossem atreladas a metas militares — e que incorporava um relacionamento desconfortável com estruturas políticas democráticas.[30] Entretanto, enquanto isso, era preciso buscar a cooperação dos cidadãos "patriotas", principalmente na mal defendida fronteira leste.

Isso deixou o comando do exército numa situação difícil que serviu de base para o começo da sua relação fatídica com o movimento nazista. Embora muitos continuassem a ver os nazistas com desconfiança, julgando que talvez não tivessem abandonado a ideia de derrubar o governo pela violência, na prática a base da cooperação já tomava forma na Alemanha Oriental no início da década de 1930. O fato de a Reichswehr não ter chegado a um acordo com o governo prussiano, comandado pelo SPD, para organizar a defesa da fronteira oriental fez parecer ainda mais necessário aproveitar o potencial das formações paramilitares "nacionais" que eram um traço destacado da política de Weimar.[31] Sobretudo depois do espantoso sucesso do NSDAP nas eleições para o Reichstag de setembro de 1930, isso significava recorrer aos nazistas. O comando da Reichswehr buscou apoio popular à resistência a uma possível invasão polonesa, e um número cada vez maior de rapazes de tendência patriótica (isto é, não marxistas) encontrava-se nas formações nazistas (em especial a SA), que, portanto, tinham de ser levadas em consideração nos planos para defender a fronteira oriental.[32] Embora conste que, em abril de 1932, Hitler tenha afirmado em Lauenburg (na Pomerânia) que os nazistas só "protegeriam a fronteira alemã depois da remoção dos líderes do sistema atual",[33] na verdade os integrantes da SA mostraram-se bastante dispostos a participar de formações de defesa de fronteira nos últimos anos de Weimar. Os partidários nazistas estavam ansiosos por treinamento militar e por enfrentar os poloneses, e a Reichswehr considerava bem-vinda a ajuda de quem se oferecesse. Isso foi ainda mais verdadeiro na "província insular" da Prússia Oriental, isolada do resto do Reich pelo corredor polonês, onde havia homens no comando regional da Reichswehr que, mais tarde, teriam papel de destaque no Terceiro Reich: Werner von Blomberg, comandante do Wehrkreis [distrito militar] I (Prússia Oriental) a partir de outubro de 1929, que em 1933 se tornou ministro da Reichswehr de Hitler; Walther von Reichenau, chefe do estado-maior de Blomberg, que mais tarde se tornou *Chef des Wehrmachtsamtes* e marechal de campo durante a Segunda Guerra Mundial (e que esperava que os soldados da frente oriental fossem "portadores de uma ideia racial impiedosa");[34] e Ludwig Müller, capelão divisional do Wehrkreis I, que se tornou o primeiro (e único) "bispo do Reich" da Igreja Protestante Alemã (os "cristãos alemães" nazistas) por um breve período depois que Hitler chegou ao poder.

É claro que, no início da década de 1930, as tropas de ataque nazistas e os ativistas do partido não estavam apenas nem principalmente preocupados com a defesa da fronteira. O seu foco principal era a campanha cada vez mais frenética e muitas vezes violenta para tomar o poder político. No final da década de 1920, com o início de uma nova crise econômica (sentida com força e em primeiro lugar pelos produtores agrícolas) e o desmoronamento do apoio aos partidos políticos de classe média já estabelecidos, o NSDAP começou a atrair sustentação eleitoral significativa. O resultado das eleições provinciais revelou apoio crescente aos nazistas (de 4% em junho de 1929 em Mecklemburgo-Schwerin para quase 7% em outubro de 1929 em Berlim, 8,1% em novembro em Lübeck, 11,3% em dezembro na Turíngia e 14,4% em junho de 1930 na Saxônia), e em todo o país se formavam grupos locais do Partido Nazista. O início da década de 1930 assistiu à aceleração da atividade política numa sucessão de campanhas eleitorais que abriu oportunidade para ondas imensas de reuniões, marchas, propaganda e comícios nazistas. Uma das características mais notáveis dos que se filiaram ao NSDAP e à SA nessa rápida expansão foi o grau de dedicação ativa que demonstravam. Ao contrário do que acontecia nos partidos "burgueses" estabelecidos, pertencer às organizações nazistas significava atividade constante, não só durante as campanhas eleitorais que aconteciam com frequência (e nas quais os grupos locais do partido ou da SA poderiam divulgar as ideias nazistas todas as noites), mas também nos períodos intermediários. Os ativistas nazistas costumavam percorrer distâncias consideráveis para ouvir discursos de Hitler ou participar de uma grande marcha de tropas de assalto, por exemplo; contribuíam regularmente para o fundo partidário e frequentavam reuniões e mais reuniões, comícios e mais comícios. Aos muitos rapazes que se filiaram ao NSDAP e à SA durante o "período de luta" (*Kampfzeit*), o serviço no movimento de Hitler oferecia atividade, aventura e a oportunidade de fugir do tédio e do isolamento do lar e das comunidades, além de substituir o serviço militar. Era política ativa, capaz de dominar a vida dos que optavam por ela.

A política nazista também era violenta. Embora em público Hitler comprometesse repetidamente o seu movimento à "legalidade" na campanha para destruir a República de Weimar, em essência isso significava evitar confrontos diretos e potencialmente catastróficos com a força armada do Estado. Sem dúvida não significava evitar a violência. O movimento nazista continuou militarista e violento, e, na verdade, essa era uma das características que atraía os rapazes para as suas fileiras. A hierarquia, as marchas e as fardas de estilo militar se mostravam sedutoras tanto para os ativistas quanto para os espectadores, que as viam com bons olhos e reconheciam no movimento nazista uma força jovem e dinâmica que esmagaria o marxismo e o sistema de Weimar e rejuvenesceria a Alemanha dentro do espírito marcial. Embora as tropas de assalto nazista supostamente se mantivessem desarmadas, o treinamento em estilo militar da SA (que incluía defesa pessoal, exercícios de campanha e, às vezes, até prática com granadas e metralhadoras) era comum no início da década de 1930.[35]

Como explicou um líder dessas tropas em setembro de 1932, os exercícios militares e a instrução com armas representavam "um meio excelente de aumentar o moral e o espírito combativo da SA".[36] Hitler usava a retórica violenta com frequência e repetia que "cabeças vão rolar" assim que os nazistas tomassem o poder.[37] No caso do notório homicídio de Potempa em agosto de 1932, o líder nazista declarou publicamente a sua "lealdade ilimitada" a um bando de brutamontes nazistas condenados pelo assassinato de um simpatizante comunista brutalmente surrado até a morte numa aldeia da Alta Silésia.[38] Sobre os integrantes das tropas de assalto, Goebbels escreveu durante o *Kampfzeit* que "o homem da SA quer lutar e também tem o direito de ser levado à batalha. A sua existência só obtém justificativa na batalha".[39] O comando nazista concebia a política como uma "batalha" e não fazia segredo disso.

Essa postura agressiva tinha como paralelo a violência nas ruas da Alemanha, e disso o movimento nazista se orgulhava. Do final da década de 1920 até 1933, o crescimento do Partido Nazista e das suas atividades de propaganda foi acompanhado do aumento do número de incidentes violentos com inspiração política. As brigas resultantes de comícios e passeatas ou de encontros ao acaso com grupos de orientação política diversa se tornaram cada vez mais comuns, assim como surras, facadas e tiros. Os comícios e as passeatas se tornaram desafios, e desafios não podiam ficar sem resposta. O número de mortos e feridos em confrontos políticos violentos cresceu e chegou ao máximo no verão de 1932, no ápice das frenéticas campanhas eleitorais que caracterizaram o último ano da República de Weimar. Num dos piores incidentes, o Domingo Sangrento de 17 de julho em Altona (distrito de Hamburgo), um confronto entre manifestantes comunistas e nazistas deixou 18 mortos e 68 feridos. No total, centenas morreram e milhares ficaram feridos, e o movimento nazista homenageava os seus mortos como mártires da "ideia" nazista, do seu líder e da Alemanha. É verdade que os nazistas não eram os únicos a fomentar o clima de violência política. Os comunistas, em especial, aconselhavam os seus partidários a "golpear os fascistas onde os encontrarem, pagá-los na mesma moeda";[40] e a Reichsbanner social-democrata também não fugia da briga. Entretanto, no início da década de 1930, a política se conduzia cada vez mais segundo os termos nazistas, e esses termos eram violentos.

Ainda assim, os nazistas tinham de tomar cuidado para não ir longe demais. Isso ficou claramente demonstrado logo depois das eleições de 31 de julho de 1932 para o Reichstag, quando o NSDAP obteve o máximo de apoio em eleições livres com 37,4% dos votos e se tornou de longe o maior partido político do Reichstag. Mas o sucesso nas urnas não levou diretamente ao poder em Berlim. Os nazistas tinham aproveitado praticamente toda a sua reserva de apoio: mal aumentaram a participação além da obtida nas eleições prussianas e presidenciais de abril de 1932 e não conseguiram reduzir de forma significativa o apoio aos dois partidos marxistas, o SPD e o KPD, nem ao católico Partido do Centro; e von Hindenburg, presidente do Reich, mostrou-se avesso a permitir que Hitler, como líder do maior partido do Parlamento, formasse o governo.

Alguns partidários mais destemperados dos nazistas, sobretudo nas províncias orientais da Prússia, decidiram tomar a questão nas mãos e recorreram a uma campanha terrorista de atentados, incêndios propositais e tentativas de homicídio.[41] Contudo, essa violência nazista descontrolada era o caminho para um possível desastre, não para o poder. A polícia agiu rapidamente; o governo do Reich aprovou rígidas medidas de emergência para combater o terrorismo político; e a campanha de terror nazista foi sufocada no nascedouro. Mais ainda, embora a violência política limitada, principalmente contra os comunistas, parecesse aumentar o apoio aos nazistas — seja dos que gostavam de surrar inimigos, seja dos que gostavam da ideia de ter outros surrando os seus inimigos —, a violência descontrolada lhes tirava esse apoio: a campanha de terror do início de agosto de 1932 claramente contribuiu para o mau resultado do NSDAP nas eleições de novembro do mesmo ano. Os nazistas podiam brincar de provocar uma guerra civil na Alemanha, mas tinham de recuar antes que a guerra civil realmente acontecesse.

Talvez pareça estranho, considerando o que aconteceu na Europa dominada pelos alemães no início da década de 1940, que os principais alvos da violência nazista nos últimos anos da República de Weimar não tenham sido os judeus, mas os comunistas e sociais-democratas. É claro que os judeus não escaparam da atenção das tropas de assalto e ninguém poderia alimentar dúvidas de que o NSDAP era um partido combativamente racista e antissemita. No entanto, nessa época, os ataques a judeus parecem quase secundários, mais uma válvula de escape para a agressão, quando comparados aos ataques a partidários da esquerda.[42] Os alvos tendiam a ser lojistas indefesos, advogados ou pessoas de aparência supostamente judaica, atacados nas ruas em bairros elegantes da cidade (como no famoso e violento episódio do Kurfürstendamm de Berlim, em 12 de setembro de 1932, que envolveu cerca de quinhentos homens da SA).[43] As vitrines das lojas judias eram alvos convidativos para pedras e tijolos. É claro que, até certo ponto, esse era um reflexo da composição da população judia da Alemanha, concentrada no comércio e nas profissões liberais (com um número desproporcionalmente grande ganhando a vida com a medicina e o direito).[44] De qualquer modo, os judeus a quem se dirigia a violência nazista não costumavam ser do tipo acostumado a brigas de rua, capaz de revidar com facilidade. Ao contrário dos ataques mais frequentes aos marxistas, adversários políticos dos nazistas, em essência os ataques a alvos judeus eram inúteis para a tomada do poder, mas constituíram um pano de fundo constante da bem-sucedida campanha política do NSDAP no início da década de 1930.

Também parece que o antissemitismo às claras teve importância secundária na conquista de apoio popular pelos nazistas. Não há dúvida de que o preconceito contra os judeus e as atitudes racistas em geral foram uma motivação obsessiva para que muitos ativistas se unissem ao movimento nazista na década de 1920 e início da de 1930.[45] Entretanto, não se pode dizer o mesmo da grande maioria dos milhões que votaram no NSDAP entre 1930 e 1933. Como explicou a liderança da seção de Colônia da Associação Central de Cidadãos Alemães de Crença Judaica, principal organização judia da Alemanha de Weimar, depois do choque do sucesso nazista nas eleições para o Reichstag de setembro de 1930, "com certeza seria errado igualar esses 61 milhões de eleitores [nazistas] a 61 milhões de antissemitas". O perigo, reconheciam, era bem diferente: isto é, que "a aversão dos eleitores não antissemitas do partido de Hitler ao ódio aos judeus não seja grande a ponto de fazê-los negar apoio ao NSDAP".[46]

O antissemitismo, como a fúria contra o Tratado de Versalhes e a recusa em reconhecer a "fronteira sangrenta" com a Polônia, formava um pano de fundo geral, uma visão de mundo ampla com a qual muitos alemães, se não a maioria, poderiam concordar. A relutância de qualquer partido político a defender publicamente os interesses judeus, o fato de que o antissemitismo não se confinava de modo algum ao Partido Nazista e os atos generalizados de violência e hostilidade cometidos contra judeus durante todo o período de Weimar indicam uma ampla cultura de, no mínimo, tolerância ao antissemitismo. Os ativistas nazistas não faziam segredo do seu ódio aos judeus, e, mesmo quando considerações táticas ditaram que outros temas receberiam mais destaque na propaganda para as campanhas eleitorais do início da década de 1930, o antissemitismo nunca esteve ausente do repertório nazista. Os oradores nazistas fulminavam os supostos crimes, a influência maliciosa e abrangente, a depravação e a inerente inferioridade dos judeus. Mesmo quando outros tópicos estavam no alto da lista nos discursos nazistas, o antissemitismo e os pressupostos racialistas gerais eram o cimento que sustentava a ideologia. No entanto, afirmar que os nazistas chegaram ao poder principalmente por aproveitarem com sucesso uma veia antissemita profunda e raivosa do organismo político alemão, embora compreensível dado o que aconteceu durante a Segunda Guerra Mundial, seria provavelmente um erro.

Quem, então, foi atraído pelo movimento nazista durante a luta pelo poder? Que grupos de alemães um partido político combativamente antidemocrático, antissemita, belicoso e revanchista atraía? Parece que a resposta é: praticamente todo mundo, exceto os judeus da Alemanha. Na expressão de Thomas Childers, o NSDAP se transformou em "fenômeno único na política eleitoral alemã, um partido de protesto genérico"[47] que, em 1932, conseguira obter mais apoio de um corte mais amplo da população alemã do que quaisquer outros partidos políticos. Até então, em essência, os partidos políticos alemães tinham apelado a grupos sociais e econômicos específicos. O NSDAP era diferente. O Partido Nazista conseguiu atrair mais eleitores de classe média do que operários, mais protestantes do que católicos, mais homens do que mulheres, mais alemães que moravam no campo e em cidades pequenas do que nas grandes cidades, mais alemães que viviam no norte e no leste do que no sul e no oeste, além de seduzir especialmente os jovens. Contudo, também conseguiu atrair operários, católicos, mulheres, moradores de cidades grandes e idosos em número maior do que qualquer outro partido político já conseguira.[48] O único outro partido político da Alemanha de Weimar que conseguiu atrair votos em todo o espectro social foi o católico Partido do Centro, embora permanecesse firmemente enraizado no meio católico e fosse considerado um defensor dos interesses católicos. O Partido Nazista não repetiu meramente a ideologia da *Volksgemeinschaft*, na qual todos os alemães se uniriam fosse qual fosse a sua classe social ou religião (cristã); nos últimos anos da República de Weimar, ele mesmo parecia refletir uma "comunidade" dessas no apoio que recebeu.

Como as lembranças da Primeira Guerra Mundial se encaixam nisso? Mais de 10 milhões de veteranos de guerra alemães sobreviveram ao conflito e puderam votar nas fatídicas eleições de 1932 e 1933; pelo menos 8 milhões deles provavelmente o fizeram.[49] No resto do eleitorado, todos foram profundamente afetados pelo que sofreram entre 1914 e 1919 — os trabalhadores que se esforçavam para abrir caminho na economia de guerra, as mulheres obrigadas a prover o sustento do lar sem o ganha-pão masculino, as crianças cujos primeiros anos de vida foram apavorados pelas privações da época da guerra. Todos aqueles com direito a voto em 1932 tinham idade suficiente para recordar a guerra de um jeito ou de outro; até os mais jovens eleitores alemães de 1932 teriam 6 anos na época do armistício, em 1918. Na verdade, parecia que, principalmente no eleitorado mais novo — homens jovens demais para ter lutado na Primeira Guerra Mundial —, a radical e belicosa mensagem nazista exercia atração especial. Sem dúvida o discurso de recriar o "Espírito de 1914", ou a camaradagem e o sacrifício das trincheiras, em que alemães de todas as classes e orientações supostamente se uniram como nunca em nome da causa nacional, reverberava num país dilacerado por encarniçadas divisões políticas e sociais. A imagem mítica do "espírito do front" durante a guerra fazia contraste intenso e atraente com a política divisiva e sujeita a crises do "sistema" de Weimar. Portanto, a meta nazista de superar as divisões de "classe" supostamente artificiais por meio da criação de uma comunidade racial igualitária, a *Volksgemeinschaft*, brotou em grande medida da Primeira Guerra Mundial e da memória da guerra. O movimento nazista cresceu quando a Alemanha passou por uma "remilitarização da opinião pública a partir de 1929"[50] e quando a literatura de guerra encontrou público em massa,[51] e isso destaca a ressonância da experiência do próprio Hitler como soldado comum que serviu na frente de batalha de 1914 a 1918.

Quando o sistema de Weimar desmoronou — quando os eleitores da Alemanha perderam a fé nos partidos políticos estabelecidos e a crise política e econômica chegou ao ponto máximo no início da década de 1930 —, a mensagem nazista ofereceu, para um número crescente de eleitores, um foco para os ressentimentos, uma promessa de vingança, uma válvula de escape para a agressão e uma esperança de futuro melhor. Enquanto a política setorial dos outros partidos políticos prometia cada vez menos melhorias, a mensagem dos nazistas, que afirmavam transcender interesses estreitos, se tornou cada vez mais atraente. Em vez de interesses materiais de grupos específicos, o nazismo oferecia aos alemães uma fé transcendente numa futura comunidade racial igualitária. O fato de o Partido Nacional-Socialista dos Trabalhadores Alemães tornar tão pública a tentativa de conquistar os trabalhadores para a causa nacional era importante não só por tirar algum apoio dos comunistas e sociais-democratas, como por demonstrar aos outros partidários dos nazistas que havia um movimento capaz de unir todos os alemães numa verdadeira *Volksgemeinschaft*. Essa não seria uma comunidade baseada na lei, no respeito ao indivíduo, na busca racional de bem-estar social e econômico, mas uma comunidade racial de guerreiros e produtores de guerreiros. O movimento nazista tocou profundamente a sociedade do pós-guerra muitíssimo perturbada, uma sociedade e um país que na verdade nunca superaram o legado da Primeira Guerra Mundial, e o partido chegou ao poder com um forte compromisso ideológico com a guerra e o racismo.

A experiência da Primeira Guerra Mundial e a derrota de 1918 lançaram uma sombra sobre a Alemanha durante mais de um quarto de século. Boa parte da conduta do governo do Terceiro Reich, desde as políticas sociais internas à condução da Segunda Guerra Mundial, foram reações ao legado de 1918.[52] Em consequência do colapso militar e da revolução, a política democrática passou a ser associada à desordem; contudo, em consequência dos mitos que emolduravam a sua lembrança, a guerra passou a ser associada à promessa de vencer a desordem. No fundo, a fé transcendente que milhões de alemães depositaram no nazismo e no seu líder era uma fé na guerra. Isso não é negar que os anos da guerra e do pós-guerra foram de extrema desordem. Entretanto, talvez ainda mais importante do que o modo como a Alemanha realmente viveu o período logo após a guerra tenha sido o modo como os alemães imaginaram que o viveram e, num tipo de imagem invertida, como passaram a imaginar a própria guerra em termos estranhamente positivos. O fato de não conseguirem, depois de 1918, escapar da sombra da Primeira Guerra Mundial permitiu que um movimento político racista e belicoso, comandado por uma quadrilha de políticos inescrupulosos e que vinham de fora da elite política estabelecida, chegasse a tal posição que, em janeiro de 1933, os que tinham a chave da Chancelaria do Reich convidassem o seu líder a formar um governo — e assim condenassem a primeira democracia alemã à destruição e a Europa a outra guerra mundial.

DOIS

O REGIME NAZISTA E O CAMINHO PARA A GUERRA

Na noite de 3 de fevereiro, poucos dias depois de ser nomeado chanceler do Reich e formar o seu governo de "concentração nacional", Adolf Hitler se reuniu com os comandantes dos vários distritos do exército na casa do general Kurt von Hammerstein-Equord, comandante do exército desde outubro de 1930. Num discurso de duas horas e meia depois do jantar, Hitler esboçou o papel que visualizava para as forças armadas num regime nazista. De acordo com anotações feitas na reunião (aparentemente pela filha do general Hammerstein),[1] o novo chefe de governo detalhou as suas metas. Hitler começou com uma declaração típica da sua visão da vida como uma luta entre as raças: "Assim como na vida dos indivíduos o melhor e mais forte sempre prevalece, o mesmo acontece na vida dos povos." Então, depois de discorrer sobre os problemas causados pela Primeira Guerra Mundial, sobre o lugar da Alemanha na economia mundial e sobre o "envenenamento do mundo pelo bolchevismo", o chanceler do Reich passou à sua mensagem principal:

> Como se pode agora salvar a Alemanha? Como se livrar do desemprego? Sou profeta há 14 anos e digo repetidas vezes: todos esses planos econômicos, a concessão de crédito à indústria e os subsídios estatais são bobagens. Podemos nos livrar do desemprego de duas maneiras: 1. pela exportação a qualquer preço e por qualquer meio. 2. com uma política de povoamento em

grande escala que tenha como condição a expansão do espaço vital do povo alemão. Este último caminho seria a minha proposta. Num período de cinquenta a sessenta anos, teríamos um Estado completamente novo e saudável. Mas a realização desses planos só pode começar se forem criadas as condições necessárias. A condição prévia é a consolidação do Estado. Ninguém mais deve ser cidadão do mundo. A democracia e o pacifismo são impraticáveis. Todos sabem que a democracia está fora de questão. É prejudicial à economia também. Conselhos operários são a mesma bobagem que os conselhos de soldados. Por que, portanto, se pensa que a democracia seja possível no Estado? [...] Portanto, é tarefa nossa tomar o poder político, suprimir com o máximo rigor qualquer opinião subversiva e educar o povo com padrões morais. Toda tentativa de traição deve ser punida implacavelmente com a pena de morte. A supressão do marxismo por todos os meios é a minha meta.

Na minha opinião, não faz sentido apoiar direitos iguais em Genebra e depois limitar-se a aumentar o exército. De que adianta um exército de soldados contaminados pelo marxismo? [...] Estabeleço para mim o prazo de seis a oito anos para exterminar completamente o marxismo. Então o exército será capaz de conduzir uma política externa ativa, e a meta de expandir o espaço vital do povo alemão será atingida com armas; o objetivo provavelmente estará a leste. Contudo, não é possível germanizar a população da terra conquistada ou anexada. Só se pode germanizar a terra. Como a França e a Polônia depois da [Primeira] Guerra, é preciso deportar alguns milhões de pessoas. [...]

Ficaremos ao lado do exército e trabalharemos pelo exército. O glorioso exército alemão, no qual ainda existe o mesmo espírito que existiu na época heroica da Guerra Mundial, cumprirá o seu dever com independência.

Agora, Herr generais, peço-lhes que lutem comigo pela grande meta, que me entendam e me apoiem não com armas, mas moralmente. Criei a minha própria arma para a luta inter-

> na, o exército só está aqui para conflitos externos. Os senhores não voltarão a encontrar um homem como eu que, com todo o meu poder, defenda a sua meta pela salvação da Alemanha.[2]

Boa parte do programa nazista que se desenrolou nos anos seguintes aí estava: o esmagamento da oposição política e, principalmente, do marxismo; a destruição da democracia; a educação do povo alemão para que se dispusesse a lutar e morrer; o compromisso de anular o Tratado de Versalhes; a determinação de dar as costas à economia mundial; o compromisso de fortalecer as forças armadas, conquistar novo espaço vital no leste e impor a sua implacável germanização. O componente importante da política nazista não mencionado especificamente foi o objetivo geral da guerra racial. No entanto, ele se encontrava implícito no pacote inteiro, e todas as outras políticas do regime — a economia, a política social, a propaganda — estavam emolduradas por esse contexto.

Dois dias depois, o *Völkischer Beobachter*, principal jornal do Partido Nazista, noticiou sucintamente que a reunião ocorrera com o título: "O exército ombro a ombro com o novo chanceler."[3] As metas expressas por Hitler eram música para os ouvidos do comando de um exército que, durante anos, se concentrara em superar as limitações impostas pelo Tratado de Versalhes e se rearmar, se capacitar a defender efetivamente as fronteiras da Alemanha e se envolver numa guerra ofensiva. Como explicou o general Walther von Reichenau, braço direito do novo ministro da Reichswehr, general Werner von Blomberg: "Nunca as forças armadas foram tão idênticas ao Estado quanto hoje."[4]

Para um corpo de oficiais profundamente preocupado em não ficar empacado em conflitos políticos internos ou, pior ainda, numa guerra civil, a promessa de Hitler de esmagar o marxismo e destruir a democracia foi muito bem-vinda. De fato, o líder nazista oferecia ao exército uma solução radical para o problema do potencial de oposição interna ao rearmamento maciço. Os nazistas cuidariam do inimigo interno e a Reichswehr teria recursos para enfrentar o inimigo externo. Mais ainda, o nazismo recebera considerável simpatia de oficiais do exército, principalmente os menos graduados, no final da década de 1920 e início da de 1930. Na verdade, no começo de 1933 os oficiais inferiores da Reichswehr exprimiram interesse em entrar para a SA nazista (que logo se tornaria a maior concorrente da Reichswehr).[5] No total, os gestos de boa vontade de Hitler e o seu novo governo de "concentração nacional" ofereciam o que o exército queria. Parecia que ali estava um governo disposto a criar as condições políticas internas para o rearmamento, que entendia as lições da Primeira Guerra Mundial de que a condução de guerras entre países industrializados exigia, mesmo em tempos de paz, a organização rigorosa e abrangente da nação como um todo e dos seus recursos para a guerra, e que estava preparado para agir com base nelas.[6] Alguns oficiais podiam ter os seus receios, mas em geral os guardaram para si, e rapidamente o novo governo se dedicou à tarefa de esmagar o "marxismo" dentro da Alemanha, livrar-se da democracia e tornar o país seguro para o rearmamento. Tanto os generais quanto os nazistas viam a militarização da sociedade alemã como condição necessária para travar guerras de agressão futuras.[7]

Os nacional-socialistas eram apenas minoria no governo de coalizão formado sob o comando de Hitler em 30 de janeiro de 1933. Tirando o próprio Hitler, só havia no gabinete mais dois membros do Partido Nazista: Wilhelm Frick, que foi nomeado ministro do Interior do Reich, e Hermann Göring, que se tornou ministro sem pasta do Reich além de ministro do Interior prussiano. A grande maioria do gabinete era composta de conservadores ou personagens supostamente apolíticos. Franz von Papen, o político católico de direita cujas intrigas tinham sido providenciais para a existência do governo de Hitler, ocupou o cargo de vice-chanceler; o mais importante era que von Papen estava convencido de controlar o acesso a Paul von Hindenburg, o idoso presidente do Reich, sem cuja concordância Hitler não obteria a legislação de emergência de que precisava. Alfred Hugenberg, líder do conservador Partido Popular Nacional Alemão, recebeu as pastas da Economia e da Agricultura, que pareceram deixá-lo em posição dominante para determinar a política econômica. No Ministério da Reichswehr estava o general Werner von Blomberg, escolha do presidente do Reich, especialmente interessado nas forças armadas e que via o ex-comandante do Wehrkreis I (Prússia Oriental) e simpatizante nazista como "completamente apolítico".[8] Nos ministérios das Relações Exteriores e das Finanças havia homens que tinham ocupado esses cargos com dois chanceleres anteriores (von Papen e von Schleicher) e que Hindenburg queria manter: como ministro das Relações Exteriores, o aristocrático diplomata de carreira barão Konstantin von Neurath (que fora embaixador na Itália de 1921 a 1930 e depois no Reino Unido até 1932), e, como ministro das Finanças, o funcionário público de carreira conde Johann Ludwig (Lutz) Schwerin von Krosigk, que permaneceria no cargo até depois do suicídio de Hitler em abril de 1945. Na superfície, parecia que Hitler tinha pouco espaço de manobra. Alfred Hugenberg se alegrou com a convicção de que "nós o cercamos", e Franz von Papen concluiu alegremente que, em vez de se pôr à mercê de Hitler, "nós o contratamos".[9] Eles estavam profundamente enganados.

A formação do governo de coalizão naziconservador de Hitler e a sua rápida transformação em ditadura nazista numa questão de meses ilustram duas características centrais da política nazista: de um lado, a disposição, quando necessário, de colaborar com a elite política conservadora tradicional, que de fato entregou a Hitler as chaves da Chancelaria do Reich; de outro, o radicalismo do movimento nazista, que na prática esfacelou a oposição e forçou o ritmo da "revolução" nazista no início de 1933. Se Franz von Papen não tivesse passado o mês de janeiro de 1933 numa série de intrigas que finalmente deram frutos sob a forma do governo Hitler anunciado em 30 de janeiro; se Kurt von Schleicher tivesse se aplicado com mais determinação a impedir que o líder nazista o sucedesse; se Paul von Hindenburg, o idoso presidente do Reich, não concordasse em nomear chanceler do Reich o homem que anteriormente desdenhara como um "cabo da Boêmia", incapaz de comandar um governo; se as elites estabelecidas não se mostrassem dispostas, em última análise, a negociar com o líder nazista, provavelmente o Terceiro Reich não teria existido. O fato de concordarem com tantos aspectos do nazismo — o nacionalismo estridente e a oposição a Versalhes, a determinação a se rearmar, a hostilidade ao "marxismo", o desprezo pelo governo democrático — permitiu que a elite governante conservadora, que controlava o acesso aos instrumentos do poder enquanto a República de Weimar desmoronava, embarcasse na maré nazista. Nessas circunstâncias, não surpreende que, em 20 de fevereiro de 1933, depois de advertidos pelo novo chanceler do Reich de que "a indústria privada não pode se manter na época da democracia" e que as próximas eleições seriam as "últimas", os industriais reunidos reagiram generosamente aos pedidos de financiamento da iminente campanha eleitoral do NSDAP.[10] As elites estabelecidas talvez preferissem entregar os instrumentos do poder a um dos seus, mas os nazistas tinham algo que lhes faltava no clima de crise do início da década de 1930: o maior apoio popular já obtido por um movimento político na história alemã. Some-se a isso uma boa dose de miopia política e uma falta extraordinária de princípios morais e está feita a base do acordo de bastidores que levou Hitler ao governo. Como escreveu Klaus Mann (filho de Thomas) no seu diário em 30 de janeiro de 1933, depois de divulgada a notícia de que Hitler fora nomeado chanceler do Reich, a Alemanha se tornou "a terra das possibilidades ilimitadas".[11]

A relação do nazismo com o conservadorismo político alemão pode explicar boa parte da entrada de Hitler na Chancelaria do Reich, mas foi o caráter inquieto, dinâmico, agressivo e revolucionário do movimento de massa que lhe permitiu esmagar o que restava da democracia. Para os ativistas nazistas, a chegada de Hitler ao governo foi um sinal: agora os recursos e o poder do Estado alemão estariam à sua disposição, agora eles receberiam a sua recompensa; agora poderiam fazer o que quisessem com os inimigos na guerra civil latente que fervia nas ruas da Alemanha. A formação do governo Hitler foi recebida com júbilo pelos seguidores dos nazistas. Em Berlim, milhares de simpatizantes do nazismo marcharam com tochas acesas diante do seu líder vitorioso para saudar a Nova Alemanha; em todo o país, houve manifestações de triunfo nazista.[12] As tentativas comunistas de montar comícios de protesto foram esmagadas pela polícia, antes mesmo que o Ministério do Interior prussiano (agora sob o controle de Göring) banisse completamente os comícios comunistas em 1º de fevereiro. O refrão da "Horst Wessel Lied", o hino nazista, se concretizara: as ruas realmente tinham se tornado "livres para os batalhões pardos" da SA.

Nas semanas seguintes, o exército de ativistas nazistas, inchado de hora em hora por milhares de oportunistas que pegaram carona, assumiu a campanha eleitoral para o Reichstag que o novo governo marcou para 5 de março. Dessa vez, os nazistas puderam aproveitar os recursos do Estado para intimidar e aterrorizar os adversários. A política de colaboração de alto nível entre nazistas e conservadores foi superada pela política de ativismo nazista e, cada vez mais, de selvageria patrocinada pelo Estado. A partir de meados de fevereiro, a polícia se aliou explicitamente aos bandidos nazistas: como ministro do Interior prussiano, Göring ordenou, em 15 de fevereiro, o fim da vigilância policial das organizações nazistas;[13] em 17 de fevereiro, estipulou que a polícia não interferiria com as atividades da SA, da SS e do Stahlhelm e apoiaria as tropas de assalto "com todo o seu poder";[14] e, em 22 de fevereiro, ordenou a formação de uma "polícia auxiliar" (*Hilfspolizei*) composta de integrantes da SA, da SS e do Stahlhelm.[15] Isso ocorreu contra um pano de fundo de leis de emergência aprovadas dias depois da chegada de Hitler à Chancelaria do Reich, começando com restrições à liberdade de reunião e de imprensa no decreto de 4 de fevereiro "para a proteção do povo alemão"[16] e continuando com o decreto de emergência "para a proteção do povo e do Estado" de 28 de fevereiro após o incêndio do Reichstag. O decreto de 28 de fevereiro suspendeu artigos da Constituição de Weimar que garantiam liberdade de expressão, imprensa, reunião e associação, privacidade das comunicações postais e exigência de mandados para revistas domiciliares.[17] O resultado foi a escalada previsível e aterrorizante da violência nazista e a decomposição do estado de direito. Agora não havia muito o que fazer para evitar que ativistas nazistas descarregassem a sua ânsia de violência, ajustassem contas antigas e deixassem claro a todos que eles é que mandavam.

É significativo que a violência não tenha se reduzido depois das eleições de 5 de março. Ao contrário, aumentou. Os padrões de violência eram reveladores. Os ativistas nazistas ficaram cada vez mais agressivos contra os seus adversários de esquerda cada vez mais indefesos. Uma após outra, sedes de sindicatos, jornais social-democratas e organizações locais do SPD foram atacadas, saqueadas, depredadas e ocupadas por quadrilhas de camisas-pardas que se deliciavam hasteando a bandeira da suástica em prédios que antes abrigavam os seus oponentes. Não parece ter havido nenhuma direção central nessa campanha de violência, que assim se mostrou ainda mais eficaz: em questão de semanas o movimento trabalhista e socialista foi destruído de pouco em pouco, e, quando os nazistas proibiram oficialmente os sindicatos independentes, orquestraram a sua tomada pela "Frente Alemã de Trabalho" e declararam 1º de maio o "Dia do Trabalho alemão", não havia mais nenhum movimento sindicalista em ação na Alemanha. Na prática, o antes poderoso movimento trabalhista social-democrata, que sobrevivera a anos de perseguição sob as Leis Socialistas de Bismarck na década de 1880 e frustrara a tentativa do Kapp-Putsch direitista em 1920, havia deixado de existir. Antes que o governo de Berlim formulasse uma política coerente relativa aos sindicatos, as tropas de assalto efetivamente resolveram o problema — e deram uma poderosa contribuição para a destruição rápida da democracia e a consolidação da ditadura. A promessa de Hitler aos generais de "exterminar o marxismo" com a sua "própria arma para a luta interna" estava sendo cumprida.

Embora os adversários políticos de esquerda constituíssem o principal alvo dos nazistas nas semanas logo após Hitler se tornar chanceler do Reich, a violência não se limitou de modo algum aos comunistas, sociais-democratas e sindicalistas. Com o passar das semanas e principalmente depois das eleições de março, órgãos dos governos locais foram atacados e tropas de assalto nazistas arrancaram dos prédios públicos a bandeira preta, vermelha e amarela da Alemanha republicana e a substituíram pela bandeira da suástica, e "empresas indesejáveis" — lojas de departamentos e estabelecimentos pertencentes a estrangeiros (como Karstadt, Wertheim, Hermann Tietz e Woolworth) — foram boicotadas e vandalizadas.[18] Enquanto as forças armadas assistiam e a polícia servia alegremente ao novo governo, por um curto período pareceu que os ativistas nazistas podiam fazer o que quisessem.

Os judeus da Alemanha também ficaram na linha de fogo. Nas semanas posteriores à formação do governo Hitler e com a tomada das forças policiais da Alemanha por políticos nazistas, o ataque aos judeus era secundário em relação ao ataque aos adversários políticos, mas a violência aumentou de forma alarmante em meados de março. Göring, que controlava a polícia prussiana, deu o tom em 10 de março ao declarar, num discurso em Essen, que não se dispunha "a aceitar a noção de que a polícia é um esquadrão de proteção de lojas judias".[19] Cada vez mais, os fregueses de lojas judias eram intimidados, e os judeus, atacados sob os olhos da polícia, enquanto autoridades citavam o discurso de Göring como justificativa para não fazer cumprir a lei.[20] Em 13 de março, houve uma explosão de violência espetacular quando tropas de assalto atacaram advogados judeus em Breslau (lar da terceira maior comunidade judia da Alemanha): homens armados da SA invadiram os tribunais e expulsaram do prédio advogados e juízes judeus; muitos foram arrastados das salas de audiência durante o julgamento de casos e alguns foram surrados.[21] Ao mesmo tempo, surgiram tropas de assalto no recinto da bolsa de valores de Breslau, ostensivamente para revistar corretores judeus atrás de armas. Essa violência não fazia parte de uma campanha cuidadosamente planejada para remover os judeus da vida alemã; eram, na verdade, atos de sadismo quase festivo de jovens violentos que levavam para a política interna alemã a sua variedade particular de guerra. Pode-se dizer o mesmo dos boicotes de lojas judias impostos pela SA e que se tornaram mais frequentes conforme março avançava — até que o comando nazista proclamou que 1º de abril era o dia do boicote nacional a empresas judias.[22] Isso permitiu que ativistas nazistas dessem vazão ao excesso de energia, mas a remoção real dos judeus da economia alemã seria realizada mais tarde e com muito mais eficácia por meios administrativos.[23] Foi quase como se, depois de cumprida a séria tarefa de capturar o poder político, os ativistas nazistas agora pudessem gozar do recém-tomado poder e atacar judeus indefesos.

Entretanto, quando o novo regime começou a se consolidar, ficou claro que alguns ativistas tinham ido longe demais. A política de vandalismo não constituía uma base sólida para uma ditadura. Tanto Rudolf Hess, o deputado do Führer, quanto o ministro do Interior do Reich Wilhelm Frick aproveitaram a deixa de Hitler — que, em 10 de março, exigira a "disciplina mais estrita" da SA e da SS e afirmara que "a obstrução ou distúrbios em empresas têm de cessar"[24] — e ordenaram que a violência, principalmente contra alvos econômicos, fosse controlada.[25] O desejo de refrear a violência das tropas de assalto também parece ter desempenhado um papel importante no dia do boicote nacional a lojas judias marcado para o sábado, 1º de abril. Como Goebbels escreveu no seu diário em 27 de março, embora "deva-se mostrar a eles [os judeus] que estamos decididos a tomar quaisquer providências",[26] esse boicote nacional também constituía um meio de controlar uma campanha até então caracterizada, em todo o país, por iniciativas independentes que ameaçavam sair do controle.

Em vez de forçar uma transformação radical e revolucionária do Estado alemão e das suas instituições, o líder nazista (que em 6 de julho proclamaria que a "revolução" nazista não era "uma condição permanente")[27] parecia ter se comprometido, a si e ao seu movimento, a trabalhar dentro da estrutura existente. Essa tática se mostrou extremamente eficaz, pois a combinação de cooperação com as elites estabelecidas e pressão de um movimento faminto e violento na base permitiu aos nazistas consolidar em seis meses a sua ditadura com mais eficiência do que os colegas fascistas italianos nos seis anos seguintes à Marcha sobre Roma de Mussolini. Em vez de reestruturar radicalmente o Estado, os nazistas governaram por meio de decretos de emergência, substituíram os procedimentos burocráticos racionais por decisões cada vez mais arbitrárias e corroeram o estado de direito. Dessa maneira, provocaram uma transformação mais radical do Estado do que seria possível sonhar quando Hindenburg entregou a Hitler as rédeas do governo.

Trabalhar com as elites estabelecidas dentro das estruturas de Estado existentes para consolidar a ditadura provocou dois sucessos extraordinários depois das eleições de 5 de março para o Reichstag, muito embora o NSDAP não obtivesse maioria absoluta, apesar da intimidação maciça dos adversários. O primeiro foi um brilhante golpe de propaganda; o segundo, a criação da base jurídica para a ditadura irrestrita. Primeiro veio o espetáculo de propaganda, cheio de simbolismo, para mostrar que o triunfo do nazismo reforçava os valores nacionais. Em 21 de março, primeiro dia da primavera e aniversário de 62 anos do dia em que o Reichstag se reuniu pela primeira vez depois da criação do império alemão, Hitler apresentou formalmente o seu novo governo ao idoso presidente do Reich na igreja de uma guarnição da cidade de Potsdam. Esse "Dia de Potsdam" foi organizado por Goebbels (nomeado ministro da Propaganda e Esclarecimento do Povo do Reich na semana anterior, em 13 de março) para ligar a velha e a "nova" Alemanha — a tradição militar conservadora prussiana e a renovação popular dos valores nacionais por meio do nacional-socialismo — e, portanto, afirmar simbolicamente que o governo nazista era o sucessor legítimo do império que fora destruído pela revolução de 1918. As ruas da cidade foram decoradas com a bandeira preta, branca e vermelha da Alemanha imperial e a bandeira da suástica dos nazistas; Hitler se curvou respeitosamente diante do presidente do Reich, resplandecente na farda de marechal de campo imperial e agraciado logo em seguida com um desfile dos membros da Reichswehr e da SA, da SS e do Stahlhelm; e a cerimônia inteira foi transmitida pelo rádio e recebeu maciça cobertura da imprensa.[28] Como os sociais-democratas se recusaram a participar e muitos comunistas já definhavam em campos de concentração, e sem nenhuma bandeira republicana preta, vermelha e amarela à vista, a República de Weimar foi jogada simbolicamente na lata de lixo da história.

A legislação seguiu a propaganda. Três dias depois da cerimônia de Potsdam, o governo democrático recebeu o golpe de misericórdia quando Hitler obteve aprovação avassaladora — somente os sociais-democratas votaram contra — para o fim do governo parlamentar. Com a Lei de Capacitação de 24 de março (oficialmente, Lei para a Suspensão da Miséria do Povo e do Reich), o governo de Hitler recebeu poderes para baixar leis de emergência e desviar-se das normas constitucionais sem a necessidade de recorrer ao Parlamento ou obter a assinatura do presidente do Reich (até então exigida em leis de emergência).[29] Embora só devesse vigorar até abril de 1937 (ou até que o governo de Hitler fosse substituído), na verdade a Lei de Capacitação foi prorrogada e constituiu a base legal da ditadura nazista até que o Terceiro Reich desmoronou em março de 1945. Nas semanas seguintes à aprovação da Lei de Capacitação, os adversários políticos foram removidos do serviço público; milhares de socialistas, comunistas e judeus foram mandados para campos de concentração improvisados que grupos da SA criaram pelo país; a imprensa foi forçada a se curvar ao controle do novo ministro da Propaganda; todos os partidos políticos da Alemanha, com exceção do NSDAP, foram dissolvidos, e, com a lei contra a refundação de partidos de 14 de julho de 1933 (menos de seis meses depois de Hitler se tornar chanceler do Reich), a Alemanha passou a ser formalmente um Estado monopartidário.[30] Enquanto isso, o comando das forças armadas ficou satisfeito porque, como o ministro da Reichswehr Werner von Blomberg havia dito em 3 de fevereiro de 1933, agora a Alemanha tinha um governo que era a "expressão de amplo desejo nacional e concretização do que muitos dentre os melhores buscaram durante anos".[31]

Mas uma coisa que não agradava aos generais era a ideia de que os "batalhões pardos" de Ernst Röhm, o líder da SA, pudessem formar o núcleo de um novo exército popular nacional-socialista. Embora o seu efetivo tivesse crescido às centenas de milhares nos meses posteriores a janeiro de 1933 e fosse muito maior que o da Reichswehr, essa organização de massa não era boa base para construir uma força armada capaz de travar uma guerra moderna. O comando da SA, exultante com os despojos da vitória depois de ocupar delegacias de polícia e criar campos de concentração próprios em 1933, não percebeu que o triunfo aparente a havia posto num caminho que, em 30 de junho de 1934, levaria à "noite das facas longas".

Os vencedores do "expurgo sangrento" de 1934 foram a SS — que executou a chacina, organizada principalmente por Reinhard Heydrich, chefe do seu Serviço de Segurança — e, é claro, a Reichswehr. O expurgo foi uma oportunidade de ajustar contas antigas (por exemplo, eliminar Gregor Strasser, que encabeçara a organização do Partido Nazista até romper com Hitler no final de 1932 por discordar da participação dos nazistas no governo, e Gustav von Kahr, chefe do governo bávaro com quem Hitler esperara marchar sobre Berlim em novembro de 1923) e se livrar de líderes briguentos e indisciplinados da SA (o de maior destaque deles sendo Edmund Heines, líder da SA da Silésia). No entanto, a principal função foi remover um possível concorrente do exército. A Reichswehr continuou a ser o exército da Alemanha. O governo Hitler se comprometera com um programa substancial de rearmamento, e, em 1934, a SA foi esmagada como força significativa do regime nazista. Röhm, que sonhara comandar um exército popular nazista, encontrou a morte por ordem do seu Führer. Além de remover um possível rival, o expurgo também deu mais popularidade a Hitler. O discurso de 13 de julho de 1934 ao Reichstag, no qual o líder nazista justificou o expurgo e declarou legal o assassinato dos seus antigos camaradas depois do fato acontecido, foi, nas palavras de um relatório da Gestapo, "recebido com grande satisfação por todos os estratos da população".[32] Segundo um relatório da polícia da Baviera, a "ação de expurgo e a intervenção pessoal do Führer contra o ex-chefe do estado-maior Röhm e os líderes amotinados da SA receberam aprovação geral", e "principalmente a confiança no comando do Estado e o respeito pessoal pelo chanceler do Reich aumentaram muito por toda parte".[33] O expurgo sem dúvida reverberou positivamente entre os que se impacientavam com o comportamento beligerante das tropas de assalto e achavam que a chacina anunciaria o restabelecimento da ordem. O assassinato de comandantes problemáticos, ameaçadores e, em certos casos, abertamente homossexuais da SA e a postura pública de Hitler como líder decisivo que agira para restaurar a ordem e a moralidade se mostraram, na expressão de Ian Kershaw, "um golpe de propaganda por excelência".[34]

Embora não estivesse diretamente envolvido nos homicídios, o exército aquiescera, assim como aquiescera na criação dos campos de concentração em 1933. Parecia um pequeno preço a pagar pela garantia de Hitler de que "só há um portador de armas no Estado: a Wehrmacht"[35] e abria caminho para a enorme expansão das forças armadas que o comando do exército desejava e para a qual se planejara. Eles precisavam de Hitler e, quando se tornaram cúmplices de homicídio, abandonaram princípios que, mais tarde, poderiam tê-los impedido de acompanhar o líder nazista pela estrada do genocídio e da guerra mundial. Nem mesmo o assassinato violento do general Kurt von Schleicher, antecessor de Hitler como chanceler e chefe do *Ministeramt* [escritório de assuntos ministeriais] no Ministério da Reichswehr, no final da década de 1920, em sua própria casa, ao lado da esposa, levou o comando do exército a questionar a colaboração com o ditador nazista. Ao contrário, eles se dispuseram a aceitar que Hitler se tornasse chefe de Estado além de chefe de governo quando o presidente Paul von Hindenburg finalmente faleceu pouco mais de um mês depois, em 2 de agosto de 1934. Isso removeu a última restrição constitucional ao ditador nazista. A partir daí, os soldados alemães fariam o seu juramento de lealdade ao Führer.

Quando Hitler chegou ao poder, o principal foco da preocupação da população não era o estado das forças armadas, mas o estado da economia. Com mais de 6 milhões de pessoas registradas como desempregadas e muitas outras de fato sem trabalho, a Alemanha fora mais gravemente afetada pela depressão mundial do que todos os outros países industrializados, com exceção talvez dos Estados Unidos. O medo e a carestia econômica tiveram papel central na corrosão do governo democrático e na chegada de Hitler ao poder, e ficou claro que o novo governo seria julgado pela capacidade de pôr os alemães de volta a trabalhar. Nisso o regime nazista pareceu extraordinariamente bem-sucedido. Centenas de milhares de pessoas saíram das estatísticas de desemprego e passaram a trabalhar no campo ou em projetos de obras públicas — inclusive drenagem de terras, construção e reparos de estradas e melhorias da infraestrutura postal e ferroviária. No total, no ponto máximo em 1934, quase um milhão de alemães foram empregados em vários planos de criação de postos de trabalho com patrocínio do Estado.[36] O mais famoso foi a construção das *Autobahn* (rede de autoestradas cujo planejamento começara na década de 1920), com a nomeação de Fritz Todt, engenheiro civil e membro antigo do Partido Nazista, para o cargo de inspetor-geral do projeto em junho de 1933.[37] Os primeiros locais de construção de *Autobahn* tenderam a ser regiões com desemprego elevado e usaram-se relativamente poucas máquinas para dar emprego ao máximo possível de pessoas (cerca de 40 mil nos canteiros de obras em 1934, com mais do dobro no suprimento e no planejamento da construção).[38] Os nazistas fizeram muita propaganda desses projetos, principalmente da construção da rede de *Autobahn* (embora uma parte relativamente pequena da rede planejada fosse terminada pelos nazistas). Hitler aparecia repetidamente nos noticiários cavando as primeiras pazadas de terra ou inaugurando novos trechos de estradas, e tanto os alemães quanto os visitantes estrangeiros se maravilhavam com essas modernas "estradas do Führer" que uniriam a nação.[39] Era teatro nazista característico: transmitia a forte impressão de que o governo nazista e o seu líder realmente faziam alguma coisa para superar a Depressão.

Essa impressão não era totalmente falsa, e a princípio a criação de postos de trabalho, mais do que o rearmamento, fez baixar os números do desemprego. Nos primeiros anos do regime nazista, o aumento dos gastos militares permaneceu bastante modesto, pelo menos em comparação com o enorme crescimento das despesas militares e armamentistas que se seguiram à revelação da existência da Luftwaffe e à readoção do alistamento militar obrigatório em março de 1935. Sem dúvida, os mais de 600 mil empregos criados com planos de obras públicas[40] contribuíram para o rápido declínio do número oficial de desempregados: de pouco mais de 6 milhões quando Hitler chegou ao poder a menos de 4 milhões um ano depois e a 1,7 milhão em agosto de 1935.[41] No entanto, no sucesso inicial dos nazistas na Batalha do Emprego havia mais do que a ação ostensiva do governo; nos primeiros anos do governo nazista, também houve relativamente poucos jovens entrando no mercado de trabalho, consequência da queda acentuada da natalidade durante a Primeira Guerra Mundial.

Nos anos que se seguiram, o crescimento rápido dos gastos do governo (e o alistamento obrigatório de centenas de milhares de rapazes nas forças armadas) provocou novas quedas do desemprego, pleno emprego e depois escassez cada vez mais grave e generalizada de mão de obra. No verão de 1937, apenas cerca de meio milhão de alemães estavam oficialmente desempregados, e a partir de 1938, em vez de desemprego, a Alemanha sofria de escassez geral de mão de obra. Na agricultura, o problema se tornou agudo, e no final da década de 1930 o número de trabalhadores estrangeiros no país subiu consideravelmente: de 220.192 em 1936 para 375.078 em 1938 e 435 mil na primavera de 1939.[42] Ao mesmo tempo, o número de pessoas empregadas aumentou mais depressa do que caía o número de desempregados, à medida que cada vez mais alemães passavam a trabalhar (e os que trabalhavam cumpriam jornadas mais longas).[43] Cada vez mais mulheres arranjavam emprego, inclusive na economia armamentista (isto é, nos setores químico e elétrico), apesar da ideologia nazista, que considerava o lar como o lugar apropriado para as mulheres e dar à luz como o serviço mais importante que poderiam prestar à *Volksgemeinschaft* (desde que fossem racialmente aceitáveis).

Ainda assim, o propósito da recuperação econômica nazista não era realizar milagres nem simplesmente dar emprego aos alemães para melhorar o seu padrão de vida pessoal. A política econômica nazista não era uma versão de gerenciamento keynesiano da demanda que visasse estimular o bem-estar e o crescimento econômico por meio de gastos deficitários. Ao manter a tributação elevada e discriminar setores e gastos de consumo, o regime nazista não direcionou a economia alemã para a recuperação pelo estímulo à demanda do consumidor. Para Hitler, primariamente, a economia não era uma arena para gerar riqueza, mas para fornecer a base material da conquista militar, e a determinação de rearmar-se estava por trás de todas as políticas econômicas do regime. A meta da *Volksgemeinschaft* igualitária e da redistribuição econômica foi levada a sério, mas isso seria obtido por meio da guerra.[44] A visão nazista envolvia a rejeição da economia de livre mercado, da integração na economia global e do liberalismo econômico (que, na década de 1930, sem dúvida, não parecia um grande sucesso). Em vez disso, ela recorria à intervenção estatal maciça na economia e à manutenção de blocos econômicos fechados.

Na prática, isso significava a efetiva suspensão da convertibilidade do Reichsmark, a imposição do controle governamental das importações com a criação, em 1934, do Novo Plano de Hjalmar Schacht (a partir de março de 1933, presidente do Reichsbank pela segunda vez e ministro da Economia de agosto de 1934 a novembro de 1937) e o envolvimento estatal direto e maciço na produção. O manejo das reservas limitadas de moeda estrangeira da Alemanha se tornou um problema grave num regime que queria usar a preciosa moeda estrangeira para o rearmamento. Os imensos gastos do governo, principalmente depois que o impulso armamentista se acelerou a partir de 1936, significavam que a indústria alemã obtinha seus maiores lucros ao produzir para o Estado. Quando a indústria privada relutava, por razões comerciais, em oferecer investimento e capacidade produtiva, o Estado interferia. O caso mais famoso foi a criação, em 1937, do conglomerado industrial Reichswerke Hermann Göring, para produzir aço com o minério de ferro de baixo teor extraído na Alemanha (fundando uma empresa que, durante a Segunda Guerra Mundial, veio a ser o maior empreendimento industrial da Europa),[45] com o desenvolvimento de fábricas de gasolina e borracha sintéticas e a construção de uma fábrica gigantesca para produzir um novo automóvel projetado pela organização "Força pela Alegria" [Kraft durch Freude] (destinado a se tornar o carro mais vendido de todos os tempos, o Volkswagen Fusca). Este último projeto, que pretendia produzir 150 mil carros em 1940 e 1,5 milhão dois anos depois,[46] foi uma realização nazista reveladora. O desejo de Hitler, grande entusiasta do automóvel, de fazer pela Alemanha o que Henry Ford fizera pelos Estados Unidos com o seu Modelo T e fornecer carros às massas alemãs nunca se concretizou com os nazistas: apenas alguns protótipos foram construídos antes que a guerra começasse e a produção passasse para veículos militares, e o dinheiro (cerca de 275 milhões de reichsmarks no total) que os alemães pagaram antecipadamente pelos seus carrinhos em prestações semanais à Frente Alemã de Trabalho ajudou a financiar o esforço de guerra nazista.[47]

A Alemanha nazista permaneceu um país capitalista no qual os meios de produção ainda eram predominantemente de propriedade privada e no qual se apuravam lucros enormes, principalmente quando a empresa conquistava contratos com o governo. Entretanto, era uma economia capitalista caracterizada por tributação elevada e alto grau de controle estatal. A destruição em 1933 dos sindicatos independentes levou ao fim da negociação coletiva, em que a proporção da economia composta por gastos do governo cresceu imensamente, e na qual o mecanismo do mercado para administrar preços, salários e decisões de investimento foi cada vez mais suplantado pela direção do Estado. Era uma economia capitalista na qual os capitalistas não estavam ao volante. No núcleo da economia nazista estava a determinação obstinada de se rearmar e construir uma instituição militar capaz de travar guerras agressivas e a disposição de usar o poder do Estado para que isso acontecesse. A meta da economia nazista não era fazer dinheiro, era fazer a guerra.

O ano de 1936 foi um ponto de virada decisivo, tanto na história econômica e militar do Terceiro Reich quanto no comportamento do seu ditador.[48] Nessa época, a economia alemã já se recuperara da Depressão, e as restrições mais importantes impostas às forças armadas alemãs pelo Tratado de Versalhes tinham sido removidas. A Luftwaffe fora revelada e o alistamento obrigatório criado no ano anterior, e em 7 de março de 1936 Hitler deu um passo que, visto em retrospecto, talvez tenha sido o mais importante e arriscado rumo ao rearmamento: a militarização da Renânia. Com a marcha da Wehrmacht para a Renânia — onde, de acordo com os artigos 42 e 43 do Tratado de Versalhes (confirmados pelos tratados de Locarno em 1925), a Alemanha fora proibida de estacionar soldados —, Hitler restaurou a soberania militar da Alemanha e removeu um grande obstáculo à guerra (além de levar a indústria da Renânia para o programa de rearmamento). A Liga das Nações condenou a ação da Alemanha, mas o protesto não teve consequências. (De qualquer modo, o governo Hitler já tirara a Alemanha da Liga das Nações em outubro de 1933, quando o país abandonou a Conferência para o Desarmamento em Genebra e deu as costas à política de segurança coletiva.) Se os franceses, como temia o comando militar alemão, tivessem imposto o cumprimento das disposições do tratado, as forças alemãs teriam dificuldade para manter o terreno; e, incapaz de estacionar soldados na fronteira ocidental, o regime nazista não poderia lançar uma ofensiva militar, pois qualquer ataque a leste deixaria o Reich vulnerável a contra-ataques no oeste.[49] No caso do caminho nazista para a guerra, é difícil exagerar a importância da militarização da Renânia. Como observou Michael Geyer, ela foi "a dobradiça da qual dependeram todos os outros passos do rearmamento e do planejamento operacional".[50] Com ela, o período do rearmamento defensivo da Alemanha nazista chegou ao fim e começou o período de rearmamento para criar uma Wehrmacht capaz de guerras ofensivas. Para Adolf Hitler, esse sucesso atordoante foi a confirmação de que ele era capaz de tudo. Como disse em 14 de março numa reunião em Munique, uma semana depois de o exército alemão cruzar o Reno, "sigo com a certeza de um sonâmbulo pelo caminho aberto diante de mim pela Providência".[51]

A remilitarização da Renânia foi seguida por um aumento enorme dos gastos militares e pela criação do Plano Quadrienal. Constituído em outubro de 1936 com uma máquina administrativa encabeçada por Hermann Göring, o Plano Quadrienal nazista era um planejamento econômico de tipo bem diferente dos Planos Quinquenais soviéticos. Não visava à propriedade estatal direta, ao gerenciamento dos meios de produção nem ao planejamento estatal abrangente do investimento e da produção; nas palavras de Göring, a sua tarefa era "preparar a economia alemã para a guerra total".[52] O memorando sobre o Plano Quadrienal que Hitler escreveu no verão de 1936 (contra o pano de fundo de uma economia em risco de superaquecimento devido ao gasto elevado com armamentos e escassez perigosa de moeda estrangeira) estabeleceu a meta com clareza brutal. Depois de começar com a típica declaração programática de que "a política é a conduta e o curso da luta histórica dos povos pela vida", o ditador nazista afirmou que "a extensão do desenvolvimento militar dos nossos recursos não pode ser excessiva, nem o seu ritmo acelerado demais". E continuou: "Se não conseguirmos desenvolver sem demora a Wehrmacht alemã até que seja o primeiro exército do mundo na instrução, na criação de unidades, no armamento e, acima de tudo, na formação espiritual, a Alemanha estará perdida." A função da economia alemã era fornecer os recursos necessários para criar o "primeiro exército do mundo", de modo a conduzir com sucesso a "luta histórica dos povos pela vida"; "portanto, todos os outros desejos têm de se subordinar incondicionalmente a essa tarefa".

As considerações estritamente econômicas tinham importância secundária; a autonomia era necessária para libertar a Alemanha da dependência de importações estrangeiras, fosse qual fosse a racionalidade econômica. De acordo com Hitler, "o povo não vive para a economia nem para líderes econômicos, nem para teorias econômicas ou financeiras; ao contrário, as finanças e a economia, os líderes econômicos e todas as teorias devem servir exclusivamente à luta pela autoafirmação do nosso povo".[53]

Para se preparar para a luta vindoura, Hitler exigia nada mais nada menos do que a subordinação total da economia à necessidade das forças armadas, e concluía com a seguinte ordem:

> I. O exército alemão tem de estar operacional em quatro anos.
> II. O exército alemão tem de estar pronto para a guerra em quatro anos.[54]

Nas palavras de Wilhelm Deist, essas exigências não eram "mera retórica, mas sim instruções definidas de como proceder que já tinham sido levadas em conta pelos planejadores do exército".[55] Não foram impostas a uma instituição militar relutante, mas sim formuladas contra o pano de fundo do planejamento militar de 1935 e 1936, que previa uma transformação qualitativa e quantitativa das forças armadas alemãs, com tudo o que isso acarretava para a economia do país. O armamento assumiu prioridade em todas as frentes. No ar, depois de divulgada a sua existência em março de 1935 com Göring no comando, a Luftwaffe, a nova força aérea da Alemanha, foi desenvolvida com a máxima velocidade permitida pelas restrições técnicas e industriais. No mar, embora tivesse criticado a política naval guilhermina, logo Hitler se convenceu da necessidade de expansão, e as comportas se abriram: a primeira meta foi obter paridade naval com os franceses; depois, o programa de construção de embarcações aprovado em meados de 1934 visava a uma esquadra com a metade do tamanho da Marinha Real britânica;[56] e, no final da década de 1930, o país tinha um programa de construção naval que, na sua intensidade, "era o mais ambicioso já encetado pela Alemanha" (em 1938, eram 520 mil toneladas de navios de guerra em construção).[57] O mais importante foi que, em terra, o planejamento militar alemão tinha por objetivo o desenvolvimento de "um exército capaz de travar uma guerra ofensiva decisiva".[58] Seria um exército em que quase um terço consistiria em unidades motorizadas e blindadas, no qual restrições financeiras não teriam lugar e que, em 1940, compreenderia 102 divisões com efetivo de mais de 2,6 milhões de homens (meio milhão de soldados a mais do que o efetivo com o qual a Alemanha foi à guerra em 1914).[59] Como ressaltou Klaus-Jürgen Müller, isso representava uma evolução perigosíssima: "O limite entre rearmamento defensivo e ofensivo fora atravessado. A política militar desenvolvera uma dinâmica que ameaçava fugir ao controle em pouco tempo."[60]

Em consequência desse rearmamento gigantesco, a pressão aumentava sobre toda a economia. A obtenção do pleno emprego numa economia superaquecida levou a pressões inflacionárias perigosas quando a mão de obra se tornou escassa e os trabalhadores (apesar da abolição dos sindicatos independentes) obtiveram certo poder informal de barganha. A reserva de moeda estrangeira estava praticamente esgotada; os gastos do governo dispararam; e a expansão de cada uma das três armas avançou, em essência, de forma independente, tornando impossível o planejamento armamentista coordenado e integrado.[61] Num contexto político mais racional, isso provocaria moderação ou recuo, e foi exatamente esse problema que ocasionou grandes discordâncias sobre a política econômica. Hjalmar Schacht, ministro da Economia que organizara o financiamento dos primeiros anos do programa de recuperação do governo nazista, tentou manter sob controle as finanças e as exigências de matérias-primas para o rearmamento e, ao mesmo tempo, a integração da Alemanha à economia global. Não conseguiu. O seu esforço sofreu resistência de todos os lados: da Wehrmacht, do setor armamentista, de Göring (cuja direção da economia de guerra com o Plano Quadrienal solapava o ministro da Economia)[62] e de Hitler, cujo memorando sobre o Plano Quadrienal era uma rejeição explícita das preocupações de Schacht. Em vez de se integrar à economia mundial, Hitler buscava autonomia; em vez de moderação nos gastos armamentistas para manter sólidas as finanças do governo e administrar a reserva de moeda estrangeira, Hitler ordenou o rearmamento maciço. Incapaz de fazer Hitler entender as suas preocupações e depois de perder a luta com Göring pela política econômica, Schacht renunciou ao cargo de ministro da Economia em novembro de 1937. A Alemanha deu as costas à política racional de economia e segurança enquanto o seu líder marcava a rota rumo à "luta histórica dos povos pela vida". O comando das forças armadas, juntamente com o comando do regime nazista, escolheu ignorar a lógica econômica e adotar um programa armamentista sem precedentes em tempo de paz. Escolheu o caminho da guerra.

O aumento dos gastos militares foi realmente enorme, numa época em que, como admitiu o general Werner von Fritsch, comandante supremo da Wehrmacht (na sua "Ordem para os Preparativos de Guerra Uniformes da Wehrmacht" de 24 de junho de 1937), "a situação política geral justifica o pressuposto de que a Alemanha não tem de levar em conta ataques vindos de nenhuma direção".[63] Além de ser uma admissão de que a Alemanha não tinha necessidade real de se rearmar mais pela própria segurança, isso também indica uma razão importante para o país se rearmar em ritmo tão alucinado: ninguém estava preparado para detê-lo. Em 1938-39, mais da metade dos gastos do governo foram para o orçamento militar, que compreendia mais ou menos 15% de todo o produto nacional bruto da Alemanha.[64] Num país que (ainda) não estava em guerra, esses números eram extraordinários; com exceção da União Soviética no final da década de 1930, praticamente sem paralelo num país em paz com os vizinhos. De 1936 a 1939, dois terços de todo o investimento industrial foram para os setores bélicos e correlatos da economia; em 1939, um quarto de toda a mão de obra industrial da Alemanha trabalhava em encomendas das forças armadas — com outros tantos empregados em projetos de infraestrutura ligados à guerra, a construção das fortificações da Muralha Ocidental e vários programas de matérias-primas.[65]

Um programa tão gigantesco de gastos militares era insustentável em tempos de paz. Os limites da economia alemã, em termos de capacidade industrial, suprimento de mão de obra, reservas em moeda estrangeira e recursos financeiros, faziam com que um programa armamentista como esse não pudesse continuar por muito tempo. Isto é, a não ser que os armamentos fossem usados. Obviamente, Hitler estava decidido a usá-los, e o comando da Wehrmacht não tinha dúvidas sobre o rumo que a situação tomava. Em agosto de 1936, ao avaliar o aumento dos gastos militares projetado para os anos seguintes, o exército concluiu que "essa situação é insustentável a longo prazo". "Portanto, a Wehrmacht deve ser usada logo após o período de rearmamento, senão a situação terá de ser aliviada com a redução das exigências do nível de preparação para a guerra."[66] Ainda mais explícita foi a conclusão a que chegou o comando da Superintendência de Armamentos do Exército em outubro de 1936: a implementação completa dos planos de fomento militar da Alemanha só faria sentido caso houvesse a "intenção definida de engajar a Wehrmacht num momento específico, já determinado".[67]

Como ficam os argumentos, antes adotados com avidez pelos historiadores, sobre a estratégia nazista da Blitzkrieg [guerra-relâmpago]? Longe de planejar uma série de guerras curtas que exigiriam recursos relativamente limitados, parece que o regime nazista se armou o máximo que pôde. Hitler aceitava que seriam necessários sacrifícios para que a Alemanha pudesse travar guerras e, nisso, encontrou um parceiro receptivo no comando militar. Não parece haver provas definitivas da ideia de que, na Alemanha nazista, uma política econômica coerente se coordenou com uma estratégia militar de guerras curtas e intensas. Não foi a visão da futura Blitzkrieg, mas a lembrança da Primeira Guerra Mundial que configurou o planejamento do conflito vindouro. Longe de se preparar para uma guerra limitada, o comando nazista buscou o máximo possível de armamento quaisquer que fossem as consequências econômicas, sabendo que isso exigiria sacrifícios da população civil. A guerra nazista, que visava a conquistas que se estenderiam (ao menos) pelo continente europeu, era tudo, menos limitada.

No centro da visão nazista de guerra prolongada estava a "luta histórica dos povos pela vida", que exigia a garantia de "espaço vital" para a raça alemã. Não era apenas uma questão de verborragia de Hitler no *Mein Kampf* nem alguma metáfora vaga das metas bélicas nazistas; era uma preocupação central do comando nazista. A Alemanha estava superpovoada, não conseguiria sustentar uma população grande e crescente dentro das fronteiras existentes e precisava de terra para uso agrícola de modo a assegurar o futuro da "raça". Essa terra seria encontrada a leste, nos territórios eslavos que se estendiam além da Polônia e que estavam nas mãos da União Soviética, supostamente dominada pelos judeus. Em retrospecto, não parece coincidência que Herbert Backe, que como secretário permanente do Ministério da Agricultura durante a Segunda Guerra Mundial desenvolveu planos de longo prazo para a "reconstituição do campesinato alemão na Europa conquistada",[68] tenha redigido a sua tese de doutorado em 1926 sobre a agricultura na Rússia.[69] A ideia de que a Alemanha não poderia sustentar a sua população no próprio território e, portanto, precisava de mais terra agrícola era amplamente aceita desde a Primeira Guerra Mundial. A terrível escassez de alimentos sofrida pelo país durante o conflito de 1914-18, a vulnerabilidade da Alemanha a bloqueios navais e a perda, depois de 1918, de regiões sobretudo agrícolas da Prússia Oriental deixaram os alemães com uma "síndrome do bloqueio" profundamente entranhada.[70] Nessa esfera também, a experiência alemã da Primeira Guerra Mundial alimentou a visão nazista da Segunda, e a repercussão da ideologia de "sangue e solo" precisa ser entendida dentro desse contexto.

Além disso, a ascensão do movimento nazista e a criação da ditadura ocorreram contra o pano de fundo de uma grave crise agrícola. O NSDAP obteve apoio avassalador dos pequenos agricultores (protestantes) que se arruinaram no início da década de 1930, e ao tomar o poder o governo de Hitler passou rapidamente a proteger os agricultores alemães da concorrência externa e da ameaça de execução das dívidas. A escassez de moeda estrangeira necessária para importar alimentos, o aumento acentuado dos preços da comida que provocaram agitação popular em meados da década de 1930[71] e a volta da migração da mão de obra rural para as cidades quando a recuperação econômica alimentada pelos armamentos se instalou[72] mantiveram os problemas agrícolas alemães no topo da pauta nazista. Para Hitler, Himmler (que estudou agronomia depois da Primeira Guerra Mundial e recebeu o seu diploma em Munique em 1922) e muitos que os cercavam, a necessidade de manter os alemães no campo (e instalar alemães nas terras a serem conquistadas a leste) parecia vital para a sobrevivência da "raça". Como Hitler explicou numa fala repetida com aprovação por aqueles preocupados com "sangue e solo" e o futuro da "raça" nórdica, "o Terceiro Reich será um Reich de camponeses [*ein Bauernreich*] ou perecerá".[73]

As visões nazistas de "espaço vital" e "sangue e solo" estavam intimamente ligadas às preocupações com a propagação da "raça" "ariana". O fato de as mulheres que viviam no campo geralmente darem à luz mais filhos do que as das cidades não deixou de ser observado pelos nazistas, muitos dos quais viam com desdém a "cultura do asfalto" urbana. Como a ideia de "raça" e da luta competitiva entre as raças ocupava lugar central na ideologia nazista, não surpreende que a posição da mulher na sociedade e as questões do casamento, do sexo e da reprodução preocupassem homens convencidos de que, se as mulheres alemãs não se reproduzissem em número suficiente, a raça alemã sucumbiria nas grandes batalhas futuras. Nos primeiros anos após 1933, os nazistas decidiram, como explicou um observador contemporâneo, "remover por completo a mulher alemã da produção e devolvê-la exclusivamente à sua tarefa [...] de esposa e mãe".[74] Iniciou-se uma campanha contra a chamada "renda dupla" (mulheres empregadas cujos maridos também tinham emprego) das que trabalhavam no setor público e que deveriam abrir espaço para homens desempregados, e houve pressão não oficial contra o emprego de mulheres também no setor privado. Ao mesmo tempo, o casamento recebeu mais incentivo quando a legislação projetada para combater o desemprego que entrou em vigor em 1º de junho de 1933 concedeu estímulos financeiros para as mulheres largarem o emprego, se casarem e terem filhos. O principal estímulo eram os empréstimos matrimoniais, que exigiam que a mulher largasse o emprego e que o futuro casal obtivesse um certificado médico oficial de aptidão para o casamento, atestando saúde física e mental, fertilidade, capacidade de serem bons pais e ausência de doenças hereditárias.[75] O problema imediato de reduzir o número oficial de desempregados combinava perfeitamente com o desejo de pôr as mulheres (racialmente aceitáveis) no seu suposto devido lugar: no lar, dando apoio ao marido e produzindo a próxima geração.

Com a chegada da recuperação econômica e com a escassez cada vez mais acentuada de mão de obra quando o programa de rearmamento exigiu os recursos da Alemanha até o limite, a atitude perante o trabalho feminino mudou. Em meados de 1930, a tentativa de limitar a mulher à função de mãe e dona de casa foi deixada de lado. De acordo com o presidente da Câmara de Trabalho do Reich, em novembro de 1936, quando a escassez de mão de obra começava a se intensificar, "se necessário for, as mulheres terão de trabalhar nas fábricas em grande número. Portanto, têm de se preparar para isso. Aqui também a aspiração de liberar as mulheres das fábricas tem de se curvar à necessidade militar".[76] Em 1937, a exigência de que as mulheres largassem o emprego para receber o empréstimo matrimonial foi suspensa; no final da década de 1930, o número de mulheres que trabalhavam fora nas fábricas aumentou; e os lares com renda dupla ou tripla (nos quais mulheres casadas e aposentados também trabalhavam) foram positivamente estimulados.[77]

Ainda assim, o regime não perdeu de vista o papel das mulheres como produtoras de bebês. Mas essa não era uma questão de pró-natalismo puro e simples. Algumas mulheres seriam estimuladas a ter filhos, enquanto outras seriam impedidas de fazê-lo. Entre as não classificadas como "estranhas" à *Volksgemeinschaft*, as famílias "ricas em filhos" (*kinderreich*) foram estimuladas pela propaganda e por incentivos financeiros substanciais (como a criação, em setembro de 1935, de um bônus de 100 reichsmarks por filho pago aos pais "hereditariamente saudáveis" com quatro ou mais filhos).[78] Para aqueles cuja reprodução era considerada indesejável, a história era muito diferente. Mal os nazistas tomaram o poder e o regime começou a mudar o arcabouço legal do casamento e da reprodução. O primeiro grande passo veio com a Lei da Prevenção de Filhos com Doenças Hereditárias, aprovada em 14 de julho de 1933, que entrou em vigor no início de 1934 e estipulava: "Quem sofrer de doença hereditária poderá ser esterilizado por intervenção cirúrgica se, de acordo com a experiência da ciência médica, for de se esperar, com elevada probabilidade, que os filhos sofram de graves defeitos físicos ou mentais herdados."[79] Isso dava luz verde às autoridades de saúde, que assim podiam esterilizar pessoas com doenças supostamente congênitas como esquizofrenia, depressão maníaca, epilepsia, coreia, cegueira ou surdez, graves deformações físicas ou mesmo alcoolismo. Elas puseram esse novo poder em prática de forma ativa e ávida e esterilizaram sobretudo pacientes de instituições psiquiátricas; em 1934, houve 84.330 pedidos de esterilização, 91.299 em 1935, 86.254 em 1936 e cerca de 77 mil em 1937.[80] Aproximadamente metade dos esterilizados eram mulheres e, no total, algo em torno de 200 mil mulheres foram esterilizadas em decorrência da lei (180 mil delas no *Altreich*, isto é, no Reich dentro das fronteiras de 1937, ou seja, cerca de 1% de todas as mulheres de 16 a 50 anos).[81] A esterilização compulsória com base na eugenia não era exclusiva da Alemanha nazista, mas a escala em que se realizou era, e, nos casos em que a lei não tinha abrangência suficiente e quando havia temores de reação estrangeira (como, por exemplo, no caso dos chamados "bastardos da Renânia", filhos de mulheres alemãs e soldados da ocupação francesa de origem africana depois da Primeira Guerra Mundial), a esterilização foi realizada em segredo.[82]

A questão de quem poderia se casar e se reproduzir recebeu atenção especial do regime. Em setembro de 1935, as Leis Raciais de Nuremberg (voltaremos a elas adiante) restringiram, em bases raciais, quem podia se casar ou ter relações sexuais com quem. "Para evitar casamentos indesejáveis por razões de saúde", a Lei para a Proteção da Saúde Hereditária do Povo Alemão, de outubro de 1935, proibia uniões em que os parceiros sofressem de doenças contagiosas graves, transtornos mentais ou doença hereditária.[83] De acordo com um observador contemporâneo, essa lei fez do casamento, "ao contrário do seu caráter anterior de questão privada, uma instituição que reside no interesse público" e "que perde o significado se, desde o princípio, a reprodução como propósito biológico for impossível".[84] Em julho de 1938, a lei relativa ao casamento e ao divórcio foi revista: agora, seguindo o princípio de que "o casamento, acima de tudo, serve à preservação e à propagação do *Volk*", o casamento poderia ser anulado caso um parceiro buscasse evitar a concepção, usasse meios de controle da natalidade, fosse prematuramente incapaz de conceber ou sofresse de doenças físicas ou psíquicas que tornassem improvável ou indesejável a concepção.[85] Na prática, essas determinações eram desvantajosas para a mulher, que poderia ficar sem sustento quando o marido abandonasse o casamento sem filhos em troca de outra união com maior probabilidade de reprodução para o *Volk*. O lema nazista "o bem comum antes do bem individual" (*Gemeinnutz vor Eigennutz*) seria aplicado às relações íntimas; o casamento, as relações sexuais e a reprodução humana deveriam ser atrelados para servir à *Volksgemeinschaft* na luta eterna entre as raças.

Se o povo alemão realmente se entusiasmava com as visões racistas de conceber para o *Volk* ou se instalar nas estepes da Rússia era outra questão. Como em toda parte, na Alemanha nazista a maioria do povo se preocupava com os problemas do dia a dia. Para muitos alemães, se não para a maioria, desde que não se opusessem ativamente ao regime, não fossem judeus nem membros de outros grupos perseguidos, os seis primeiros anos de governo nazista até o início da guerra pareceram bastante positivos. A redução rápida do desemprego permitiu que milhões voltassem a levar vidas consideradas normais;[86] o aumento do número de casamentos e nascimentos na esteira da tomada nazista do poder (de 971.174 nascimentos em 1933 para 1.261.273 apenas dois anos depois)[87] indica não só o efeito do incentivo econômico, como também a confiança de que era possível levar uma vida familiar normal na "nova Alemanha". Os próprios nazistas se gabavam de criar condições nas quais era novamente possível levar uma vida positiva e produtiva, e a aparente possibilidade de obter "normalidade" depois dos anos de crise do início da década de 1930 foi uma base de apoio importante para o regime.[88] Para muitos alemães, por um breve período depois de 1933, pareceu que os "bons tempos" tinham voltado.

Mas esses "bons tempos" dificilmente seriam normais. Os alemães podiam ter esperanças de continuar levando a vida da forma mais normal possível, mas a esfera privada estava sob ataque. O regime nazista se estendia cada vez mais profundamente pela vida cotidiana dos alemães: a filiação voluntária, sob pressão ou à força em várias organizações partidárias e estatais, ocupou um quinhão crescente da vida de um número crescente de pessoas. Uma quantidade imensa de alemães se filiou ao Partido Nazista, que na deflagração da Segunda Guerra Mundial podia afirmar ter 5 milhões de filiados. Os motivos da filiação variavam: alguns queriam participar do que parecia ser a onda do futuro; para outros, parecia um bom passo na carreira; havia quem temesse perder vantagens nos negócios ou no local de trabalho caso não se filiasse; e alguns aprovavam genuinamente a mensagem nazista. Qualquer que fosse a razão, milhões se filiaram.

Outras organizações nazistas também atraíram imensa filiação. A SA, a organização de tropas de assalto, prosperou rapidamente depois da tomada nazista do poder e contava 3,5 milhões de integrantes na época em que os seus comandantes foram massacrados, no verão de 1934. As organizações para alemães com interesses específicos, como o Corpo Nacional-Socialista de Veículos Motorizados, para quem tinha automóvel, prosperaram. As alemãs foram organizadas na Liga das Mulheres Nacional-Socialistas (*Nationalsozialistische Frauenschaft*), que chegou a ter quase 2,3 milhões de integrantes no *Altreich* no final de 1938 (e cerca de 6 milhões — uma em cada cinco alemãs com mais de 18 anos — em 1941). Outros milhões eram membros ou afiliados da Empresa das Mulheres Alemãs (*Deutsches Frauenwerk*, organização abrangente que assumiu as várias entidades femininas "coordenadas" depois que os nazistas tomaram o poder).[89] Os jovens alemães foram organizados na Juventude Hitlerista (HJ) e as moças na Liga das Moças Alemãs (BDM), entidades que, em 1936, incluíam nas suas fileiras a maior parte da juventude alemã e nas quais a filiação se tornou obrigatória em 1939.

As organizações juvenis nazistas estavam entre os meios mais eficazes de cimentar a lealdade do povo ao regime, ao mesmo tempo que serviam para diluir e corroer a autoridade tradicional estabelecida (ou seja, a escola, a igreja, o lar parental). Num relatório extremamente perspicaz datado de junho de 1934, um informante social-democrata observou:

> A juventude permanece a favor do sistema, [é] pelo novo: o treinamento, a farda, a vida no acampamento, [o fato de que] a escola e o lar parental assumem lugar secundário atrás da comunidade dos jovens — tudo isso é maravilhoso. Muita diversão sem perigo. Muitos acreditam que o caminho econômico se abriu para eles devido à perseguição de judeus e marxistas. [...] Jovens operários também participam: "Talvez algum dia chegue o socialismo; ele está sendo tentado de um novo jeito; os outros sem dúvida não o conseguiram; a *Volksgemeinschaft* é melhor do que ser a classe inferior" — é assim que pensam. [...]
>
> Os pais observam isso acontecer. Não podem impedir o filho de fazer o que todos os filhos fazem, não podem lhe negar a farda que todas as outras crianças têm. Também não podem proibir, isso seria perigoso.
>
> Instigados pela HJ, crianças e jovens exigem dos pais que sejam bons nazistas, que abandonem o marxismo, a reação e o contato com judeus.[90]

Quando saíam da HJ ou da BDM, os jovens alemães encontravam à sua espera o próximo conjunto de entidades — o Serviço de Mão de Obra e (a partir de 1935, para os rapazes) as forças armadas —, assim como a maior organização nazista de todas, a Frente Alemã de Trabalho. A Frente de Trabalho, que usurpou o papel (e o patrimônio) dos sindicatos na primavera de 1933, reuniu "todos os alemães produtivos em cérebro e mãos" (isto é, empregadores e autônomos, além de empregados) e chegou a mais de 14 milhões de filiados em março de 1934 e a quase 20 milhões em 1938 (todos pagando contribuições mensais de 1,50 a 2 reichsmarks).[91] Essa imensa organização tinha 35 mil funcionários em tempo integral quando a guerra começou em 1939 e se envolvia numa série atordoante de atividades. Oferecia treinamento ocupacional, atividades esportivas, orientação jurídica e exames médicos; administrava o Banco do Trabalho Alemão (um dos maiores bancos da Alemanha nazista) e, em 1938, vendeu cerca de 10% das apólices de seguro de vida do país; pesquisava salários e mão de obra; fez campanhas para melhorar a aparência das fábricas e o ambiente de trabalho; e promovia a famosa "Força pela Alegria".[92] A divisão "Força pela Alegria" da Frente de Trabalho oferecia férias e atividades de lazer que variavam de passeios locais a viagens pelo país e, para alguns mais sortudos, cruzeiros subsidiados às ilhas Canárias, à Grécia ou aos fiordes da Noruega. Quando a guerra começou, cerca de 7 milhões de alemães tinham passado férias com a "Força pela Alegria" (e outros 35 milhões haviam feito passeios de um dia).[93] Para muitos, era a primeira viagem de lazer de suas vidas.

O crescimento dessas organizações e a pressão sobre os alemães comuns para se filiarem a elas e participarem das suas atividades refletiam não só o interesse dos líderes em construir impérios dentro da estrutura administrativa aleatória do Terceiro Reich, como também a determinação de educar o povo alemão, de instruí-lo na ideologia nazista e prepará-lo para as grandes tarefas que o esperavam. Repetidas vezes, Hitler enfatizou que o propósito da política nazista era assegurar que o povo alemão apoiasse com entusiasmo as metas raciais e militares do regime. Os inimigos da *Volksgemeinschaft* — adversários políticos, opositores ideológicos, pacifistas, judeus e democratas que buscavam solapar (ou que, devido à sua "raça", provavelmente solapariam) esse compromisso e a visão de mundo nazista — tinham de ser suprimidos sem misericórdia. O povo alemão precisava ser "esclarecido" a respeito do seu verdadeiro destino. Essa era uma luta constante, e embora o regime e em especial o seu líder gozassem de tremenda popularidade, e ainda que houvesse aprovação popular substancial ao rearmamento e ao rompimento dos "grilhões de Versalhes", essa aprovação não era incondicional. Ela se misturava a uma boa dose de inquietude com a possibilidade de a Alemanha entrar novamente em guerra.

A reação popular ambivalente ao crescimento militar e o grau em que a experiência da Primeira Guerra Mundial tingiu essa reação ficaram evidentes nas respostas populares à reintrodução do alistamento militar obrigatório em março de 1935. Os relatórios realizados pela rede secreta de informantes social-democratas indica aprovação entusiasmada ao lado de medo generalizado. Depois da reintrodução do alistamento obrigatório, os informantes do SPD escreveram que "o entusiasmo foi tremendo, sobretudo entre os jovens", e fizeram-se comparações com o clima de 1º de agosto de 1914. Entretanto, eles também observaram que "naturalmente ainda há pessoas um tanto sensatas" que "recordam as consequências de 1º de agosto de 1914 [e] alertam para as terríveis consequências de uma guerra".[94] Embora alguns acreditassem que a Alemanha tinha todo o direito de promover o alistamento obrigatório, como os outros países faziam, e que, como se afirmou na Baviera, "não faz mal nenhum aos jovens entrar em forma mais uma vez",[95] os temores também eram palpáveis. De acordo com um informante da Saxônia:

> Os veteranos a quem pudemos perguntar sobre a introdução do alistamento generalizado exprimiram de maneira muito velada que não se dispunham a reviver os anos 1914-1918. Os inválidos e as viúvas da guerra falaram em essência que seria melhor o governo do Reich primeiro cumprir as suas obrigações prévias e compensar todas as vítimas da última guerra antes de criar novas vítimas e gastar dinheiro com armamentos.[96]

A entrada da Wehrmacht na Renânia também provocou aprovação entusiasmada dos que tinham apoiado o Partido Nazista e, ao mesmo tempo, temores generalizados da possível guerra, principalmente na Alemanha Oriental. No Palatinado, os sociais-democratas clandestinos relataram que, logo depois que os soldados alemães atravessaram o Reno, o moral popular foi "dominado pelo medo da guerra".[97] Na Renânia, um informante do SPD observou: "Há muita gente que viveu a Guerra Mundial. São um forte contrapeso aos que estão 100% entusiasmados com a guerra."[98] A sombra lançada pelas lembranças da Primeira Guerra Mundial ainda pesava sobre a população alemã, por mais popular que Hitler fosse e por mais contentes que os alemães estivessem com o seu país por ter voltado a ser uma potência militar.

O temor de que o governo de Hitler mergulhasse a Alemanha em outra guerra com todo o sofrimento que isso provocaria não era a única causa de inquietação popular. Os indícios, tanto do material colhido pelo SPD no exílio quanto dos "relatórios da situação" feitos regularmente pelos escritórios da Gestapo em todo o país, revelam muitas causas de insatisfação com o regime. Havia queixas sobre elevação de preços, salário baixo, escassez, interferência do partido na prática religiosa, comportamento desagradável de autoridades do governo e chefes do Partido Nazista e corrupção (inclusive, como descrito em março de 1935 num "relatório da situação" da Gestapo de Potsdam, "o fenômeno indesejável dos 'lucros de guerra'" que acompanhou o crescimento rápido da indústria armamentista).[99] Mas os resmungos cotidianos não ameaçavam de modo algum o regime, embora chamassem a atenção da polícia. Hitler permanecia extremamente popular; o impulso amplo da política nazista, na medida em que os alemães o entendiam, recebia aprovação geral; a meta nazista declarada de superar as divisões de classe e criar uma "comunidade do povo" tinha considerável ressonância popular; e o aparelho policial se mostrou extremamente eficaz ao suprimir discordâncias declaradas e impedir rebeliões. Como um informante do SPD na Baviera foi obrigado a concluir no verão de 1936: "A atitude das grandes massas não mostra sinais de enfraquecimento do regime nacional-socialista."[100]

Sem questionamentos em casa, gozando de prestígio crescente no exterior e com o rearmamento em curso avançado, em 5 de novembro de 1937 Hitler apresentou explicitamente o seu programa para a guerra. A ocasião foi uma reunião com o ministro da Guerra Von Blomberg, os comandantes supremos das três armas — Werner Freiherr von Fritsch do exército, Erich Raeder da marinha e Hermann Göring da aeronáutica — e o ministro das Relações Exteriores Von Neurath, além do coronel Friedrich Hossbach, que anotou (no famoso Memorando Hossbach) o que disse o líder nazista. Mais uma vez, Hitler começou com a sua ampla visão ideológica: "A meta da política alemã", afirmou, era "a salvaguarda e a manutenção do grupo racial [*Volksmasse*] e a sua propagação. Portanto, era um problema de espaço".[101] A autossuficiência, afirmou, era inviável dentro das fronteiras existentes. "O futuro da Alemanha", de acordo com Hitler, estava "totalmente condicionado pela solução da necessidade de espaço". Então vinha a consequência prática: era necessário atacar a Tchecoslováquia e a Áustria até, no máximo, 1943-45. Embora não fosse um plano para a guerra mundial que realmente começou com a invasão da Polônia dois anos depois — não houve menção à Rússia, por exemplo —, o Memorando Hossbach era uma declaração categórica da intenção de Hitler de iniciar uma guerra europeia inspirada pela ideologia racista.

Ao longo de 1937 e 1938, Hitler conseguiu remover alguns obstáculos ao curso arriscado que havia traçado e concentrar o poder com ainda mais firmeza nas suas mãos e nas de nazistas de confiança. Ao mesmo tempo, o poder e a influência das elites conservadoras tradicionais, das quais o ditador nazista dependera no início do governo, encolheram perceptivelmente. No início de 1938, a velha guarda fora mesmo para os bastidores. Em novembro de 1937, Schacht renunciou ao cargo de ministro da Economia e Plenipotenciário Geral da Economia de Guerra (para o qual fora nomeado em maio de 1935) e Göring o substituiu como personagem dominante da política econômica. Em fevereiro de 1938, um abalo de grandes consequências no comando das forças armadas deixou o alto-comando do exército nas mãos do próprio Hitler, quando o ministro da Guerra Werner von Blomberg renunciou (depois de revelações de que se casara havia pouco tempo com uma ex-prostituta) e o comandante supremo do exército, general Werner von Fritsch, foi demitido (por acusações forjadas de homossexualidade). E, logo após a crise Blomberg-Fritsch, em fevereiro de 1938, Joachim von Ribbentrop, assessor de política externa de Hitler e, de 1936 a 1938, embaixador alemão em Londres, substituiu Konstantin von Neurath como ministro das Relações Exteriores.[102]

Em cada um desses casos, influências importantes que restringiam Hitler e o impulso impetuoso para a guerra foram removidas. Com a chegada de Ribbentrop, a política externa alemã deu uma reviravolta cada vez mais radical e antidiplomática, com Hitler no controle total (e instigado pelo seu novo e belicoso ministro das Relações Exteriores). Com a renúncia ao cargo de ministro da Economia, o esforço de Schacht de controlar os gastos do governo com armamentos e manter a Alemanha integrada a um sistema de comércio multilateral chegou ao fim. Com Göring, Hitler tinha no comando da política econômica alguém favorável à autocracia e que acreditava, como o próprio Göring afirmou em julho de 1936, que "implantar [...] o programa de armamentos de acordo com o cronograma e na escala planejada é *a* tarefa da política alemã" e que não se dispunha a deixar que considerações econômicas racionais o atrapalhassem.[103] Em consequência da crise Blomberg-Fritsch, ao tomar nas próprias mãos o comando do exército, abolir o Ministério da Guerra e criar, em seu lugar, o "Alto-Comando das Forças Armadas" (*Oberkommando der Wehrmacht*, OKW), sob o comando do flexível general Wilhelm Keitel, Hitler estabeleceu o domínio total sobre o comando das forças armadas. Na política externa, na política econômica e na política militar, agora a posição de Hitler era inquestionável.

Ainda assim, a corrida precipitada de Hitler rumo à guerra continuou a provocar preocupação nas forças armadas, principalmente no chefe do estado-maior geral do exército, general Ludwig Beck. Em 1938, quando Hitler deixou clara a determinação de entrar em guerra para destruir a Tchecoslováquia, Beck (que fora um dos principais arquitetos do intenso impulso armamentista nos quatro primeiros anos do governo nazista) começou a se assustar. Em maio de 1938, quando a possibilidade de conflito com a Tchecoslováquia parecia iminente, Beck examinou a posição militar da Alemanha e concluiu sombriamente que, dado o arsenal dos possíveis adversários do país, a falta de aliados poderosos e, principalmente, a má situação econômica ("pior do que em 1917-18"), "a Alemanha não pode correr o risco de uma guerra prolongada".[104] Na opinião de Beck, o ataque à Tchecoslováquia levaria à guerra com a França e a Grã-Bretanha, uma guerra que a Alemanha perderia. Depois de preparados os planos para a invasão da Tchecoslováquia no final de maio, ele insistiu na questão em mais dois memorandos. Embora os receios de Beck quanto à guerra contra a Tchecoslováquia fossem comuns a muitos, os seus colegas militares mostraram-se pouco dispostos a enfrentar o comandante em chefe. Beck ficou isolado, e a sua cautela só serviu para confirmar o desprezo de Hitler pela elite militar tradicional que parecia relutante em usar a máquina militar que a ditadura nazista lhe fornecera.

Se o principal impulso da política nazista na década de 1930 era a guerra, a política interna do regime precisa ser vista como subordinada a esse fim. Para Hitler, a função da política interna, da propaganda e do Partido Nazista era assegurar que o povo alemão assumisse a tarefa histórica que ele punha à sua frente. Medidas populares — pôr os alemães de volta para trabalhar, criar espetáculos imponentes de propaganda ou promover uma pauta cultural nacionalista extremada — foram aproveitadas para angariar apoio ao regime e às suas metas bélicas. Para os que resistissem à mensagem, havia a supressão implacável do dissenso. Como dizia o título de uma coletânea de estudos sobre política interna na Alemanha nazista, era uma política de "medo, recompensa, disciplina e ordem".[105] Entretanto, como demonstraram pesquisas recentes, o aparato policial nazista, embora possa ter sido de uma terrível eficácia, não era tão grande assim.[106] Longe de ser uma imensa organização "onisciente, onipotente e onipresente", a Gestapo era relativamente pequena e dependia da cooperação da população civil para cumprir as suas tarefas. Sem a colaboração voluntária de alemães dispostos a ajudar a polícia, dar informações e denunciar vizinhos e até cônjuges e pais, a polícia do Terceiro Reich não teria sido capaz de funcionar com tamanha eficiência. O triste fato é que gozou de apoio considerável do povo alemão no cumprimento do seu dever a serviço do regime nazista.[107]

Em 1933, quando chegou à Chancelaria do Reich, Hitler tinha apenas dois colegas do Partido Nazista no gabinete, ambos responsáveis pela polícia: Wilhelm Frick no Ministério do Interior do Reich e, mais importante em termos de controle direto das forças policiais, Hermann Göring no Ministério do Interior prussiano. Entretanto, o personagem que surgiu na liderança do estado policial e do império dos campos de concentração nazistas não foi Frick nem Göring, mas o comandante da SS Heinrich Himmler. A posição de Himmler em janeiro de 1933, como comandante (desde 1929) do efetivo de 56 mil homens da SS, formalmente subordinada à SA de Ernst Röhm, não era tão auspiciosa assim. Mas o Reichsführer-SS conseguiu se estabelecer rapidamente como comissário-chefe em exercício da polícia da sua Munique natal, e depois como comandante da polícia política de toda a Baviera; em 20 de março, anunciou a abertura de um campo de concentração sob o controle da SS em Dachau, perto da capital bávara — que seria o modelo dos que viriam depois. No ano seguinte, Himmler assumiu o comando das forças policiais políticas de quase todos os estados alemães, e em 20 de abril de 1934 Göring o nomeou inspetor da polícia secreta do Estado (Gestapo) na Prússia — pouco antes de a SS assassinar o comando da SA e, assim, conquistar a sua independência.

Dois anos depois, Himmler era o senhor indiscutível da polícia alemã. Com a reorganização da polícia em junho de 1936, o Reichsführer-SS ficou encarregado da "integração unificada das funções policiais do Reich" e se tornou "Chefe da Polícia Alemã". A polícia foi organizada em dois "organismos principais": a "polícia de ordem" (*Ordnungspolizei*), comandada pelo *Polizeigeneral* Kurt Daluege, que compreendia o policiamento ostensivo (*Schutzpolizei*, *Gemeindepolizei* e *Gendarmerie*), e a "polícia de segurança" (*Sicherheitspolizei*), comandada pelo SS-Gruppenführer (e chefe do "Serviço de Segurança" da SS, o SD) Reinhard Heydrich, que compreendia a "polícia política" (em essência, a Gestapo) e a polícia de investigação criminal (*Kriminalpolizei* ou *Kripo*). Com uma organização própria de coleta de informações (o SD), uma organização paramilitar própria (a SS), o controle dos campos de concentração da Alemanha e o comando de toda a polícia alemã, Himmler e Heydrich encabeçaram um aparelho policial não sujeito ao controle do Ministério do Interior e capaz de operar fora das normas legais e além do alcance do Ministério da Justiça do Reich e dos tribunais (que, para a Gestapo, impediam desnecessariamente a luta contra o crime).[108] A Gestapo e a Kripo podem ter sido relativamente pequenas e não conseguiriam fazer tudo; mas podiam fazer qualquer coisa, e o povo alemão sabia disso.

Himmler e Heydrich não recrutaram rufiões nem brutamontes com ideias fixas para administrar a polícia nazista. Recrutaram e promoveram especialistas bem formados e bem treinados, indivíduos de muito sucesso cujo compromisso ideológico e brutalidade se combinavam à competência técnica.[109] Por exemplo, Heinrich Müller — "Gestapo-Müller", chefe da Gestapo durante a guerra e personagem fundamental da campanha para assassinar a população judia da Europa — era um policial de carreira que havia entrado na polícia aos 19 anos e sequer pertencia ao Partido Nazista quando, em julho de 1936, Heydrich o nomeou para comandar a seção mais importante da Gestapo — a Seção II, de política interna.[110] O que Heydrich mais buscava nos subordinados não era a "capacidade de exprimir opiniões", mas em primeiro lugar "o funcionamento absoluto da sua área de responsabilidade" (*das absolute Funktionieren seines Ladens*).[111] Esses homens podiam cumprir o seu dever sem se preocupar com restrições jurídicas; a sua tarefa era defender a "comunidade racial" nazista dos supostos inimigos, e isso justificava o que fosse necessário. Como Heydrich escreveu em 1936 no jornal oficial *Deutsches Recht*, o nacional-socialismo (ao contrário dos conceitos liberais do Estado) "nasce não do Estado, mas do povo. [...] Do mesmo modo, nós, nacional-socialistas, reconhecemos apenas o inimigo do povo. Ele é sempre o mesmo, permanece idêntico para sempre. Ele é o adversário da substância racial, étnica e espiritual do nosso povo".[112]

Era óbvio quem constituía esse arqui-inimigo "da substância racial, étnica e espiritual do nosso povo". Desde o princípio, o regime nazista se dedicou a tornar real a sua ideologia racista, voltada principalmente contra os judeus da Alemanha. Assim que Hitler consolidou a sua posição no governo, foram baixadas medidas discriminatórias contra os judeus. Depois do boicote de empresas judias no começo de abril de 1933, aprovaram-se leis antissemitas para restringir o emprego de judeus. Em 7 de abril de 1933, o governo pôs em vigor a Lei de Reconstituição do Serviço Público Profissional, que estipulava que "funcionários públicos que não sejam de ascendência ariana devem ser aposentados" (com exceção, por insistência de Hindenburg, presidente do Reich, dos que tinham servido nas forças armadas durante a Primeira Guerra Mundial).[113] No outono de 1933, os judeus foram proibidos de trabalhar em palcos e meios de comunicação. A partir do verão de 1934, não tiveram mais permissão para obter qualificação como advogados. Com o início do serviço militar obrigatório em maio de 1935, foram proibidos de servir nas forças armadas alemãs. Então, em 15 de setembro de 1935, durante o Comício do Partido, o Reichstag foi convocado a Nuremberg para aprovar as chamadas Leis Raciais de Nuremberg. Essa legislação — a Lei de Proteção do Sangue e da Honra Alemães, que proibia o casamento e as relações sexuais extraconjugais entre judeus e não judeus, e a Lei da Cidadania do Reich, que privava os judeus da cidadania alemã — destruiu efetivamente as últimas bases liberais e iluministas do Estado alemão.[114] O princípio fundamental de que todos dentro do território seriam iguais perante a lei foi revogado. O Estado nazista se tornou explicitamente racial, um Estado em que as leis e a cidadania se baseavam em princípios pseudobiológicos de "pureza do sangue alemão" e no pressuposto de uma luta racial eterna entre os povos.

Proibir o casamento e as relações sexuais entre judeus e membros da comunidade racial ariana e criar uma nova definição racial de "cidadão do Reich" com a Lei da Cidadania do Reich — que decretava que "cidadão do Reich é apenas o súdito do Estado com sangue alemão ou aparentado que, com o seu comportamento, demonstrar-se adequado e disposto a servir lealmente ao povo e ao Reich alemães" — deixou ao governo alemão uma questão difícil: como definir quem era de "sangue alemão ou aparentado" e quem era judeu? A resposta, que definia judeu como quem "descende de pelo menos três avós completamente judeus" e estabelecia várias categorias de híbridos raciais (*Mischlinge*),[115] não foi tão longe quanto a definição que serviu para excluir os judeus das forças armadas em maio de 1935,[116] mas dificilmente seria estanque ou científica. Afinal, não havia definição clara de como determinar se um avô era judeu além do fato de os avós serem considerados judeus — algo que, se pudesse ser discutido abertamente, teria exposto a natureza espúria do pretenso racismo científico. Mas a verdadeira questão não era essa. As Leis de Nuremberg serviam a um propósito importante: como ressaltou Cornelie Essner, elas "deram ao Estado nacional-socialista uma definição codificada de judeu que lhe permitia transformar uma visão utópica em realidade: a visão utópica da 'diferenciação limpa' entre uma substância definida como estrangeira ('sangue judeu') e outra substância ('sangue alemão') que, por assim dizer, era idêntica à primeira".[117] Como tais, as Leis de Nuremberg criaram o arcabouço legal da discriminação, da perseguição, da expropriação e, finalmente, do homicídio.

Não foi apenas o Estado alemão que se voltou contra os judeus. Embora as reações dos alemães às Leis de Nuremberg fossem ambivalentes,[118] não há dúvida de que o antissemitismo patrocinado pelo Estado teve o seu efeito sobre a opinião pública. Embora os excessos do *Stürmer*, o jornal descaradamente antissemita de Julius Streicher, recebessem escassa aprovação, no relatório do SPD sobre a situação e opiniões dentro do Terceiro Reich, em janeiro de 1936, admitia-se que: "Em geral, pode-se observar que os nacional-socialistas realmente conseguiram aprofundar o abismo entre o povo e os judeus. Hoje, a noção de que os judeus são outra raça é universal."[119] O preconceito antissemita alimentou a prática antissemita quando os alemães se aproveitaram de vizinhos judeus indefesos, deram vazão ao seu ódio aos judeus e usaram o clima de antissemitismo oficialmente sancionado para encher o bolso. Cidades pequenas e aldeias competiram na tentativa de intimidar judeus com a instalação de cartazes anunciando que não eram bem-vindos.[120] Empresários se aproveitaram do infortúnio dos concorrentes judeus e compraram empresas a preço de banana de judeus desesperados para vendê-las.[121] As empresas judias foram boicotadas. "Protestos" foram organizados por grupos do Partido Nazista para reagir ao suposto "comportamento insolente e agressivo" dos empresários judeus. Fregueses de lojas judias podiam ser fotografados por membros do Partido Nazista e os que comerciavam com judeus (por exemplo, com criadores de gado judeus) podiam ter o nome registrado no jornal antissemita *Der Stürmer*.[122] As crianças judias eram perseguidas na escola. Os judeus se tornaram alvo fácil de extorsões; num país onde os judeus não podiam mais esperar a proteção da lei, não fazia muito sentido denunciar esses incidentes à polícia.[123]

Apesar dos obstáculos enfrentados, muitos judeus conseguiram emigrar da Alemanha nazista durante a década de 1930, deixando para trás comunidades judias tristemente reduzidas. Em Osnabrück, por exemplo, a comunidade judia, que tinha 380 pessoas quando Hitler chegou ao poder, era de apenas 265 na primavera de 1935.[124] No começo de 1938 (antes que o número aumentasse com a Anschluss da Áustria), dos cerca de 525 mil alemães registrados como judeus em 1933 só restavam cerca de 350 mil.[125] No total, antes que a emigração judia fosse completamente interrompida durante a guerra, de 270 mil a 300 mil judeus conseguiram fugir da Alemanha.[126] Alguns (sobretudo nos primeiros anos) fugiram pela fronteira com a França ou a Suíça; alguns foram para o Reino Unido (onde aproximadamente 40 mil se refugiaram); muitos buscaram um futuro na Palestina (onde se instalaram 55 mil); a maioria tinha esperanças de uma nova vida nos Estados Unidos (que receberam 132 mil); outros seguiram para Argentina, África do Sul, Austrália e Xangai (onde os vistos não eram necessários).[127] Dos que ficaram na Alemanha nazista, uma proporção cada vez maior era de idosos.

Embora tenha havido certa pausa na campanha nazista contra os judeus depois da aprovação das Leis de Nuremberg — durante as Olimpíadas de 1936 (os jogos de inverno realizados em Garmisch-Partenkirchen e os de verão, em Berlim) houve uma tentativa de controlar a feia face pública do antissemitismo nazista —, a situação mudou drasticamente em 1938. Nesse momento, o ataque nazista aos judeus se acelerou e se radicalizou com a expansão nazista na Europa; o caminho da guerra e o caminho do genocídio estavam intimamente ligados. Em 12 de março de 1938, depois de aumentar a pressão alemã sobre o governo austríaco para que concordasse com a nomeação de um nazista (Arthur Seyss-Inquart) como chanceler federal, soldados alemães atravessaram a fronteira austríaca e deram fim ao que restava da República Austríaca, resultante da decomposição do Império dos Habsburgo em 1918. Dessa vez a Itália fascista, que interviera para evitar a tomada alemã quando o chanceler austríaco Engelbert Dollfuss foi assassinado por nazistas em julho de 1934, curvou-se diante do seu parceiro do Eixo.[128] Ao retornar à terra natal como seu senhor indiscutível, Hitler foi recebido com tremendo entusiasmo; 250 mil pessoas apareceram para ouvi-lo falar na Heldenplatz, em Viena, cidade onde, antes da Primeira Guerra Mundial, ele levara uma vida deprimente de vagabundo sem teto.[129] O fato de receber boas-vindas tão extasiadas, de o seu curso radical ter tido enorme sucesso contra todas as probabilidades, de as potências ocidentais nada terem feito para detê-lo — sem falar que havia obtido uma imensa vantagem estratégica sobre a Tchecoslováquia —, tudo isso deixou Hitler mais convencido do que nunca de que era guiado pela Providência. "O resultado", como explicou depois Franz von Papen (na época embaixador alemão em Viena), "foi que Hitler se tornou impermeável aos conselhos de todos os que desejavam que exercesse a moderação na política externa".[130]

A anexação da Áustria ao Reich, além de motivar expressões públicas de alegria, também levou à imediata introdução no país da legislação antissemita já em vigor na Alemanha. Depois que os alemães chegaram à Áustria, Himmler e Heydrich com destaque entre eles, seguiu-se uma terrível onda de repressão política e violência antissemita. Milhares de socialistas e comunistas foram postos em "custódia preventiva", e perseguição e violência cobriram a população judaica do país, algo em torno de 200 mil pessoas concentradas desproporcionalmente em Viena (cujos 170 mil judeus correspondiam a um décimo da população da cidade e eram então a maior comunidade judaica do Grande Reich alemão). Os judeus foram atacados nas ruas, humilhados e forçados a realizar trabalhos braçais diante de arianos zombeteiros. Propriedades judias foram pilhadas; lares judeus foram revistados e frequentemente saqueados, e os judeus foram aprisionados num frenesi de violência que levou muitos ao suicídio e muitos outros a buscar em desespero maneiras de sair do país. Isso marcou uma mudança qualitativa do antissemitismo deflagrado pelos nazistas, assim como a criação em Viena, em agosto de 1938, do Escritório de Emigração Judaica (encabeçado por Adolf Eichmann), para aumentar o número de judeus que deixavam o país e roubar suas posses. Tanto na gravidade da violência contra os judeus quanto na criação de uma máquina administrativa para a desapropriação dos seus bens, Viena foi um modelo do futuro.[131]

O próximo grande passo na "sinuosa estrada de Auschwitz"[132] veio logo após o grande golpe seguinte da política externa de Hitler: o pogrom, a chamada Noite dos Cristais (*Kristallnacht*), organizado por Joseph Goebbels e executado pela SA semanas depois da tomada dos Sudetos por Hitler após o Acordo de Munique. O tipo de violência que apavorara os judeus de Viena em março de 1938 foi então organizado, coordenado e estendido a todo o Grande Reich alemão. A fagulha do pogrom nacional teve origem na expulsão pelo governo alemão, no final de outubro de 1938, de cerca de 17 mil judeus poloneses (alguns dos quais com cidadania polonesa, outros sem nacionalidade) que na época moravam na Alemanha. O governo polonês se recusou a aceitar todos eles e deixou cerca de 8 mil perdidos na cidade fronteiriça de Zbąszyń.[133] Entre os expulsos estavam os pais de Herschel Grynszpan, de 17 anos (que nascera em Hannover, tinha cidadania polonesa e na época morava com o tio em Paris). Quando soube do destino dos pais, Grynszpan comprou um revólver e, em 7 de novembro, seguiu para a embaixada alemã em Paris, onde atirou no primeiro diplomata alemão que viu, Ernst von Rath, terceiro secretário da delegação.

Von Rath morreu dos ferimentos na tarde de 9 de novembro (15º aniversário da tentativa de putsch nazista de 1923). Naquela noite, Goebbels fez um discurso ferozmente antissemita no qual observou que já ocorriam ações "espontâneas" contra sinagogas. Viktor Lutze, chefe do estado-maior da SA, informou aos subordinados que sinagogas e empresas judias seriam alvo de ações "espontâneas"; e a polícia recebeu instruções de não intervir.[134] Seguiu-se uma orgia de violência: nas 24 horas seguintes, mais de mil sinagogas e templos judeus foram incendiados e avariados e cerca de duzentas sinagogas destruídas; cemitérios judeus foram vandalizados em toda a Alemanha; mais de cem lares judeus foram incendiados; milhares de lojas judias foram saqueadas e tiveram as vitrines estilhaçadas; centenas de judeus foram feridos e quase cem morreram.[135] Trinta mil homens judeus foram levados para campos de concentração (Dachau, Buchenwald e Sachsenhausen), dos quais, no início de 1939, saíram aterrorizados, muitas vezes com a saúde alquebrada; e os judeus da Alemanha foram obrigados coletivamente a pagar "uma contribuição de um bilhão de reichsmarks ao Reich alemão" para compensar os danos causados à sua propriedade (para que as seguradoras alemãs não sofressem devido às solicitações de indenização).[136] O regime nazista deflagrara deliberadamente um pogrom violento no qual judeus inocentes e indefesos foram presos, atacados e assassinados, a sua propriedade destruída, os seus locais de culto incendiados. A reação popular alemã ao pogrom e, em especial, à desordem deixada nas ruas não foi exatamente favorável; de acordo com informantes do SPD, depois do pogrom "a grande maioria do povo alemão" condenou as depredações e demonstrou nojo a "esse vandalismo".[137] No entanto, poucos imaginariam para onde seguia a lógica terrível do antissemitismo nazista.

Depois do pogrom de novembro de 1938, as restrições impostas aos judeus aumentaram ainda mais. Em agosto de 1938, eles foram forçados a acrescentar ao nome "Israel" (para os homens) e "Sarah" (para as mulheres); e a partir de outubro o seu passaporte foi carimbado com um grande "J" vermelho.[138] Em 12 de novembro, o governo decretou que os judeus teriam de transferir as suas empresas varejistas para arianos; três dias depois, todas as crianças judias foram expulsas das escolas alemãs. No final de 1938, os judeus não podiam ter negócios, comparecer a peças ou concertos públicos, matricular os filhos em escolas alemãs nem dirigir veículos motorizados. As ocupações com as quais ainda podiam ganhar a vida ficavam cada vez mais limitadas.

O período posterior ao pogrom também levou Hermann Göring ao centro da fama. Além das responsabilidades pela Luftwaffe e pela preparação da economia alemã para a guerra, em novembro de 1938 Göring foi posto no comando geral da "questão judaica" — tarefa delegada a Reinhard Heydrich (responsável por acelerar a emigração dos judeus).[139]

No final de 1938, enquanto a explosão de violência antissemita movia as políticas antijudaicas do regime nazista para o primeiro plano da consciência pública, a preparação para a guerra continuava a ser a principal preocupação de Hitler e dos seus lugares-tenentes. As vitórias sem derramamento de sangue de 1938 trouxeram a Áustria e os Sudetos "de volta ao Reich" e também a mão de obra e a moeda estrangeira tão necessárias para a economia de guerra nazista — em especial, cerca de 600 mil austríacos desempregados e as reservas de ouro e moeda estrangeira da Áustria.[140] A ocupação dos Sudetos em outubro de 1938 também fez chegar ao Reich reservas bem-vindas de mão de obra. Ao mesmo tempo, esses triunfos aumentavam ainda mais o prestígio de Hitler, e depois do Acordo de Munique, que entregou os Sudetos aos alemães, ficou ainda mais difícil para os generais fazer oposição aos planos de agressão futura. Ainda assim, o próprio Hitler não viu com muita satisfação o Acordo de Munique. Embora a Alemanha ficasse com os Sudetos (e, com eles, as fortificações de fronteira da Tchecoslováquia) sem dar um tiro, negou-se ao ditador nazista o triunfo militar que ele desejava e, assim, a destruição da Tchecoslováquia.[141] Poucas semanas depois da entrada dos soldados alemães no antigo território tchecoslovaco, Hitler ordenou os preparativos para a "liquidação do resto da Tchéquia".[142] Ele não queria sucessos parciais obtidos na mesa de conferências; queria a destruição dos adversários da Alemanha por meio da guerra. Para isso, era necessário que o povo alemão não se satisfizesse com sucessos parciais obtidos por meios pacíficos. Na luta racial nazista, não havia espaço para negociações pacíficas, e o povo alemão tinha de perceber isso.

Em 10 de novembro, pouco depois de a Wehrmacht marchar sobre os Sudetos e imediatamente após o pogrom da Noite dos Cristais, Hitler falou a quatrocentos jornalistas e editores alemães em Munique.[143] O tema da fala de Hitler não foi o pogrom nem as reações a ele, e sim a atitude do povo alemão diante da possibilidade de guerra e o papel da propaganda na formação da opinião pública. Num reflexo das convicções que exprimira anos antes no *Mein Kampf*,[144] Hitler afirmou que o nacional-socialismo realizara um "enorme serviço educativo", a "preparação lenta do povo alemão" para a grande tarefa que o esperava. No entanto, o medo generalizado da guerra e o tremendo alívio popular quando a crise dos Sudetos teve conclusão pacífica — o fato de que, para o povo alemão, o Acordo de Munique parecera "um lindo conto de fadas", segundo um informante do SPD[145] — lhe deu motivos para preocupação. Hitler informou aos jornalistas reunidos:

> Durante anos as circunstâncias me compeliram a falar de quase nada além da paz. Apenas reforçando continuamente o desejo de paz da Alemanha e as suas intenções pacíficas é que eu poderia obter pouco a pouco a liberdade do povo alemão e fornecer os armamentos sempre necessários antes de dar o próximo passo. É óbvio que essa propaganda de paz também tem os seus aspectos duvidosos, pois pode com muita facilidade dar ao povo a ideia de que o presente regime realmente se identifica com a determinação de preservar a paz a todo custo. Além de levar a uma avaliação equivocada das metas desse sistema, isso poderia, acima de tudo, levar a nação alemã, em vez de se preparar para qualquer eventualidade, a se encher de um espírito de derrotismo que, a longo prazo, reduziria inevitavelmente o sucesso do atual regime. Foi apenas por necessidade que, durante anos, falei de paz. Mas agora era necessário reeducar gradualmente o povo alemão em termos psicológicos e deixar claro que há coisas que têm de ser obtidas pela força caso a paz signifique fracasso. Para isso, foi necessário não advogar a força como tal, mas apresentar ao povo alemão certos eventos diplomáticos sob tal luz que a voz íntima da própria nação possa começar aos poucos a clamar pelo uso da força. Isso significou retratar certos eventos de tal maneira que a convicção crescesse automaticamente na mente da am-

> pla massa do povo: caso não se possa resolver a situação amistosamente, a força terá de ser usada, mas de qualquer modo a situação não pode continuar como está.[146]

A tarefa era clara. O povo alemão tinha de se impregnar de vontade pela guerra. "De certo modo", continuou ele, "penso que esse disco, esse disco pacifista, já terminou de tocar no que nos diz respeito"; o único jeito que restava para avançar era "dizer a verdade de maneira bastante brutal e impiedosa, nada mais, nada menos".[147]

Ainda mais revelador, e de tremenda importância para a guerra futura, foi o discurso de Hitler aos comandantes do exército reunidos no Teatro de Ópera Kroll (onde o parlamento nazista passou a se reunir depois que o prédio do Reichstag foi incendiado em 1933) em 10 de fevereiro de 1939, relativo a "Tarefas e Deveres do Oficial no Estado Nacional-Socialista". O comando militar, agora proibido de qualquer "interferência" na tomada de decisões políticas e efetivamente reduzido à condição de elite funcional cujo serviço era cumprir as tarefas militares ordenadas por Hitler,[148] ouviu de forma bastante explícita qual era o jogo:

> Na próxima grande guerra os povos desta época realmente se envolverão. Dizem que visões de mundo e ideologias estão envolvidas. São povos, cavalheiros! [...] Hoje é o reconhecimento da raça, são povos que agora se chocam. Portanto, é óbvio que [...] o simbolismo dessa luta também será bem diferente. A próxima luta será uma guerra pura de ideologia [*Weltanschauungskrieg*], isto é, conscientemente uma guerra de povos e raças [*Volks-und Rassenkrieg*].[149]

Quanto à sua posição nisso tudo, Hitler a explicou ao comando do exército com linguagem inconfundível:

> Tomei a mim a responsabilidade de resolver a questão alemã, isto é, resolver o problema alemão de espaço. Tenham consciência de que, enquanto viver, essa ideia dominará toda a minha existência. Convençam-se também de que, se em algum mo-

> mento acreditar que sou capaz de dar um passo adiante nesse aspecto, agirei no mesmo instante, e que portanto jamais fugirei das medidas mais extremadas, pois estou convencido de que essa questão tem de ser resolvida de um jeito ou de outro.[150]

A mensagem era clara: Hitler, personificando a vontade do povo alemão, estava no comando e levaria a Alemanha à guerra fosse como fosse. A tarefa das forças armadas não era debater a sensatez de marchar pela via de uma "guerra de povos e raças", mas limitar-se ao planejamento tático e operacional e cumprir as ordens que recebiam. Houve preocupação com os riscos envolvidos, e vozes cautelosas — como a do almirante Wilhelm Canaris, chefe do serviço de inteligência militar (*Abwehr*), e a do general Georg Thomas, chefe do Escritório de Economia de Defesa e Armamentos — tentaram apresentar informações que demonstravam que, caso a guerra viesse logo, os recursos da Alemanha eram muito inferiores aos que, potencialmente, estariam à disposição das potências ocidentais. Até o general Wilhelm Keitel, chefe submisso do alto-comando da Wehrmacht, manifestou receio sobre uma possível guerra em duas frentes.[151] Entretanto, em 1939, com os críticos mais ruidosos desdenhados ou neutralizados e a estrela de Hitler tão obviamente em ascensão, o comando das forças armadas, em última análise, dispunha-se a cumprir a ordem do líder nazista apesar dos imensos riscos envolvidos. A Alemanha fora transformada em campo armado, com um programa de armamentos e uma instituição militar que não poderia ser mantida por muito tempo em condições de paz. O comando das forças armadas não queria se desarmar, e, em última análise, não lhe restou muitas opções além de seguir o caminho que Hitler indicava e usar as armas que ele fornecia.[152] Que pudessem estar superestimando o que uma potência europeia de tamanho médio seria capaz de conseguir, que sua atitude ameaçasse pôr fim à segurança de que a Alemanha passara a gozar com a recuperação econômica e militar, ou que fosse uma iniciativa racista e criminosa — nada disso foi levado em conta.

Em 1939, o ritmo da agressão nazista se acelerou ainda mais. Em meados de março, Hitler cumpriu a sua intenção de liquidar o "restante da Tchéquia" (*Rest-Tschechei*). A Alemanha usou o conflito entre o governo de Praga e a Eslováquia como pretexto, ditou uma declaração de independência eslovaca e, na noite de 14 para 15 de março, a Wehrmacht invadiu a Tchecoslováquia — rasgando efetivamente o Acordo de Munique, assinado menos de seis meses antes. As tropas alemãs não encontraram resistência militar, e em 16 de março Hitler, triunfante, anunciou no Castelo de Praga a incorporação da Boêmia e da Morávia como protetorados do Reich (com o ex-ministro das Relações Exteriores Konstantin von Neurath no cargo de protetor). Em consequência disso, a máquina de guerra alemã ganhou não só grande quantidade de armas e munições de alta qualidade, como também a substancial indústria armamentista tcheca.[153] Uma semana depois, o governo lituano curvou-se à exigência alemã do território do Memel, tirado da Alemanha pelos termos do Tratado de Versalhes e cuja população, em boa parte, era alemã. Embora não se percebesse na época, esse pequeno triunfo à custa da Lituânia marcou praticamente um ponto de virada, porque, quando chegou ao porto de Memel com uma esquadra naval alemã na aurora de 23 de março, Hitler comemorava a sua última conquista sem derramamento de sangue.

Na primavera de 1939, o foco do planejamento militar alemão passou para a Polônia; dessa vez, nem o alvo da expansão nazista nem os governos britânico e francês se dispuseram a permitir sem luta novas conquistas da Alemanha. O planejamento da invasão da Polônia começara pouco depois de os Sudetos serem entregues à Alemanha — apesar do Pacto de Não Agressão que o governo alemão havia assinado com a vizinha do leste em 1934, apesar da esperança anterior de que a Polônia se unisse à Alemanha como satélite numa cruzada antibolchevique e apesar da participação da Polônia na divisão do território tchecoslovaco que se seguira ao Acordo de Munique. Em 3 de abril, poucas semanas depois da destruição da Tchecoslováquia, o ponto decisivo foi atingido: Keitel ordenou que os planos do "Caso Branco" — *Fall Weiss*, a invasão da Polônia — estivessem prontos para entrar em operação em 1º de setembro de 1939.[154]

Para os alemães, dentre todas as consequências do Tratado de Versalhes, a chamada "fronteira sangrenta" com a Polônia — a perda de Posen, da maior parte da Prússia Ocidental e de boa parte da Alta Silésia, a criação da "cidade livre" de Dantzig e a separação da Prússia Oriental do resto do

Reich pelo corredor polonês — era a mais difícil de aceitar. Entretanto, Hitler não queria simplesmente uma revisão do Tratado de Versalhes. A futura guerra não seria travada apenas para retomar o que fora perdido em 1918; seria uma "guerra de ideologia, isto é, conscientemente uma guerra de povos e raças". A meta do ataque iminente à Polônia não era devolver Dantzig à Alemanha, abolir o corredor polonês e retomar a Alta Silésia oriental; era liquidar o Estado polonês. De acordo com Hitler, numa declaração feita ao comandante do exército Walther von Brauchitsch em 25 de março, "a Polônia então ficará tão esmagada que, durante décadas, não precisará mais ser considerada um fator político".[155] Em 23 de maio, Hitler deixou claro aos generais que, na sua opinião, a escolha do "polaco" como alvo não fora feita levianamente:

> A Polônia sempre estará ao lado dos nossos adversários. Apesar do Tratado de Amizade, a Polônia sempre teve a intenção de aproveitar qualquer oportunidade contra nós. Dantzig não é a razão disso. Para nós, a questão é expandir o espaço vital a leste e assegurar o nosso suprimento de alimentos.[156]

Hitler sabia muito bem que a sua política era considerada arriscadíssima. No entanto, em 17 de agosto, apenas duas semanas antes que o ataque à Polônia desse início à Segunda Guerra Mundial, ele recordou aos líderes militares que "não há sucesso sem risco, nem político nem militar".[157] Nessa época, Hitler já estava totalmente convencido da própria genialidade, e os generais não se encontravam em condições de contradizê-lo. Além disso, ele se convencera de que a guerra contra a Polônia não passaria disso e que as potências ocidentais não interviriam. ("Os homens que conheci em Munique não farão uma nova guerra mundial.")[158] O Pacto de Não Agressão com a União Soviética, revelado ao mundo surpreso em 23 de agosto depois de meses de negociações nos bastidores, pode ter sido difícil de engolir para aqueles convencidos da missão antibolchevique do nazismo, mas também tornou mais provável a possibilidade de uma guerra limitada à Polônia. Parecia que a Polônia estava onde Hitler queria; os seus generais tinham posto a Wehrmacht à disposição da política expansionista; agora a guerra podia começar.

Como sabemos, a situação não se desenrolou exatamente como Hitler apostara. Em 3 de setembro de 1939, o Reino Unido e depois a França declararam guerra à Alemanha. Em vez de uma guerra limitada contra a Polônia (deixando as guerras maiores para depois), a Alemanha nazista precipitara um grande conflito europeu. Nisso, o ditador nazista errou nos cálculos. No entanto, em outro sentido ele se mostrou absolutamente correto: afinal, a guerra que a Alemanha nazista deflagrou às 4h45 da madrugada de 1º de setembro de 1939 revelou-se rapidamente, como Hitler previra, uma "guerra de ideologia [...] uma guerra de povos e raças".

TRÊS

O NAZISMO E A SEGUNDA GUERRA MUNDIAL

Em 30 de janeiro de 1939, sexto aniversário da sua chegada ao poder, Hitler falou ao Reichstag e fez uma terrível previsão:

> Se os financistas judeus internacionais dentro e fora da Europa conseguirem mergulhar mais uma vez as nações numa guerra mundial, o resultado não será a bolchevização da Terra e, portanto, a vitória da judeidade, mas a aniquilação da raça judaica na Europa.[1]

Essa declaração arrepiante e muito citada pode não ser prova concreta de um plano específico de assassinar toda a população judia da Europa, mas, na verdade, foi a declaração de guerra nazista. Os temas terríveis que estão no centro da história do nazismo — guerra, cruzada antibolchevique e homicídio racista em massa — estavam inextricavelmente ligados. Do ponto de vista apresentado pelo nazismo, guerra e luta racial, em última análise, eram a mesma coisa.

A Segunda Guerra Mundial ofereceu ao regime nazista a oportunidade de reestruturar a composição racial do continente europeu, projeto que significava o abandono dos cálculos políticos (e militares) racionais na esperança criminosa de criar uma utopia racista. Na guerra, o regime nazista tentaria a "realização do impensável": o extermínio de um povo inteiro.[2] A guerra libertou o nazismo das restrições que até então tinham inibido o cumprimento da lógica terrível da sua ideologia racista. Ela permitiu que a ideologia nazista se tornasse real.

Foi com o ataque à União Soviética que se concretizou todo o horror do nazismo: a meta de erradicar o regime "judeo-bolchevique" da URSS juntamente com a sua suposta base biológica (a "raça" judia), combinada ao objetivo de conquistar uma imensa área colonial adequada ao povoamento alemão, a dizimação dos eslavos e a sua subjugação pelos alemães, além da criação de uma região econômica gigantesca capaz de suportar bloqueios e conquistar a autonomia.[3] A guerra nazista não era apenas o palco do genocídio, o contexto em que se poderiam executar campanhas de homicídio em massa. Em si, a guerra era a expressão do racismo aplicado do regime. A guerra nazista era luta racial; a luta racial nazista era a guerra.

É claro que a Segunda Guerra Mundial da Alemanha não foi o primeiro nem o único conflito da história recente a envolver genocídio racista e extrema brutalidade. Em 1936, as forças armadas da Itália fascista usaram gás venenoso com liberalidade na Etiópia.[4] A conduta japonesa durante a guerra com os chineses nas décadas de 1930 e 1940 e os horrores que as tropas japonesas impuseram à população de Nanquim e Manila[5] foram crimes monstruosos contra a humanidade. Nem o esforço de guerra aliado foi completamente livre de preconceito racial. A prática de segregação racial nas forças armadas norte-americanas e a detenção durante a guerra de nipo-americanos no oeste dos Estados Unidos são capítulos da história americana que não justificam exatamente o orgulho. Entretanto, a guerra nazista tinha uma característica diferente. Nela, o racismo não fazia parte apenas do arcabouço ideológico que configurava o comportamento de políticos, generais e soldados. A guerra nazista era uma guerra racial, travada para a conquista e o saque concebidos em termos ilimitados. Não era travada para defender racionalmente interesses nacionais nem para garantir a segurança nacional; era travada para redesenhar o mapa racial da Europa por meio da violência e do homicídio em massa.

Ainda assim, a guerra que a Alemanha deflagrou em setembro de 1939 pode ter parecido, pelo menos a princípio, uma guerra convencional. Era uma guerra europeia que envolvia mais ou menos as mesmas potências que tinham lutado da última vez, com a Alemanha enfrentando novamente o seu "arqui-inimigo", a França. As lembranças da Primeira Guerra Mundial e não as visões de uma futura e gigantesca luta racial dominavam a consciência do público. Em 1º de setembro de 1939, quando anunciou ao Reichstag que a Alemanha estava em guerra com a Polônia, Hitler apareceu fardado e declarou que "agora o que mais quero é ser o primeiro soldado do Reich alemão", e proclamou: "Portanto, vesti mais uma vez essa túnica que para mim já foi a mais cara e a mais sagrada. Só voltarei a despi-la depois da vitória, ou não sobreviverei ao resultado."[6] O ditador nazista, o soldado da linha de frente das trincheiras de 1914-18, jurou que "nunca mais haverá outro novembro de 1918 na história alemã". Essa linguagem retumbou poderosamente num país ainda muito afetado pela experiência do conflito de 1914-18 e pela Revolução de Novembro, e refletiu a importância fundamental para Hitler, ao levar a Alemanha para a Segunda Guerra Mundial, da sua experiência na Primeira.

Em 1º de setembro de 1939, após meses de pressão diplomática crescente em apoio às exigências territoriais alemãs, a Alemanha nazista iniciou uma campanha militar de estrondoso sucesso que subjugou a Polônia em questão de semanas. A Wehrmacht atacou por três lados e logo venceu as forças polonesas. Pouco mais de uma semana após atravessar a fronteira, a cidade de Łódź tinha caído e a Wehrmacht chegou às portas de Varsóvia; pouco depois (assim que ficou absolutamente claro que os alemães seriam vitoriosos), em 17 de setembro, o exército soviético entrou na dança e assumiu o controle da metade oriental da antiga Polônia independente; em 27 de setembro, Varsóvia se rendeu aos alemães e, em 5 de outubro, apenas cinco semanas depois do início da guerra, Hitler entrou em triunfo na capital polonesa. A campanha militar foi curta e sangrenta; só em comparação com o que veio depois, os cerca de 15 mil militares alemães mortos em setembro de 1939[7] (sem falar das baixas militares polonesas, mais de 100 mil mortos e um milhão de prisioneiros)[8] parecem insignificantes.

Entretanto, embora para os míopes a campanha polonesa tenha parecido uma guerra convencional, a natureza da ocupação alemã logo se revelou como parte de algo muito mais sinistro. A deflagração da guerra, a criação de um regime de ocupação para governar um povo que muitos alemães consideravam inferior e a transferência de quase 2 milhões de judeus da Europa oriental para o controle alemão[9] permitiram que o nazismo desenvolvesse rapidamente o seu potencial homicida. As condições da guerra serviram para romper restrições normativas sobre o comportamento dos conquistadores alemães quando frente a frente com indivíduos que pareciam confirmar os preconceitos racistas. Goebbels, ao visitar Łódź no início de novembro de 1939, registrou no seu diário as impressões que teve da "Manchester polonesa", com a sua grande população judia:

> A própria Łódź é uma cidade pavorosa. [...] Passo de carro pelo gueto. Descemos e olhamos tudo com muita atenção. É indescritível. Não são seres humanos, são animais. Portanto, não é uma operação humanitária, mas cirúrgica. É preciso fazer incisões aqui, e bastante radicais. Do contrário, algum dia a Europa perecerá com a doença judaica. Passamos pelas estradas polonesas. Isso já é Ásia. Teremos muito a fazer para germanizar essa região.[10]

Ele não era o único a ter essas ideias. Milhares de soldados, policiais, funcionários e administradores alemães na Polônia conquistada tiveram o seu primeiro encontro com uma Europa oriental economicamente subdesenvolvida e empobrecida pela guerra, e o que viram, com demasiada frequência, parecia conformar a visão de mundo racista do nazismo.

Além de confirmar a ideologia e o preconceito racistas, o encontro com a "Ásia" deu origem a fantasias desumanas até então inimagináveis. Por exemplo, numa conversa com Franz Halder, chefe do estado-maior geral do exército, em 2 de fevereiro de 1940, Himmler falou em pôr 2,5 milhões de judeus para trabalhar na construção de uma imensa vala antitanque ao longo de toda a extensão da linha de demarcação germano-soviética.[11] A conquista súbita de milhões de seres humanos supostamente inferiores alimentou uma mentalidade segundo a qual as restrições políticas ou econômicas (sem falar das morais ou éticas) racionais pareceram evaporar. Com o início da guerra e os estrondosos sucessos das forças armadas alemãs na "campanha de 18 dias" na Polônia, publicamente divulgados como batalhas "inigualáveis na história do mundo" e vencidas pelos "soldados do melhor exército do mundo",[12] tudo parecia possível.

Não demorou para os autointitulados arquitetos de uma "nova ordem" racista na Europa procurarem pôr em prática a sua ideologia. Foram elaborados planos para a remoção de centenas de milhares de poloneses e judeus de regiões anexadas ao Reich (como a Prússia Ocidental e o Warthegau), a fim de abrir espaço para alemães étnicos (vindos de territórios invadidos pela URSS no outono de 1939) e para tornar essas regiões anexadas puramente "alemãs". Em 7 de outubro de 1939, pouco depois da conclusão bem-sucedida da campanha polonesa, Hitler nomeou Himmler Comissário do Reich para a Consolidação do *Volkstum* Alemão. Assim, o líder da SS, da polícia e do aparelho de segurança da Alemanha foi formalmente investido como arquiteto da nova ordem racial da Europa e, em fevereiro de 1940, endossou propostas para deportar um milhão de judeus e poloneses das áreas recém-anexadas ao Reich.[13] Embora problemas logísticos tenham impossibilitado a realização rápida desses planos grandiosos, as suas consequências para a população ocupada nos meses seguintes foram bastante pavorosas: na primavera de 1940, quase 130 mil poloneses e judeus tinham sido deportados da maneira mais violenta. No total, centenas de milhares de poloneses foram expulsos de casa em áreas anexadas pela Alemanha;[14] e centenas de milhares de alemães foram retirados das suas casas no Báltico, na Iugoslávia, na Bulgária, na Bessarábia e na Polônia oriental para receber mobília, utensílios domésticos e moradias roubados dos recém-expulsos.[15]

Enquanto os poloneses seriam deportados às centenas de milhares, os judeus dos *Gaue** recém-anexados seriam deportados na sua totalidade. Entretanto, deportar todos os judeus era algo mais fácil de falar do que de fazer. Embora praticamente todos no comando nazista, dos *Gauleiter* dos distritos recém-anexados aos encarregados de administrar o governo-geral da Polônia (entre eles, o governador Hans Frank), quisessem se livrar dos

---

* *Gau* (s.); *Gaue* (p.): Distritos administrativos do NSDAP no Reich alemão entre 1925-1945. (N. E.)

judeus, ninguém se dispunha a aceitá-los.[16] Os planos para expulsar os judeus foram repetidamente frustrados ao colidir com realidades desagradáveis, inclusive problemas de transporte, sem falar em como abrigar e alimentar centenas de milhares ou até milhões de deportados destituídos. No período que vai do final de 1939 a meados de 1941, houve uma sucessão de planos e discussões sobre a "solução" da "questão judaica" — cujas dimensões foram imensamente ampliadas com a conquista das principais áreas de povoamento judeu na Europa — por meio da deportação em massa, fosse para o "Generalgouvernement" ou para algum tipo de "reserva de judeus" (*Judenreservat*) ao longo da linha de demarcação germano-soviética perto de Lublin,[17] para Madagascar (ideia desenvolvida por iniciativa do Ministério das Relações Exteriores alemão e adotada com certo entusiasmo por Hitler no verão de 1940)[18] ou algum lugar não especificado a leste. Embora possam parecer menos horríveis do que as campanhas sistemáticas de homicídio em massa de fato executadas a partir da segunda metade de 1941, esses planos de "solução territorial" para a "questão judaica" também foram concebidos como sua "solução final" genocida. Caso realizados, o resultado, quase com certeza, seria a morte de milhões de pessoas largadas em territórios inóspitos sem meios de subsistência. O fracasso da realização desses planos, somado à rápida decomposição das restrições comportamentais normativas no contexto da guerra e à crença crescente da elite nazista de que tudo era possível, acabaria abrindo os portões de Auschwitz.

Entretanto, isso ainda estava no futuro. Semanas depois da invasão alemã da Polônia, o arcabouço institucional do genocídio tomara forma. Em 27 de setembro de 1939, mesmo dia em que Varsóvia caiu diante dos nazistas, Himmler pôs Heydrich no comando do novo Escritório Central de Segurança do Reich (RSHA), que combinava o Serviço de Segurança (SD) da SS, a Gestapo, a Kripo e os serviços de informações sob uma única organização abrangente. Entretanto, quando o RSHA se formou, a radicalização da repressão policial e a escalada da perseguição racial já estavam bem avançadas. Nos meses que precederam a deflagração da guerra, enquanto as relações entre a Alemanha e a Polônia se deterioravam, o SD já começara a se preparar para o que estava por vir, planejando a criação de *Einsatzgruppen* para seguir na retaguarda do exército invasor e cuidar dos inimigos reais ou imaginários do domínio nazista e preparar relatórios de informações sobre possíveis adversários das forças alemãs (inclusive relatórios sobre "judeus na Polônia").[19] Pouco antes da invasão alemã, no final de agosto de 1939, baixaram-se diretrizes para as "operações estrangeiras da Polícia de Segurança e do SD" a fim de "combater todos os elementos opostos ao Reich e aos alemães".[20] Quando a invasão começou, os *Einsatzgruppen** da Polícia de Segurança avançaram na retaguarda dos exércitos invasores, com aprovação da Wehrmacht, para fazer os preparativos (da elaboração de listas às prisões e às próprias deportações) para a deportação dos judeus das áreas a serem anexadas pelo Reich.[21] Nos primeiros dias e semanas da campanha militar, as forças de segurança alemãs começaram a deportar judeus dos seus lares e a fuzilar reféns para desestimular a resistência polonesa ao domínio alemão.[22] A fúria causada pela morte de alemães étnicos por poloneses no início da campanha militar e os temores de atividade guerrilheira somaram-se ao preconceito racial para justificar uma escalada súbita da violência das forças policiais alemãs quase imediatamente após o início da guerra. A guerra foi o gatilho de uma escalada qualitativa e quantitativa da violência racial nazista.

Com a campanha militar contra a Polônia, chegara o momento de Reinhard Heydrich. Em 7 de setembro, ele estipulou que "a seção de liderança da população da Polônia deve ser eliminada na medida do possível" e mandada para campos de concentração, enquanto o resto só deveria ter acesso à educação mais básica.[23] De 9 a 13 de setembro, antes que a campanha militar completasse duas semanas, Heydrich foi à Polônia inspecionar o que faziam os seus grupos de policiais. Em 20 de setembro, Hitler informou ao comando do exército a deportação planejada de poloneses da antiga Polônia ocidental e a intenção de prender os judeus à força em guetos,[24] e no dia seguinte Heydrich revelou aos comandantes dos *Einsatzgruppen* as medidas provisórias que seriam necessárias para lidar com a

---

* Unidades especiais que atuavam na retaguarda dos exércitos alemães principalmente no leste da Europa e na União Soviética e praticavam assassinatos em massa contra a população civil. Suas vítimas eram, sobretudo, os integrantes da inteligência política, comunistas e guerrilheiros, além das populações "racialmente inferiores", como judeus, ciganos e associais. Seus integrantes vinham das fileiras da polícia de segurança (Gestapo e polícia criminal), do SD, da Polícia de Ordem e da Waffen-SS, além de, não raro, contar com o apoio de voluntários locais.

"questão judaica": concentrar os judeus nas cidades maiores e deixar "livres de judeus" os territórios anexados diretamente ao Reich (Dantzig, Prússia Ocidental e o Warthegau).[25] Heydrich falava da criação de uma "reserva de judeus" a leste de Cracóvia. A polícia e os líderes do partido em Praga, Viena e Katowice (na Alta Silésia) começaram a planejar a deportação dos judeus da sua área. Entre 18 e 26 de outubro, Adolf Eichmann organizou a deportação de cerca de 4.700 judeus de Morávia, Katowice e Viena para uma estação ferroviária em Nisko, no distrito de Lublin.[26] A intenção era criar um campo de triagem a partir do qual os judeus seriam transferidos para uma "reserva de judeus" não especificada mais a leste. Mas o projeto de Nisko acabou sendo um fiasco, já que poucas providências tinham sido tomadas para as chegadas, e em poucos dias foi interrompido por ordens superiores. Ainda assim, a ideia de deportar judeus para o distrito de Lublin não foi abandonada, e a ação de Nisko foi uma pequena preliminar das futuras deportações.

O fracasso da ação de Nisko não anunciou a interrupção da violência racista na primeira conquista militar da Alemanha. No outono de 1939, os judeus que tentaram atravessar a linha de demarcação da Polônia ocupada pelos soviéticos foram fuzilados, e a exigência de Heydrich de "liquidação da elite polonesa" foi posta em prática quando organizações alemãs de "autodefesa" (*Selbstschutz*), sob o comando dos *Einsatzgruppen* da polícia, assassinaram de 20 mil a 30 mil poloneses.[27] Enquanto Hitler falava da intenção de manter um baixo padrão de vida para os poloneses (que seriam "escravos baratos"), da necessidade de expulsar "toda a ralé" do território ocupado pelos alemães,[28] e que os poloneses eram "mais animais do que humanos",[29] a polícia alemã e a SS punham em prática a ideologia nazista. (Também foi na Polônia ocupada que os judeus foram obrigados pela primeira vez a usar estrelas de davi nas roupas externas quando, em 23 de novembro de 1939, o "governador" Hans Frank aceitou a proposta de Heydrich e decretou que todos os judeus poloneses com mais de 10 anos teriam de usar essa identificação.)[30] A partir de outubro, depois que a ação militar terminou, os fuzilamentos em massa de civis se tornaram comuns e dezenas de milhares de poloneses e judeus foram mortos.[31] O comandante do exército em Posen, que via com apreensão a conduta da SS e a sua tendência a se tornar um "Estado dentro do Estado", observou em novembro que "tem havido fuzilamentos públicos [por formações da SS] em quase todas as cidades maiores". E continuou:

> Em alguns distritos todos os proprietários de terras poloneses foram detidos e presos com as suas famílias. As prisões foram quase sempre acompanhadas de saques.
>
> Nas cidades houve deportações nas quais quarteirões de apartamentos foram esvaziados aleatoriamente e os habitantes embarcados em caminhões à noite e levados para campos de concentração. Aí também ocorrem saques constantemente. [...]
>
> Em muitas cidades, foram executadas ações contra judeus que degeneraram nos piores excessos. Em Turek, em 30 de outubro de 1939, caminhões da SS passaram pelas ruas sob o comando de um oficial de alta patente, e pessoas nas ruas foram surradas indiscriminadamente com rebenques. Também houve alemães étnicos entre os atacados. Por fim, certo número de judeus foi levado para uma sinagoga e obrigado a rastejar entre os bancos, cantando, enquanto eram surrados constantemente com açoites pela SS. Foram então forçados a baixar as calças para serem surrados. Um judeu que se borrou de medo foi forçado a passar o excremento no rosto dos outros judeus.[32]

Essa onda de violência não chegou a ser a campanha sistemática de homicídio em massa que, mais tarde, avassalaria a população judaica. No entanto, a sua inspiração ideológica era clara, e uma importante fronteira havia sido cruzada. Como observou Michael Wildt, o que ocorreu depois do começo da guerra na Polônia teve características diferentes do que ocorrera quando os alemães invadiram a Áustria, a Boêmia e a Morávia. As prisões arbitrárias, os ataques físicos e até o assassinato de inimigos políticos e "raciais" pela polícia nazista não eram novos; novos eram a deportação e o homicídio, pela polícia e pelo SD, de grupos inteiros de pessoas consideradas racialmente inferiores. De acordo com Wildt: "Na Polônia, os comandantes da SS, que mais tarde, no Escritório Central de Segurança do Reich, foram responsáveis pela 'Solução Final', aprenderam a pensar em 'grandes dimensões' e a agir radicalmente, inclusive [com o uso do] homicídio em massa."[33]

Não foi apenas no tratamento dos judeus que o nazismo desenvolveu durante a guerra o seu potencial assassino. A deflagração da guerra também assistiu ao início da chamada campanha de eutanásia dos nazistas: a destruição de "vidas indignas de vida". Nas semanas seguintes à invasão da Polônia pelas forças alemãs e por iniciativa do *Gauleiter* instalado nos territórios recém-anexados, começou a matança sistemática dos internos encontrados nas instituições psiquiátricas dos novos *Gaue* de Wartheland e Dantzig-Prússia Ocidental. De setembro de 1939 à primavera de 1940, mais de 10 mil pessoas com deficiência mental — muitos dos quais tinham sido trazidos de instituições da Pomerânia — foram fuziladas ou mortas com gás.[34] Também no *Altreich*, as restrições ao homicídio foram suspensas; como observou Detlev Peukert, com a invasão da Polônia, além de iniciar a luta pela dominação da Europa, Hitler também abriu uma "frente interna" da luta racial.[35] Algumas semanas depois de iniciada a guerra, a carta com a autorização de Hitler — que ele pós-datou de 1º de setembro, dia em que a guerra foi declarada — deu início à "Ação T4" (em referência ao endereço do escritório envolvido, que ficava na Tiergartenstrasse 4, em Berlim). Em consequência dela, nos dois anos seguintes, cerca de 70 mil pacientes de instituições psiquiátricas foram mortos com gás; mesmo depois que Hitler oficialmente pôs fim à campanha em 24 de agosto de 1941 (após protestos, sobretudo da Igreja Católica), a matança continuou. No total, a Ação T4 custou a vida de bem mais do que 100 mil pacientes psiquiátricos, pessoas com deficiências físicas e mentais, já que o futuro da "raça ariana" tinha de ser assegurado pelo homicídio dos deficientes congênitos. Aqui também os crimes iniciados no outono de 1939 provocariam coisa ainda pior — as habilidades desenvolvidas durante a Ação T4 e o pessoal "técnico" com experiência no assassinato com gás tiveram amplo espaço de aproveitamento assim que o regime nazista pôs em ação a "Solução Final" da "questão judaica" em 1941 e 1942.[36]

A guerra deu contexto ao ataque nazista em outra "frente interna": a luta contra o crime. Os tribunais alemães fizeram o seu papel e usaram cada vez mais a pena de morte (que passou de 139 sentenças em 1939 para 1.292 em 1941 e 4.457 em 1942).[37] Entretanto, a principal iniciativa não foi dos tribunais, mas da polícia. Guiada por uma ideologia que atribuía o comportamento social a características raciais inatas, a polícia investigativa criminal da Alemanha preparou-se para uma campanha que criaria "uma comunidade do povo sem criminosos" eliminando os considerados "criminosos contumazes" e "antissociais".[38] Essa campanha começara bem antes do início da guerra; mas as condições durante o conflito (e o aumento da criminalidade) a aceleraram consideravelmente depois de 1939. No total, de 1933 a 1945, a polícia criminal alemã mandou mais de 70 mil pessoas classificadas como "criminosos contumazes" e "antissociais" para campos de concentração; menos da metade sobreviveu.[39] Esse seria apenas o começo; em 1940, as estimativas dos "especialistas" nazistas do número de cidadãos alemães supostamente criminosos e transviados inatos variava de um a 1,6 milhão.[40] Pode-se bem imaginar o que estaria reservado a reincidentes, prostitutas e aos que levassem vidas supostamente dissolutas e imorais caso a Alemanha vencesse a guerra.

A determinação nazista de configurar a comunidade racial não se exprimia apenas em campanhas para remover os supostos inferiores, mas também no interesse em promover a propagação dos arianos. Como vimos, usaram-se exortações propagandísticas e incentivos materiais para estimular famílias "ricas em filhos" na década de 1930, e o regime demonstrava ansiedade compreensível com a queda da natalidade, que era consequência inevitável da guerra, com milhões de rapazes fardados e distantes, muitos deles para nunca mais voltar. Com a deflagração da guerra, criaram-se medidas para facilitar o casamento dos racialmente adequados: tomaram-se providências para os "casamentos de guerra", com a suspensão de exigências como idade e duração do serviço militar até então aplicadas a soldados que quisessem se casar; e os "casamentos a distância" permitiram que candidatos a marido e mulher fizessem os seus votos conjugais em hora e lugar separados. Em consequência, centenas de milhares de casais passaram pouco tempo juntos e foram separados durante a maior parte da guerra. Esses casamentos sofreram pressão considerável quando os maridos finalmente voltaram (às vezes depois de anos em campos de prisioneiros de guerra).

Nisso, contudo, o destino das mulheres da Alemanha nazista durante a guerra não foi fundamentalmente diverso do destino das mulheres de outros países combatentes ou da Alemanha durante a Primeira Guerra

Mundial. Exclusiva da Alemanha nazista em guerra foi a instituição do casamento póstumo, autorizado em novembro de 1941 por um decreto de Hitler. Era o casamento de grávidas solteiras, aprovado quando o pai caía em combate e oficialmente consumado na véspera da morte do marido. Embora essa opção nunca fosse divulgada, no total cerca de 18 mil mulheres se tornaram noivas póstumas (o que lhes permitia solicitar pensão de viúva e ter filhos legítimos e aptos a reivindicar heranças). Embora essas mulheres constituíssem apenas uma fração ínfima das mais de um milhão de viúvas alemãs que a guerra deixou, os "casamentos com cadáveres" talvez tenham sido uma expressão perfeita do nazismo, associando o pró-natalismo de inspiração racial do regime às consequências pavorosas da guerra nazista.[41]

Mas a maior preocupação do comando nazista era a situação militar e a condução da guerra. Depois de vestir "mais uma vez essa túnica [militar] que já foi para mim a mais cara e a mais sagrada" em setembro de 1939, Hitler passou cada vez mais tempo no seu quartel-general militar, longe do centro do governo em Berlim. Além do trem especial, o líder nazista mandou construir mais de uma dezena de quartéis-generais durante a guerra (embora na realidade não usasse todos). O mais conhecido era o vasto complexo da "Toca do Lobo" (*Wolfsschanze*), em Rastenburg, no interior das florestas da Prússia Oriental, que lhe serviu de quartel-general de junho de 1941 a novembro de 1944.[42] A concentração na condução da guerra efetivamente afastou o ditador do governo civil e, com ele, o centro nervoso do regime nazista. Isso também fez com que Hitler tivesse escasso contato com a população civil alemã ou conhecimento em primeira mão das suas tribulações durante a guerra (além disso, ao contrário de Churchill, ele nunca visitava locais avariados por bombas).

Depois da rápida subjugação da Polônia, restava o principal desafio a ser enfrentado no ocidente, representado por franceses e britânicos. Em 9 de outubro de 1939, apenas três dias depois de proclamar ao Reichstag a conclusão bem-sucedida da campanha polonesa, Hitler ordenou a preparação de planos para a invasão da França, da Bélgica e dos Países Baixos. Entretanto, primeiro foi a vez da Dinamarca e da Noruega, atacadas pela Alemanha em 9 de abril de 1940. Os dinamarqueses se renderam no dia seguinte; os noruegueses, contudo, impuseram uma resistência mais impetuosa, com alguma ajuda aliada, e só se renderam incondicionalmente aos alemães em 10 de junho. Enquanto isso, o drama principal se desenrolava na França e na Bélgica, onde os exércitos alemães ficaram quatro anos atolados nas trincheiras entre 1914 e 1918. Dessa vez foi muito diferente. Depois de vários adiamentos e mudanças do planejamento militar, a invasão do ocidente começou em 10 de maio de 1940. Como na campanha polonesa do outono anterior, a Wehrmacht obteve um sucesso estrondoso. Os Países Baixos foram invadidos em questão de dias e se renderam à Alemanha em 15 de maio. A Bélgica se aguentou apenas um pouco mais, com o governo belga abandonando Bruxelas no dia 16, Antuérpia caindo no dia 18 e a rendição formal do país no dia 28. As tropas francesas desmoronaram diante do ataque alemão em junho, com soldados alemães chegando a Paris no dia 14 e os franceses obrigados a assinar o armistício em Compiègne no dia 22.

Em seis semanas, a Alemanha nazista conquistara os Países Baixos, expulsara as tropas britânicas do continente e derrotara de forma conclusiva o exército que muitos acreditavam ser o mais poderoso do mundo (fazendo 1,9 milhão de prisioneiros franceses no processo). A França foi dividida em quatro zonas: a maior, que compreendia a metade norte do país e todo o litoral Atlântico, ficou sob ocupação alemã direta; no sul e no centro do país, criou-se um governo francês comandado pelo idoso marechal Philippe Pétain, herói da Primeira Guerra Mundial, com o primeiro-ministro Pierre Laval; a Alsácia e a Lorena foram anexadas à Alemanha; e, no extremo sudeste, criou-se uma pequena zona de ocupação da Itália.

De todas as campanhas militares realizadas pelo regime nazista, o sucesso estrondoso do ataque no ocidente parecia-se muitíssimo com uma guerra convencional (e não racial). No entanto, a campanha de 1940 afetou o desenvolvimento da guerra nazista em vários aspectos fundamentais. Em primeiro lugar, ao derrotar o "arqui-inimigo" que mantivera os soldados alemães encurralados durante quatro anos entre 1914 e 1918, expurgaram-se as frequentes lembranças da Primeira Guerra Mundial, do sofrimento e do derramamento de sangue que resultaram do impasse militar na frente ocidental e da derrota subsequente. De fato, Hitler, o ex-soldado da linha de frente, finalmente vencera a Primeira Guerra Mundial. Em segundo lugar, as forças armadas alemãs, ao recordar o estrondoso sucesso no norte da França, obtido a um custo baixíssimo em homens e material bélico quando comparado ao que acontecera um quarto de século antes,[43] descobriram a Blitzkrieg. Essa parecia ser a tática que permitira à Wehrmacht superar todas as probabilidades — e os generais se convenceram de que daria certo outra vez.[44] Em terceiro lugar, por meio dessa vitória o regime nazista e o seu líder tiveram uma colheita fenomenal de apoio popular. Mesmo os menos entusiasmados com o nazismo se alegraram com o triunfo das armas alemãs. Friedrich Meinicke, decano dos historiadores alemães e, mais tarde, primeiro reitor da Universidade Livre de Berlim, escreveu a um colega em 4 de julho sobre a sua "alegria, admiração e orgulho por esse exército": "E a reconquista de Estrasburgo! [...] Isso foi estupendo, e a maior realização positiva do Terceiro Reich em quatro anos talvez seja ter construído um exército de milhões como esse e tornado possíveis tais conquistas."[45] A guerra e as conquistas militares uniram como nunca o regime nazista e o povo alemão.

Em 6 de julho de 1940, depois de passar as oito semanas anteriores supervisionando a ofensiva alemã no ocidente, Hitler voltou a Berlim em triunfo, em meio a cenas de frenesi e regozijo. O contraste com o clima sombrio e apreensivo com que a declaração de guerra fora recebida em setembro anterior, quando os alemães não conseguiram deixar de pensar no enorme sofrimento e nas perdas resultantes do conflito de 1914-18, não poderia ser maior. Nunca, na história do Terceiro Reich, o seu líder gozara de tamanha aclamação popular. O grande medo da repetição do derramamento de sangue nas trincheiras estava suspenso.

Ao forçar os franceses a assinar o armistício em Compiègne no mesmo vagão de trem em que as forças alemãs tinham se rendido em 1918, Hitler enterrou a lembrança negativa da derrota na Primeira Guerra Mundial. A Alemanha nazista parecia ter conseguido o impossível. Aquele que antes era considerado o seu adversário militar mais poderoso fora esmagado em questão de semanas a um custo comparativamente baixo; a guerra parecia vencida; a União Soviética fora neutralizada com o Pacto de Não Agressão. Os soldados alemães não encontravam adversário desde Brest, no litoral atlântico, até Brest-Litovsk, no rio Bug; só restava derrotar a Grã-

-Bretanha. A paz, a paz vitoriosa, como esperavam e acreditavam os alemães, parecia iminente. Como observou o SD num relatório de 6 de junho de 1940, quando o resultado da campanha no ocidente já estava claro: "Com a conclusão vitoriosa da luta intensa em Flandres, muitos na população acreditam agora que o pior já passou. A esperança de um fim rápido da guerra é muito generalizada."[46] Mas os alemães que acreditavam que o pior já havia passado e que a paz aguardava na esquina estavam profundamente enganados.

O modo como se enganaram revela muito da natureza do nazismo e da sua relação com a guerra. Naquele momento, faria sentido para o governo alemão usar a sua posição praticamente inabalável para consolidar as conquistas e buscar a paz. Em vez disso, Hitler escolheu o caminho oposto. Na euforia da vitória sobre a França, com toda a Europa, de Varsóvia aos Pireneus, a seus pés, o líder nazista mais uma vez voltou os olhos para o leste. Em 21 de julho, mal passado um mês da assinatura do armistício com os franceses em Compiègne, Hitler deu ordens ao alto-comando do exército para começar a planejar a invasão da União Soviética, e no Obersalzberg, no dia 31, anunciou formalmente aos comandantes militares a decisão de invadir e "livrar-se" da URSS em maio de 1941. O pequeno entrave representado pelo Reino Unido teria de esperar (inclusive porque faltava à Alemanha o equipamento militar necessário para um desembarque anfíbio bem-sucedido e para superar a defesa aérea britânica). O "colapso da Rússia" faria os britânicos caírem em si e abandonarem a luta. O comando da Wehrmacht, que, independentemente de Hitler, começara a investigar as possibilidades de uma guerra limitada com a União Soviética, obedeceu prontamente.[47]

Enquanto isso, porém, a máquina de guerra nazista foi obrigada a fazer um desvio pelos Bálcãs, provocado por Mussolini, o aliado fascista de Hitler. Além de só entrar na guerra do ocidente depois que ficou claro que a França estava derrotada, no final de 1940 a Itália fascista iniciou a sua própria aventura militar agressiva no sudeste da Europa. Em 28 de outubro, depois de protestar contra o comportamento supostamente "não neutro" dos gregos em relação à Itália, e logo após a rejeição grega a um ultimato italiano, a Itália atacou o vizinho do outro lado do Adriático. Mas logo as tropas italianas se viram forçadas a recuar, com as posições na Albânia ameaçadas e os gregos capturando cidade após cidade; no final de dezembro, Mussolini foi obrigado a pedir ajuda a Hitler. A pressão diplomática intensa sobre a Bulgária e a Iugoslávia para se unirem à Alemanha num Pacto Tripartite e permitirem acesso aos alemães, de modo que estes pudessem ajudar o aliado italiano, foi seguida por uma série de fatos que fizeram o regime nazista se aprofundar nos Bálcãs. Em 27 de março de 1941, dois dias depois de o governo iugoslavo se curvar à pressão alemã e assinar o Pacto Tripartite, manifestantes antialemães ocuparam as ruas de Belgrado e outras cidades sérvias e o governo foi derrubado num golpe antigermânico. Então, em 6 de abril, as tropas alemãs, juntamente com soldados italianos e húngaros, invadiram a Iugoslávia e a Grécia. Dessa vez, o Eixo foi bem-sucedido. Em 17 de abril, menos de duas semanas depois do início da campanha, a Iugoslávia se rendeu. A subjugação da Grécia levou um pouco mais de tempo, mas no final de abril toda a Grécia estava nas mãos do Eixo.

Em certo sentido, as campanhas nos Bálcãs provocadas pelo fracasso italiano e pelo golpe inesperado em Belgrado foram um desvio do objetivo principal: a subjugação da União Soviética. O ataque à Grécia e à Iugoslávia fora iniciado para arrumar a bagunça deixada pelo fracasso militar italiano e para assegurar o flanco sul da Alemanha antes do início do espetáculo principal. A invasão da URSS foi adiada até a segunda metade de junho de 1941, embora pareça que a preocupação com o clima e a logística, e não a aventura balcânica da Alemanha (como Hitler afirmaria em 1945), tenha provocado o adiamento da operação Barbarossa.[48] Ainda assim, a conquista dos Bálcãs não deve ser desdenhada como periférica no projeto nazista. Como na Polônia em 1939, ali a guerra nazista, as políticas violentas de ocupação e o homicídio racista em massa se reuniram, e a Sérvia se tornou o segundo país (depois da Estônia) ocupado pelos alemães a ser declarado "livre de judeus" (*judenfrei*).[49] Desde o começo da ocupação alemã da Iugoslávia, imediatamente após a capitulação do exército iugoslavo em 17 de abril de 1941, a prática de fazer reféns e impor represálias (que, como vimos, começou com a campanha polonesa de 1939) se tornou comum, agora perpetrada não só pela polícia de segurança alemã, como também pela Wehrmacht. Os soldados alemães não podiam ter dúvidas do que se esperava deles caso os sérvios se recusassem a se submeter. De acordo com as ordens dadas a uma unidade:

> Qualquer resistência será quebrada com severidade impiedosa. Quem for encontrado com armas nas mãos ao resistir ou fugir será fuzilado no local. [...] Além disso, em regiões desordeiras deve-se tomar reféns que possam ser fuzilados no caso de resistência inimiga continuada. Qualquer consideração será vista como fraqueza pelas tropas alemãs e é errada.[50]

A teoria foi posta em prática em 21 de abril, quando a morte a tiros de um oficial alemão na aldeia de Donji Dobrić levou à destruição da aldeia inteira pelos alemães.[51] O princípio, expresso pelo general Maximilian von Weichs logo após o incidente de Donji Dobrić, era considerar os sérvios culpados até prova em contrário: "Se uma quadrilha armada surgir numa região, todos os homens capazes de portar armas que forem detidos na vizinhança serão fuzilados a menos que se possa demonstrar imediatamente sem dúvida alguma que não têm ligação com a quadrilha." Para encorajar os outros: "Todos os fuzilados serão enforcados, os cadáveres deixados suspensos."[52]

Em termos mais gerais, a conquista da Iugoslávia e da Grécia levou ao império nazista uma mistura complicada de tensões étnicas e uma quantidade substancial de judeus — entre os quais algumas das comunidades mais antigas da Europa, sobretudo os 50 mil judeus de Tessalônica, em grande maioria deportados e assassinados em Auschwitz entre março e agosto de 1943. Lá, como antes na Polônia ocupada e em outras regiões, a chegada de tropas alemãs em 9 de abril de 1941 foi seguida por medidas antijudaicas: fechamento de jornais judeus, prisão de líderes judeus, confisco de lares e propriedades judaicas, humilhação pública de rabinos e ocupação pela Wehrmacht do hospital judeu.[53] Nessa época, o padrão já estava bem estabelecido: onde quer que os alemães pousassem os pés na sua guerra de conquista, a ideologia racial nazista era posta em prática. As autoridades alemãs de ocupação sabiam o que se esperava delas e o faziam.

É claro que o principal palco do projeto nazista não ficava nos Bálcãs, mas a leste, com o ataque à URSS. Essa seria uma campanha-relâmpago cuja meta era "esmagar a União Soviética numa campanha rápida antes mesmo do fim da guerra contra a Inglaterra".[54] A avaliação tradicional do "caráter russo" (que os russos, supostamente, eram pouco inteligentes e fugiam de decisões e responsabilidades), as lembranças da ocupação alemã de grandes regiões da Ucrânia, da Bielorrússia, da Rússia e dos países bálticos durante a Primeira Guerra Mundial[55] e a crença na incompetência do comando militar do Exército Vermelho (crença reforçada pelo seu desempenho pífio na guerra russo-finlandesa) e na superioridade técnica alemã embasaram a convicção de todo o comando militar alemão de que a Wehrmacht conseguiria uma vitória rápida sobre o "colosso de barro" russo.[56] A escala da iniciativa era imensa: em 22 de junho de 1941, as forças alemãs atacariam a URSS numa frente de 2.130 quilômetros com 3.050.000 homens e 3.350 veículos blindados.[57] Ao contrário das campanhas contra Polônia, Dinamarca, Noruega, França e Países Baixos, e mesmo da campanha dos Bálcãs, a invasão da União Soviética foi concebida desde o princípio como guerra de extermínio. O comando da Wehrmacht não discordava disso, assim como não havia discordado de Hitler quando este subestimara o poder soviético. Essa guerra seria realizada sem referência às normas jurídicas internacionalmente aceitas. O fato de a URSS nunca ter reconhecido a Convenção de Haia para a Guerra Terrestre de 1907 nem ratificado a Convenção de Genebra de 1929 sobre o trato de prisioneiros de guerra deu ao regime nazista uma legitimação espúria e bem-vinda para o tratamento violento do inimigo soviético — tratamento que resultou em milhões de mortes. Em 17 de março, Hitler deu a primeira pista do que mais tarde se tornaria a famosa Ordem dos Comissários de 6 de junho de 1941, quando fez saber, na reunião com os militares, que a intelligentsia de Stalin "tem de ser exterminada".[58] Menos de 15 dias depois, em 30 de março, num discurso aos generais, Hitler expandiu a sua visão da guerra ideológica de extermínio a ser travada contra a URSS. Na sua opinião, o bolchevismo era "o mesmo que criminalidade antissocial"; o comunismo era um "enorme perigo para o futuro". Portanto, de acordo com o líder nazista:

> Temos de nos dissociar do ponto de vista da camaradagem soldadesca. O comunista, do começo ao fim, não é um camarada. Esta é uma guerra de extermínio. Se não a concebermos assim,

> podemos derrotar o inimigo, mas em trinta anos enfrentaremos novamente o inimigo comunista. Não travamos uma guerra para conservar o inimigo.

A guerra contra a União Soviética incluiria o "extermínio dos comissários bolcheviques e da intelligentsia comunista", e não havia como se inibir com normas jurídicas:

> A luta tem de ser conduzida contra o veneno da subversão. Essa não é uma questão de tribunais militares. Os comandantes de soldados têm de saber o que é isso. [...] Os soldados têm de se defender com todos os meios com que forem atacados. Os comissários e indivíduos da GPU [polícia secreta] são criminosos e como tais devem ser tratados.[59]

Desde o começo da Segunda Guerra Mundial, as forças de ocupação alemãs na Polônia tinham cometido massacres e se dedicado a campanhas para eliminar a intelligentsia e as elites polonesas. No entanto, com a Ordem dos Comissários, chegava-se a um novo estágio na guerra nazista: o homicídio em massa planejado e sistemático, ordenado explicitamente pelo chefe de Estado e das forças armadas e envolvendo diretamente o exército. Como ressaltou Wilhelm Deist, "a guerra assumiu uma nova característica, a Wehrmacht se tornou um instrumento numa guerra de raça e extermínio".[60]

Hitler deixou claro (como observou Franz Halder nas margens do seu diário) que, com o ataque à URSS, "a luta será muito diferente da luta no ocidente".[61] As normas jurídicas seriam ignoradas e a população conquistada seria tratada sem misericórdia. Algumas semanas depois, a exigência de que crimes cometidos por integrantes da Wehrmacht contra civis fossem julgados foi explicitamente suspensa, e os comandantes de batalhões instados a tomar "medidas coletivas violentas" contra aldeias inteiras quando necessário.[62] Nada disso provocou objeções de comandantes de tropas. Ao contrário, preconceitos e ressentimentos profundos derivados de lembranças do colapso militar e da revolução de 1918 os deixaram bastante receptivos às exigências de uma luta sem misericórdia a ser travada contra o inimigo "judeo-bolchevique" do leste.[63] Isso se refletiu nas ordens dadas para a operação Barbarossa por comandantes da Wehrmacht. No começo de maio de 1941, o general Erich Hoepner entregou ao grupo de blindados que comandava as seguintes instruções para a condução da próxima campanha:

> A guerra contra a Rússia é um estágio essencial da luta pela existência do povo alemão. É a antiga luta contra os eslavos, a defesa da cultura europeia contra a enchente moscovita asiática, o rechaço do bolchevismo judeu. Essa luta deve ter como meta o esmagamento da Rússia atual, e, portanto, precisa ser conduzida com dureza sem precedentes. Todos os engajamentos militares, no planejamento e na execução, devem guiar-se pela vontade férrea de obter o extermínio completo e impiedoso do inimigo. Em especial, não haverá misericórdia para os representantes do atual sistema russo-bolchevique.[64]

No verão de 1941, quando as colunas militares alemãs seguiam para o leste, Hitler falou de maneira aberta sobre a sua intenção de "arrasar completamente Moscou e Leningrado, para impedir que lá permaneçam pessoas que teríamos de alimentar durante o inverno".[65] A desumanidade e o excesso de confiança se cristalizaram nas fantasias violentas de um ditador racista e se refletiram na atitude dos seus generais. Ficou famosa a ordem dada em 10 de outubro de 1941 por Walter von Reichenau, comandante do 6º Exército, que revelava até que ponto a operação Barbarossa era considerada uma cruzada racial ideológica:

> A meta fundamental da campanha contra o sistema judeo-bolchevique é o esmagamento completo do poder e a erradicação da influência asiática no terreno cultural europeu. Daí também surgem para os soldados deveres que vão além da costumeira tradição militar unilateral. No oriente, o soldado não é apenas um combatente de acordo com as regras da arte da guerra, mas também o portador de uma ideia racial [*völkisch*] impiedosa e

> vingador de todas as bestialidades cometidas contra povos alemães e aparentados. Portanto, o soldado precisa ter apreço *total* pela necessidade de sanções duras mas justificadas contra a primitiva raça judia [*jüdisches Untermenschentum*]. A campanha tem o propósito adicional de suprimir revoltas contra a Wehrmacht logo no início; segundo nos ensina a experiência, são sempre instigadas por judeus.[66]

Essa ordem, que Hitler considerou "esplêndida", foi extraordinária também pela meticulosa terminologia nazista de um dos comandantes da Wehrmacht mais simpáticos à mensagem do nazismo. Igualmente reveladora foi a ordem dada pouco mais de um mês depois, em 20 de novembro, pelo general Erich von Manstein, que comandava então o 11º Exército na Crimeia (onde os guerrilheiros se tornavam um problema crescente). Ele também deixou claro que "o sistema judeo-bolchevique tem de ser exterminado de uma vez por todas" e que "nunca mais deve pisar em nosso espaço vital europeu". É significativo que ele tenha destacado a importância dos valores militares conservadores tradicionais, do altruísmo e da necessidade de "intervir com o máximo rigor contra o comportamento arbitrário e o autoenriquecimento, contra a desordem e a indisciplina, contra qualquer violação da honra do soldado".[67] O contexto em que se esperava que aqueles sob o comando de Manstein se protegessem de "qualquer violação da honra do soldado" era extraordinário: uma luta contra guerrilheiros que incluía execuções em massa de judeus que moravam na Crimeia. O comportamento mais bárbaro era considerado parte de uma cruzada em prol da civilização europeia contra o suposto barbarismo "asiático" conduzida com a "honra do soldado".

Na verdade, a honra do soldado teve pouquíssimo papel no modo como a Wehrmacht tratou o imenso número de soldados soviéticos capturados, principalmente as centenas de milhares aprisionadas nas grandes campanhas de cerco do verão de 1941. Num dos maiores crimes já cometidos por um exército profissional, a Wehrmacht tratou os prisioneiros dessa campanha não segundo padrões internacionalmente aceitos, mas com negligência sistemática que só pode ser descrita como homicídio em massa: dos cerca de 5,7 milhões de soldados soviéticos que caíram em mãos alemãs, pelo menos 3,3 milhões encontraram a morte em consequência da decisão de não alimentá-los adequadamente, não abrigá-los com decência nem cuidar direito de doentes e feridos.[68]

Hitler estava certo ao dizer que "a luta será muito diferente da luta no Ocidente" também em outro sentido que não previra. Embora a operação Barbarossa tivesse sido planejada como uma guerra-relâmpago, embora os 3 milhões de soldados que marchavam pela fronteira soviética em 22 de junho de 1941 fizessem um rápido progresso inicial (deslocando-se 320 quilômetros para leste e capturando Minsk, capital da Bielorrússia, em uma semana) e embora Hitler falasse em tomar Moscou em agosto,[69] as tropas alemãs não obtiveram a tão esperada vitória rápida. Em vez disso, sofreram resistência intensa desde o começo. Pela primeira vez, a Wehrmacht não parecia invencível. Embora as tropas soviéticas fossem pegas de surpresa e taticamente sobrepujadas, vissem destruídas as suas posições de vanguarda e tivessem milhões de soldados capturados, e embora a URSS perdesse um território imenso que abrigava grande parte da sua capacidade industrial e da melhor terra para a agricultura, as forças armadas soviéticas não desmoronaram como os exércitos polonês, holandês, belga e francês. Como admitiu o comandante do exército Walther von Brauchitsch no final de julho de 1941, elas foram o "primeiro adversário sério" que a Wehrmacht teve de enfrentar.[70] Apesar de sofrer um número imenso de baixas, muito maior que o sofrido pelos invasores alemães, os soldados soviéticos conseguiram resistir e provocar baixas graves na Wehrmacht. Na verdade, o número de soldados alemães mortos em combate em junho, julho e agosto de 1941 era maior do que o número dos que tinham perdido a vida no conflito durante todo o período de setembro de 1939 a maio de 1941.[71] No final deste último ano, mais de um quarto de todo o exército alemão no leste havia morrido (173.722), fora ferido (621.308) ou desaparecera em combate (35.873).[72]

Em meados de agosto, ficou claro que os alemães tinham subestimado o adversário militar. Como admitiu Franz Halder, chefe do estado-maior geral, "subestimamos o colosso russo, que se preparou conscientemente para a guerra com a implacabilidade total peculiar aos Estados totalitários":

> Essa avaliação aplica-se tanto à organização quanto aos recursos econômicos e aos meios de transporte, mas acima de tudo à ca-

> pacidade puramente militar. No começo da guerra, calculávamos cerca de duzentas divisões inimigas. Agora já contamos 360. Essas divisões, sem dúvida, não estão armadas e equipadas como nós e muitas vezes são mal comandadas em termos táticos. Mas lá estão elas.[73]

Com o avanço do outono, as tropas alemãs continuaram a tomar grandes extensões de território e a fazer um número imenso de prisioneiros — sobretudo na Ucrânia, onde, em 19 de setembro, Kiev foi capturada junto com 400 mil prisioneiros soviéticos (o maior número de prisioneiros já feito numa única batalha). No entanto, os problemas alemães de suprimento, que se apresentara desde o início da operação Barbarossa, tornavam-se cada vez maiores. A vitória inesperadamente rápida sobre a França levara o comando militar alemão a superestimar a importância da habilidade operacional em contraposição ao planejamento e ao apoio logístico, e as consequências começavam a ficar visíveis.[74] Em novembro, o clima tornava cada vez mais difíceis os movimentos e o abastecimento, enquanto as forças soviéticas continuavam a oferecer sólida resistência. Então, no começo de dezembro, com os soldados alemães nos portões de Moscou e a temperatura chegando a –37°C, o Exército Vermelho contra-atacou. Pela primeira vez, as tropas alemãs foram forçadas a recuar, e, segundo Franz Halder, houve uma "grave 'crise de confiança' entre os soldados".[75] A primeira campanha planejada desde o princípio como Blitzkrieg havia se transformado numa realização prolongada, inimaginavelmente sangrenta e, em última análise, condenada ao fracasso. As fantasias de que os nazistas eram capazes de fazer qualquer coisa colidiram com a realidade.

Foi com a guerra de extermínio contra a URSS que nazismo e guerra chegaram ao extremo da sua simbiose. Isso ficou visível desde o começo da operação Barbarossa, quando os *Einsatzgruppen* — os esquadrões da morte móveis da Polícia de Segurança e do SD — tiveram permissão da Wehrmacht para trabalhar nas áreas operacionais da retaguarda.[76] Portanto, com Himmler e Heydrich, o RSHA obteve, com a concordância do exército, o controle efetivo para "assegurar pela polícia as regiões orientais recém-ocupadas".[77] Como vimos, esquadrões similarmente designados já agiam desde o começo da ocupação alemã da Polônia. Enquanto na Polônia o número de vítimas se contava aos milhares, nos territórios soviéticos ocupados ele logo chegou às centenas de milhares. Os *Einsatzgruppen*, batalhões da polícia e brigadas da Waffen-SS [SS Armada], agora se dedicavam à matança por atacado da população judia ao seu alcance. Em junho e julho, os judeus em idade militar foram assassinados; a partir de agosto e setembro, mulheres e crianças também; e em setembro e outubro começou o extermínio sistemático de comunidades judias inteiras.[78] Dos cerca de 5,1 milhões de judeus registrados na URSS antes da guerra, cerca de 3 milhões viviam nos territórios ocupados pelas forças alemãs; desses, aproximadamente 2 milhões foram assassinados.

Formou-se um *Einsatzgruppe* para cada um dos três principais grupos de exércitos da Wehrmacht (Norte, Centro e Sul) que invadiram a União Soviética, e um quarto acompanhava o 11º Exército alemão, que operava com tropas romenas. Todos eram motorizados, com cerca de seiscentos a mil homens nas suas fileiras (incluindo motoristas, policiais e pessoal da Waffen-SS a eles designados).[79] A sua tarefa era liquidar toda e qualquer pessoa que pudesse ameaçar o domínio alemão e a sua visão de mundo. Como estabelecido por Heydrich em 2 de julho de 1941, eles deveriam "executar":

> todos os funcionários do Comintern (e todos os políticos comunistas profissionais em geral),
>
> os funcionários em cargos elevados, intermediários e inferiores radicais do Partido, do Comitê Central, dos comitês regionais e distritais, Comissários do Povo,
>
> judeus em cargos estatais e partidários, elementos radicais diversos (sabotadores, propagandistas, atiradores, assassinos, agitadores etc.).[80]

Embora obviamente oferecesse muitos alvos para "execução", isso deixava espaço considerável para iniciativas independentes; na prática, os *Einsatzgruppen* lançaram a sua rede ainda mais longe. Um relatório do *Einsatzgruppe* C (que operava no norte e no centro da Ucrânia) datado do início de outubro de 1941 listava as seguintes categorias e razões para as execuções realizadas pelos seus grupos de operação:

> Funcionários políticos, saqueadores e sabotadores, comunistas ativos e expoentes de ideias políticas, judeus que conseguiram se libertar de campos de prisioneiros com falsos pretextos, agentes e informantes do NKVD, pessoas que tiveram papel importante na deportação de alemães étnicos dando falso testemunho ou corrompendo testemunhas, sadismo e vingatividade judaicos, elementos indesejáveis, antissociais, militantes, *Politruks* [instrutores políticos do exército soviético], perigo de pragas e epidemias, membros de quadrilhas russas, guerrilheiros, fornecer comida a quadrilhas russas, insurretos e agitadores, jovens desordeiros, judeus em geral.[81]

Além dos *Einsatzgruppen*, várias formações da SS (que respondiam diretamente a Himmler) tiveram tarefas de "segurança" na URSS ocupada a partir de julho de 1941, bem como um número crescente de batalhões da polícia (compostos principalmente de colaboradores locais).[82] A rede fora lançada de forma tão ampla que praticamente qualquer um podia ser fuzilado como suposta ameaça ao domínio nazista; a própria existência dos judeus era considerada ameaça e, portanto, justificativa para o homicídio. Como afirma explicitamente um relatório sobre uma campanha policial perto de Leningrado em fevereiro de 1942, "pertencer à raça judia", por si só, justificava a execução.[83]

Com o início da operação Barbarossa, a política alemã contra os judeus adotou um curso fatídico. Depois que ficou claro que a deportação em massa da população judia da Europa para algum lugar no leste não poderia se realizar, o regime nazista embarcou numa campanha generalizada de "limpeza étnica", seguida de um programa gigantesco para transportar milhões de judeus para campos de extermínio cujo propósito era a destruição em massa da vida humana de forma rápida, eficiente e industrializada.

A combinação de exortações ideológicas, ordens criminosas de liquidação de vários grupos de pessoas, iniciativas independentes por parte dos vários esquadrões da morte locais e a falta completa de sanções ao comportamento criminoso caracterizaram o modo como foram realizadas as campanhas nazistas de homicídio em massa em tempo de guerra. Não foram necessárias instruções específicas do ditador nazista, cuja principal preocupação continuava a ser o conflito militar.

Na segunda metade de 1941, esquadrões da morte móveis passaram a aniquilar comunidades inteiras na URSS ocupada. De junho a novembro de 1941, a maioria dos homens judeus da Sérvia foi morta por tropas de ocupação alemã (o SD, a administração militar e a Wehrmacht, agindo por iniciativa própria e em reação violenta à atividade guerrilheira).[84] Em outubro, começaram as execuções em massa de judeus na Galícia.[85] A partir de outubro, os judeus foram deportados da Alemanha, da Áustria, da Boêmia e da Morávia para o leste, alguns para guetos (como em Łódź/Litzmannstadt), alguns diretamente para a morte por fuzilamento (como em Riga); e em Chelmno, perto de Łódź, e em Belzec, no distrito de Lublin, foram construídos os primeiros campos de extermínio, enquanto em Auschwitz as câmaras de gás eram usadas para matar prisioneiros de guerra soviéticos considerados "comunistas fanáticos".[86] Mas, quando o ano fatídico de 1942 começou, o principal elemento da "questão judaica" ainda não resolvida era o Governo-Geral, onde cerca de 2 milhões de judeus, a maioria subnutrida, muitos deles amontoados em guetos lotados e infestados de doenças, ainda viviam.

Foi contra esse pano de fundo que Reinhard Heydrich convocou a hoje infame Conferência de Wannsee, originalmente marcada para 9 de dezembro de 1941 mas adiada para 20 de janeiro de 1942. Nessa reunião, Heydrich, como chefe do RSHA, apresentou a representantes de vários ministérios os contornos de uma "solução" abrangente e europeia da "questão judaica" e buscou esclarecer questões de organização e responsabilidade operacional.[87] Agora o extermínio sistemático de milhões de judeus nas câmaras de gás de Chelmno, Belzec, Sobibor, Treblinka e Auschwitz poderia se desenrolar. Quando começou a primavera de 1942, a guerra racial de extermínio se combinou à campanha abrangente para destruir toda a população judia da Europa. Depois de ter as suas propriedades roubadas, ser restrita em todos os aspectos da vida cotidiana, amontoada em guetos, submetida a massacres aleatórios e depois a campanhas de homicídio em massa pelos *Einsatzgruppen*, agora a população judia remanescente da Europa ocupada pelos alemães seria transportada para campos de extermínio na Polônia para ser morta.

Embora a população alemã não fosse informada de todos os horrores do que se fazia com os supostos "inimigos raciais" dos nazistas, inevitavelmente algumas notícias chegavam. Os milhões de soldados que lutavam na frente oriental dificilmente ignorariam por completo o que acontecia a povoados e guetos judeus ou as campanhas dos *Einsatzgruppen* nas áreas operacionais na retaguarda da Wehrmacht, e alguns se dispunham a falar desses horrores quando voltavam para casa de licença. Os boatos sobre fuzilamentos em massa chegaram à Alemanha e nem sempre provocaram empatia pelas vítimas. Para citar uma prova dentre muitas, uma jovem estudante de arquitetura da Áustria escreveu no seu diário em 13 de novembro de 1941 (quando as campanhas sangrentas dos *Einsatzgruppen* estavam no ponto máximo):

> Norbert Berger me contou ontem que os russos aprisionados são divididos em três campos: os desertores e os que se rendem sem resistência, os muitos comunistas e os judeus. Os dois últimos, assim como os judeus que mandamos para a Polônia, são fuzilados na hora. Norbert não vê nada de errado nisso!!![88]

O clima de antissemitismo patrocinado pelo Estado encorajava os que odiavam judeus e intimidava os que não tendiam a apoiar tal desumanidade. Dentro da Alemanha, as restrições aos judeus ficaram ainda mais severas depois da invasão da URSS: desde o começo de setembro de 1941, os judeus do Reich foram obrigados a usar estrelas de davi amarelas nas roupas — medida que parece ter provocado reações positivas da população alemã[89] — e enfrentaram novas restrições da vida cotidiana (que os privaram de telefones, jornais e cupons de racionamento de muitos alimentos importantes). Fora da Alemanha, os judeus eram massacrados em número até então inimaginável, muitas vezes à vista de soldados da Wehrmacht. De um modo ou de outro, a sociedade do Terceiro Reich se tornava consciente (e cúmplice) dos crimes mais monstruosos do regime nazista.

Por mais monstruosa que fosse, a campanha para assassinar os judeus da Europa era apenas uma parte do programa racial nazista. De todas as vítimas civis do barbarismo nazista durante a Segunda Guerra Mundial, os russos provavelmente constituíram o maior grupo de mortos. A campanha nazista para a "solução da questão cigana" — pela perseguição e esterilização involuntária antes do começo da guerra e, durante o conflito, por deportações, homicídios em massa por *Einsatzgruppen* e unidades da Wehrmacht na URSS ocupada, câmaras de gás e fuzilamentos em massa, e pela criação de um "campo cigano" em Auschwitz-Birkenau — não teve diferenças substanciais em metas ou métodos da campanha para exterminar os judeus, embora o número envolvido fosse menor.[90]

Além disso, os crimes que o regime nazista conseguiu cometer se apequenaram em seu alcance diante dos planos que "especialistas" nazistas — no Escritório Central de Segurança do Reich e no Escritório Central de Raça e Povoamento da SS, assim como no Estado-Maior da Economia do Leste (*Wirtschaftsstab Ost*) criado pela Wehrmacht para planejar a exploração da URSS conquistada[91] — desenvolviam para o futuro império nazista. O destino vislumbrado para o oriente subjugado incluía a desindustrialização, a eliminação da população urbana "supérflua" e a conversão da área numa imensa fonte de matérias-primas e produção agrícola para a Alemanha. No momento, a necessidade imediata da economia de guerra alemã tinha prioridade, como explicou Göring (responsável geral pela política econômica no oriente) em novembro de 1941, mas a longo prazo "as regiões orientais recém-ocupadas serão economicamente exploradas sob o ponto de vista colonial e com métodos coloniais".[92] Vastos programas de povoamento foram previstos, com os alemães partindo para "civilizar" o leste selvagem conquistado. Assim, cerca de 50 milhões de pessoas, sobretudo eslavas, seriam expulsas das terras entre a Alemanha e os Urais para abrir espaço para colonos racialmente "valiosos". Os antigos problemas estruturais que atormentavam a agricultura alemã havia décadas seriam assim resolvidos, e o temor de que a terra agrícola da própria Alemanha fosse insuficiente para alimentar o seu povo seria afastado com a instalação de agricultores arianos no "espaço vital" a leste. Mais ainda, a ideia de criar milhares de propriedades agrícolas alemãs na Ucrânia constituía parte importante do "socialismo do bom sangue" de Heinrich Himmler, do sonho utópico no qual todos os alemães racialmente puros poderiam participar da *Volksgemeinschaft* nazista. Não há dúvida de que muitos soldados alemães que lutavam no leste compartilhavam das ideias do jovem Heinrich

Böll, que, mesmo longe de ser um guerreiro fanático do Estado racial nazista, escreveu à mãe no final de 1943, a partir de um hospital militar: "Tenho muitas saudades do Reno, da Alemanha, mas ainda assim penso muito na possibilidade de uma vida colonial aqui no leste depois de uma guerra vitoriosa."[93]

A visão de um "socialismo do bom sangue" envolvia não só a transferência forçada de milhões de pessoas, como também o seu assassinato. Nos dias anteriores à invasão da URSS, foram elaborados planos que, com base nos pressupostos de que a guerra levaria à redução da produção agrícola alemã e de que a Wehrmacht precisaria recorrer às reservas de alimento do território que ocupasse, previam insensivelmente a fome de milhões de pessoas: "Nesse aspecto, sem dúvida X milhões de pessoas passarão fome se extrairmos o que precisarmos desse país."[94] De acordo com planos gerais de exploração do território soviético apresentados por especialistas que trabalhavam sob o comando de Herbert Backe, secretário de Estado do Ministério da Alimentação e Agricultura do Reich (e encarregado do suprimento de alimentos da Alemanha durante a guerra), em 23 de maio de 1941 (enquanto a operação Barbarossa era planejada): "Muitas dezenas de milhões de pessoas serão supérfluas nessa área e morrerão ou terão de emigrar para a Sibéria."[95] Se dezenas de milhões de russos tivessem de morrer de fome para assegurar a disponibilidade de alimentos para a Wehrmacht, que assim fosse.[96] À sua típica moda brutal, Göring resumiu a questão em agosto de 1942: "Se alguém vai passar fome, que não sejam os alemães, mas outros."[97] O fato de esses planos homicidas incluídos na rubrica geral de Plano Geral Leste não terem se traduzido em realidade não se deveu a alguma dor de consciência dos tecnocratas tão fascinados por eles, mas ao sucesso militar dos aliados ao derrotar o Terceiro Reich.

A brutalidade da política nazista de ocupação e da guerra de extermínio da Wehrmacht foi ampliada pela guerrilha enfrentada pelas forças alemãs em território soviético. Nas fases de abertura da operação Barbarossa, a população civil das regiões ocidentais da URSS (Bielorrússia e Ucrânia) reagiu aos invasores de maneira ambivalente, muitos deles (sobretudo os não russos) vendo os alemães como libertadores de um comunismo stalinista ateu que levara coletivização, terror e miséria a milhões. O Partido Comunista e o Estado soviéticos também reagiram: em 29 de junho de 1941, uma semana depois de unidades da Wehrmacht invadirem o território soviético, o Comitê Central baixou uma diretiva que incluía um parágrafo (que não se tornou público na época) conclamando a organização de "destacamentos guerrilheiros e grupos de sabotagem" para "ação com unidades do exército inimigo, deflagrar a guerrilha por toda e qualquer parte, explodir pontes, estradas, linhas telefônicas e telegráficas, destruir depósitos e assemelhados". Quando finalmente falou à população soviética pelo rádio em 3 de julho, Stalin ordenou uma política de terra arrasada e a disseminação da guerrilha, e duas semanas depois (em 18 de julho) o Comitê Central distribuiu diretrizes mais detalhadas para "a organização da luta na retaguarda das tropas alemãs a ser comandada por funcionários do Estado e do Partido".[98] Também para a URSS, a guerra na frente oriental seria um conflito diferente de tudo o que já acontecera, e a conclamação à guerrilha por trás das linhas inimigas permitiu aos alemães ligar as campanhas contra a população civil judia àquelas realizadas contra os guerrilheiros. Hitler aproveitou a oportunidade, como explicou (a Rosenberg, Lammers, Keitel, Göring e Bormann) em 16 de julho: "Agora os russos deram ordens para a guerrilha atrás das nossas linhas. A guerrilha também tem as suas vantagens: ela nos dá oportunidade de exterminar tudo o que se opuser a nós."[99]

A princípio, o chamado soviético à resistência teve pouca resposta popular. Entretanto, assim que as violentas intenções exploradoras dos conquistadores nazistas ficaram visíveis e sobretudo depois que a guerra começou a virar contra os alemães no final de 1941 e em 1942, a situação mudou. No verão de 1941, pequenos grupos de guerrilheiros começaram a se organizar e a Wehrmacht enfrentou resistência atrás das linhas de frente. Essa atividade chegou a representar uma ameaça real às forças militares alemãs e à administração (e exploração) alemã dos territórios soviéticos conquistados. Ela deu substância aos temores de atividade guerrilheira (como as tropas prussianas enfrentaram nas mãos dos *franc-tireurs* depois da vitória na Guerra Franco-Prussiana); deu origem, entre os soldados alemães, a "uma raiva furiosa contra esses sujeitos";[100] pareceu confirmar os estereótipos racistas dos europeus orientais como perigosos, ameaçadores e merecedores de extermínio; e levou às represálias mais violentas e às campanhas mais cruéis para "limpar" as chamadas "áreas de banditismo" — campanhas inextricavelmente entrelaçadas com o genocídio nazista. Para um exército cujos soldados tinham sido formados na ideologia racista e enfrentavam povos conquistados que viviam em condições supostamente primitivas, e aos quais se ordenara que conduzissem a guerra com dureza e sem misericórdia, o medo de que a população civil conquistada representasse um perigo constante justificou as medidas mais violentas. Como observou o alto-comando do exército alemão numa diretiva do final de julho de 1941, "os soldados disponíveis para defender as áreas orientais conquistadas, considerando a vasta extensão dessas regiões, só serão suficientes se o poder ocupante enfrentar toda resistência não apenas pela punição legal dos culpados, mas pela disseminação daquele tipo de terror que é o único meio de remover da população todo apetite pela oposição".[101]

É claro que, de fato, as interações entre as forças alemãs e os povos subjugados eram mais complicadas do que isso leva a concluir. No primeiro ano de ocupação, mais ou menos, não foram as brigadas de guerrilheiros soviéticos mas as quadrilhas itinerantes de ladrões que constituíram o principal problema de segurança enfrentado pelas formações policiais que serviam aos alemães, formações geralmente recrutadas na população local.[102] Além disso, as forças de segurança alemãs sabiam que comportamentos desnecessariamente duros levariam mais gente para o lado dos guerrilheiros, e havia comandantes da retaguarda do exército na Rússia que consideravam "excessivos" os ataques indiscriminados a civis.[103] Como explicado em abril de 1942 a uma das divisões de segurança da Wehrmacht responsáveis pela campanha antiguerrilha da Rússia central, "é preciso deixar claro para todos os soldados que cada civil maltratado pode se unir aos guerrilheiros e enfrentá-los com uma arma no dia seguinte".[104] Mas aquela mesma Divisão de Segurança recebeu no mesmo mês instruções do seu comandante, o general Pflugbeil, de que "a meta de qualquer engajamento em combate não é fazer o inimigo recuar, mas exterminá-lo".[105] Quanto mais os alemães exploravam a população conquistada — em especial, quanto mais buscavam recrutar à força cidadãos soviéticos para trabalhar na Alemanha, o que fez muitos fugirem de casa para não serem enviados ao Reich, e quanto mais a escassez de alimentos se aprofundava e os impostos e requisições aumentavam —, mais gente se unia aos guerrilheiros. E quanto mais gente se unia aos guerrilheiros e a guerrilha ficava mais intensa, mais duras eram as medidas que as forças de segurança alemãs consideravam necessárias para controlar uma vasta população num vasto território com os relativamente poucos homens mal treinados que tinham à disposição.[106] Os povos subjugados foram levados pelo regime cruel da ocupação alemã a se comportar de modo a confirmar os estereótipos racistas negativos, dando assim uma justificativa aparente para medidas ainda mais duras. O resultado foi uma espiral de violência, consequência inevitável da cruzada ideológica racista para explorar e escravizar povos supostamente inferiores.

A guerrilha assumiu dimensões cada vez mais graves depois que as forças alemãs sofreram os primeiros reveses às portas de Moscou e a perspectiva de vitória alemã não parecia mais inevitável. As poucas dezenas de milhares de guerrilheiros ativos no começo de 1942 chegaram a cerca de 120 mil na segunda metade daquele ano, e o número de envolvidos e a extensão do território que controlavam aumentaram substancialmente a partir daí.[107] Enquanto aumentava o saque das autoridades alemãs (com cotas crescentes de entrega de produtos agrícolas, a tomada de safras e rebanhos e a deportação de pessoas para trabalho forçado) e cresciam a guerrilha e as áreas efetivamente controladas por guerrilheiros, a violência que deveria suprimir a atividade guerrilheira também ficou maior. Nos primeiros 11 meses da guerra contra a União Soviética, as forças alemãs conseguiram liquidar cerca de 80 mil supostos guerrilheiros (com 1.094 mortos registrados no lado alemão).[108] A atividade guerrilheira crescente provocou reações cada vez mais radicais, culminando com a ordem dada pelo alto-comando das forças armadas em dezembro de 1942, para que a "luta contra bandidos tanto no leste quanto nos Bálcãs" fosse travada pelos "meios mais brutais", estando os envolvidos "portanto autorizados e obrigados a empregar quaisquer meios nessa luta, inclusive contra mulheres e crianças, caso isso traga êxito". Em seguida, proibia o julgamento de qualquer alemão envolvido na campanha antiguerrilheira.[109]

Na segunda metade de 1942, a guerrilha constituía um desafio significativo à capacidade alemã de controlar e administrar os vastos territórios conquistados. De acordo com um relatório do *Reichskommissariat Ostland*

[Comissariado do Reich para os Territórios Ocupados no Leste] sobre o desenvolvimento do movimento guerrilheiro entre julho de 1942 e abril de 1943:

> Na situação atual, uma grande parcela da safra do ano passado está aniquilada, fazendas queimadas, laticínios e empresas industriais e comerciais destruídos, e quase todo o aparelho administrativo que criamos em capitais, cidades e aldeias do distrito simplesmente não existe mais. A população está completamente intimidada e, em consequência do longo reinado dos guerrilheiros, em muitos casos perdeu a confiança no poder dos alemães.

O remédio receitado, como sempre, era a aplicação de mais força ainda: "um reforço substancial das forças militares e policiais é urgentemente necessário e exige-se equipar essas forças com armamento pesado" e "reféns de aldeias específicas devem ser selecionados para fuzilamento caso haja ataques nessas aldeias ou saque e destruição nas fazendas estatais. Se ainda assim isso não der resultado, então deve-se decidir liquidar aldeias inteiras".[110]

Por sua vez, a situação trazia a oportunidade de matar ainda mais judeus, alguns dos quais realmente preferiram a atividade guerrilheira a se submeter docilmente à deportação — e assim pareceram confirmar os clichês nazistas sobre "judeo-bolchevismo". Por exemplo, depois da operação Febre do Pântano (realizada contra guerrilheiros entre 21 de agosto e 21 de setembro de 1942), Friedrich Jeckeln, chefe da SS e da polícia no *Reichskommissariat Ostland*, gabou-se de que não só "49 acampamentos, bunkers e fortalezas de bandidos, além de muitas aldeias localizadas nas regiões pantanosas que serviam de esconderijo", tinham sido "queimados e destruídos", mas também que "389 bandidos armados foram fuzilados na luta", 1.274 suspeitos de envolvimento com a guerrilha foram condenados e fuzilados, e "executados 8.350 judeus".[111] A atividade guerrilheira foi pretexto e justificativa para o assassinato dos supostos inimigos raciais dos nazistas.

As represálias e os massacres cometidos pelas forças alemãs não se restringiram ao leste e ao sudeste da Europa. É claro que a imensa maioria das vítimas de atrocidades nazistas estava no leste, mas conforme a guerra se arrastava as forças alemãs cometeram atrocidades também no ocidente, na França e na Itália como na Ucrânia e na Rússia. Na verdade, o comportamento das forças alemãs no leste e no oeste convergiu com o avanço da guerra e a prática da represália foi extraordinariamente semelhante, quer ocorresse na França, na Itália, na Sérvia ou na Rússia. O medo da atividade guerrilheira combinou-se ao desejo de vingança por ataques passados e ao desprezo pelos povos conquistados, assim como à "produção tecnocrática da ordem".[112] As aldeias suspeitas de abrigar resistentes foram cercadas. Os homens foram fuzilados e, em casos extremos, as mulheres e crianças também (como no famoso caso de Oradour-sur-Glane, em junho de 1944, em que soldados da Waffen-SS trancaram as mulheres da aldeia na igreja e depois as fuzilaram e queimaram).[113] As mulheres suspeitas de lutar com os guerrilheiros eram consideradas degeneradas e merecedoras de execução. Não só as unidades da Waffen-SS, mas também unidades regulares da Wehrmacht (como em Kommeno, na Grécia, e Padule di Fucecchio, no norte da Itália) foram responsáveis pelo massacre de mulheres e crianças além de homens.[114] A prática de guerra nazista levava inexoravelmente às atrocidades contra civis, não só pela Waffen-SS e não só no leste.

Ainda assim, na grande guerra de extermínio a leste é que "a barbarização da guerra"[115] foi mais extremada. Vários fatores confluíram para isso. Em primeiro lugar, a Wehrmacht foi enviada para o combate com ordens criminosas que sancionavam o homicídio em escala maciça. A isso se somavam a crença generalizada de que o povo europeu oriental era primitivo e perigoso, a doutrinação ideológica do regime nazista e as experiências — inclusive ver os judeus do leste europeu nos *shtetl* atingidos pela miséria — que pareciam confirmar os estereótipos racistas negativos. Como se isso não bastasse, as condições de vida na frente oriental eram duríssimas. Havia combates intensos e prolongados, resistência feroz do Exército Vermelho e cada vez mais unidades guerrilheiras. Os soldados exaustos, muitos dos quais tiveram de marchar centenas de quilômetros (uma vez que a Wehrmacht não era um exército verdadeiramente motorizado; os homens marchavam e o equipamento costumava ser puxado a cavalo), adoeciam com frequência e passaram fome e frio extremo nos meses do inverno. Ao contrário das campanhas curtas e vitoriosas de 1939 e 1940, o combate na frente oriental não cessava. As unidades da Wehrmacht geralmente tinham pouco descanso e sofriam baixas tremendas em mortos e feridos. Nas estepes russas, apresentava-se aos soldados alemães a perspectiva de uma guerra aparentemente interminável — um casamento horrendo da fantasia nazista com o pesadelo da realidade.

Tudo isso teve efeitos sobre a atitude dos soldados alemães e facilitou ainda mais que aceitassem e repetissem as opiniões racistas antissemitas: que afirmassem que (como escreveu um cabo em julho de 1941) o "inimigo não é feito de soldados reais, eles são guerrilheiros e assassinos"; que considerassem os russos "não mais [como] seres humanos, mas [como] feras e hordas selvagens criadas pelo bolchevismo nos últimos vinte anos"; que vissem diante deles "o que o regime judeu fez na Rússia"; e que acreditassem, como escreveu um sargento alemão em agosto de 1942, que "devemos libertar e libertaremos o mundo dessa praga, e é por isso que o soldado alemão protege a frente oriental".[116] Os soldados alemães conseguiram se convencer de que estavam "lutando por uma causa justa";[117] de que (nas palavras de um soldado raso) "essa batalha imensa nunca aconteceu na Terra. Esta é a maior batalha dos espíritos jamais vivenciada pela humanidade, é travada pela existência ou queda do homem ocidental e dos valores mais elevados que um povo leva conscientemente no seu escudo".[118] Claro que nem todos os soldados alemães alimentavam tais convicções ou as sentiam o tempo todo. Muitos tinham dúvidas profundas sobre as atrocidades que viam ser cometidas pelos camaradas em nome da Alemanha.[119] No entanto, essas declarações, juntamente com o registro da conduta das forças militares alemãs nos territórios conquistados, mostram até que ponto o nazismo se entranhara nos indivíduos.

No final de 1941, quando a campanha contra os judeus entrava na fase mais abrangente e homicida, o regime nazista teve de lidar com fracassos militares pela primeira vez. Apesar de sofrer baixas enormes nas primeiras semanas e nos primeiros meses da guerra, o Exército Vermelho não se curvara e a União Soviética não desmoronara. Às portas de Moscou, a Wehrmacht se viu na defensiva quando as forças soviéticas contra-atacaram e fizeram os alemães recuar. Na crise de dezembro de 1941, Hitler tomou duas decisões que teriam consequências enormes para o regime nazista e para a guerra que travava. Em 11 de dezembro, depois do ataque japonês a Pearl Harbor, a Alemanha declarou guerra aos Estados Unidos.

Superestimando imensamente a capacidade militar alemã e subestimando de forma espetacular o potencial militar dos Estados Unidos, Hitler assegurou que cerca de três quartos dos recursos humanos e materiais do mundo estavam agora unidos contra o Eixo. Então, em 19 de dezembro, diante da incapacidade da Wehrmacht de obter a vitória contra a URSS, do colapso físico e psicológico do comandante do exército Von Brauchitsch (que, em 15 de dezembro, confessara a Franz Halder que não via mais "como resgatar o exército da situação difícil")[120] e da possibilidade de que as linhas alemães se esfarelassem, Hitler aceitou a demissão de Von Brauchitsch e assumiu o comando pessoal direto do exército (como "comandante supremo do exército" no lugar do marechal).[121] A decisão de assumir pessoalmente o comando das forças armadas revelou tanto o desprezo de Hitler pelos militares ("qualquer um pode exercer um pouco de comando operacional")[122] quanto a importância da sua experiência na Primeira Guerra Mundial. Ao anunciar essa decisão aos soldados, o ditador nazista lhes disse:

> Já conheço a guerra pelos quatro anos da poderosa luta na frente ocidental em 1914-1918. Como simples soldado, vivenciei os horrores de quase todas as grandes batalhas. Fui ferido duas vezes e, no final, ameaçado de cegueira. Portanto, nada que os atormente, que pese em seus ombros, que os preocupe, é para mim desconhecido.[123]

O soldado da linha de frente da Primeira Guerra Mundial estava convencido de que sabia como travar a Segunda.

Com a invasão alemã desmoronando diante de Moscou, Hitler insistiu que a Wehrmacht mantivesse as suas posições a qualquer custo e "a despeito das consequências".[124] "Cada homem deve defender-se onde estiver."[125] Ao tomar essa decisão, Hitler pode ter salvado as forças alemãs do colapso diante de Moscou. No entanto, a importância dessa tática se estendeu bem além do ocorrido em dezembro de 1941. A ideia de que os soldados alemães deveriam manter terreno "a despeito das consequências" e lutar até o último homem e a última bala em situações aparentemente sem esperança se fixou na mente do comando nazista e na de Hitler em particular. Sem dúvida ele estava convencido de que, como explicou em maio de 1942, o fato de que "atravessamos este inverno e hoje estamos novamente em condições de entrar em combate vitoriosamente [...] deve-se apenas à coragem do soldado da linha de frente e à minha vontade firme de manter terreno, custe o que custar".[126] Nos meses e anos seguintes, os comandantes que se aguentaram contra probabilidades ínfimas — como o general de brigada Theodor Scherer, comandante cujos soldados cercados e em inferioridade numérica lutaram 107 dias contra as forças soviéticas em Cholm entre janeiro e maio de 1942 — receberam os maiores louvores.[127] (Scherer foi condecorado pessoalmente por Hitler.) Os comandantes que preferiram recuar ou se render para evitar a morte dos soldados na luta contra desvantagens esmagadoras — como o general Erich Hoepner, que ordenou o recuo dos soldados dos portões de Moscou em janeiro de 1942 para não vê-los massacrados desnecessariamente, ou o marechal de campo Friedrich Paulus, que se rendeu em Stalingrado em 1943 — foram expulsos ou condenados como traidores do *Volk* alemão. O fato de a tática de Hitler ter-se justificado em Moscou em 1941 estabeleceu um padrão terrível para os anos seguintes, quando repetidas vezes as unidades alemãs tiveram de manter as suas posições e lutar até o último homem. Isso reforçou a autoconfiança de Hitler como comandante militar e a sua convicção de que o *Volk* alemão racialmente superior conseguiria derrotar um inimigo materialmente superior desde que tivesse a força de "vontade" apropriada e um comando fanático e resoluto.

No mundo real, a incapacidade de obter uma vitória na Blitzkrieg contra a URSS em 1941 solapou as bases da guerra nazista. As forças soviéticas podiam ter sofrido baixas enormes, mas eram capazes de obter reforços com mais facilidade do que a Wehrmacht, que suportava baixas cada vez mais difíceis, se não impossíveis, de repor. Durante os cinco meses entre novembro de 1941 e o início de abril de 1942, a Wehrmacht perdeu cerca do dobro de homens (mortos, feridos, desaparecidos e doentes) que recebeu como reforço; a situação dos transportes, fossem veículos motorizados ou cavalos, ficou ainda mais desequilibrada; e o poder de combate das unidades do exército caiu devido à falta de oficiais e especialistas experientes e ao desgaste de homens, cavalos e material bélico.[128] A Alemanha nazista estava excessivamente exigida. Depois de forçada a recuar nos portões de Moscou e de declarar guerra ao país mais produtivo do planeta, agora a Alemanha precisava desesperadamente de mais mão de obra e buscava cada vez mais trabalhadores estrangeiros para supri-la (tema ao qual retornaremos).

Entretanto, depois do quase desastre dos alemães diante da capital soviética e dos sucessos do Exército Vermelho na Ucrânia, a Wehrmacht se recuperou o suficiente para lançar novas e imensas ofensivas. Com elas, conseguiu capturar novas extensões de território soviético, e, mais uma vez, voltou a parecer possível que a guerra nazista chegasse a uma conclusão triunfante. Depois de combates acirrados na Crimeia na primavera de 1942, o principal impulso militar alemão dessa vez, a Operação Azul — concentrada na parte sul da frente oriental, visando Stalingrado e Cáucaso —, foi iniciado em 28 de junho de 1942. Como no ano anterior, a Wehrmacht obteve sucessos impressionantes e capturou rapidamente um imenso território, ocupando a cidade de Rostov, no rio Don, em 24 de julho e chegando ao Volga, perto de Stalingrado, menos de um mês depois. Em 23 de agosto, a bandeira da suástica foi hasteada no pico mais alto da Europa, o monte Elbrus, no Cáucaso. No entanto, as forças alemãs estavam demasiado espalhadas, como no ano anterior, e dessa vez o comando militar soviético tinha aprendido com os erros do passado. A maré estava pronta para virar.

Embora talvez na época isso não pudesse ser avaliado com precisão, o mês de outubro de 1942 marcou uma virada fundamental na guerra da Alemanha nazista. Além de a iniciativa estratégica passar da Wehrmacht para o Exército Vermelho, Hitler também teve de enfrentar o fato de que as suas forças não conseguiriam sozinhas levar a guerra a um desfecho bem-sucedido. O regime nazista poderia torcer por um impasse ou pela dissolução da coalizão aliada, mas a Wehrmacht não seria mais capaz de provocar a vitória; no máximo, provocaria apenas uma guerra sem fim. Esse duro fato configura a segunda metade — em termos de baixas, de longe a mais destrutiva — da guerra da Alemanha nazista. Na defensiva, sem possibilidade realista de vitória, a Wehrmacht continuou lutando durante mais dois anos e meio. A guerra nazista ficou mais radical do que nunca, e nesse momento mudanças fundamentais e revolucionárias foram instituídas no recrutamento de oficiais do exército, abrindo a carreira de oficial a todos os níveis da sociedade. Hitler se vingou da "velha quadrilha ossificada da Wehrmacht" e substituiu, como ressaltou MacGregor Knox, "o *Offizier* germano-prussiano pela 'personalidade de Führer' nacional-socialista", o que resultou num "corpo popular de oficiais [...] dedicado até a morte a carreiras abertas ao talento na guerra e ao homicídio em massa".[129]

De volta à frente de batalha, o cenário da grande virada militar foi a cidade de Stalingrado, que se estendia por cerca de 20 quilômetros ao longo do rio Volga. A batalha de Stalingrado durou mais de cinco meses, desde os ataques alemães no final de agosto e em setembro até o cerco das forças alemãs na cidade em 23 de novembro e a rendição final do marechal de campo Friedrich Paulus em 31 de janeiro de 1943 (o outro bolsão de forças alemãs ao norte da cidade se aguentou até 2 de fevereiro). Foi uma batalha que se mostrou incrivelmente brutal e sangrenta e terminou com combates rua a rua, casa a casa, sob frio intenso. Hitler dera tremenda importância à captura da cidade, batizada com o nome do ditador soviético em 1925, e se recusou a permitir que os soldados recuassem, mesmo depois de cercados e com um rompimento para oeste sendo a única possibilidade de evitar a aniquilação ou a captura, ou se rendessem, quando fazê-lo poderia ter salvado pelo menos alguns dentre as dezenas de milhares de remanescentes feridos, famintos e enregelados do 6º Exército alemão. Dessa vez, a determinação de Hitler de que os soldados mantivessem o terreno e lutassem até o último homem, tática que antes se justificara (em Cholm, Demiansk e, é claro, Moscou), teve consequências catastróficas. Ao recusar às forças cercadas em Stalingrado a permissão para tentar o rompimento e sair da cidade quando ainda seria possível, o "maior estrategista militar de todos os tempos" e veterano das trincheiras da Primeira Guerra Mundial selou o destino de mais de 100 mil soldados alemães na maior derrota já sofrida pela Wehrmacht. Do efetivo de 300 mil homens do 6º Exército alemão preso em Stalingrado, entre 30 mil e 45 mil foram feridos, metade foi morta ou morreu de frio e mais de 100 mil se renderam aos russos — dos quais apenas cerca de 6 mil sobreviveram ao cativeiro e voltaram à Alemanha.[130]

A rendição de Stalingrado foi considerada, por grandes setores da população alemã, um ponto de virada na guerra.[131] Entretanto, o choque da derrota não levou o regime nazista a reavaliar o seu curso catastrófico. Como poderia? De um lado, a política aliada de "rendição incondicional", combinada por Churchill e Roosevelt em Casablanca em 24 de janeiro de 1943, não deixava espaço para negociações; de outro, reavaliar essas condições seria negar a razão de ser do regime nazista e da sua ideologia. Ainda assim, a derrota de Stalingrado assinalou uma mudança na propaganda do regime e na sua tática para manter o apoio popular à continuação da luta. Contra o pano de fundo das tristes notícias de Stalingrado, da escassez crônica de mão de obra e da imensa perda militar que não podia ser compensada, uma nova mensagem essencialmente defensiva foi imaginada para guiar a propaganda nazista: a menos que todos os recursos fossem mobilizados, a Alemanha poderia perder a guerra, e isso, por sua vez, levaria aos horrores da ocupação russa e da imposição do bolchevismo ao povo alemão. A campanha, numa alusão irônica ao lema "Força pela Alegria" da organização de lazer da Frente Alemã de Trabalho, foi apelidada de "Força pelo Medo".[132]

A expressão mais poderosa dessa nova mensagem — segundo a qual o povo alemão deveria ser impelido a um esforço ainda maior pela insistência da gravidade da situação da Alemanha e das consequências apavorantes da derrota — foi a grande atuação de Goebbels em 18 de fevereiro de 1943. Ao enfatizar a "gravidade da situação" e a suposta determinação de "olhar os fatos de frente, por mais difíceis e pavorosos que sejam", e com Albert Speer (que exigia medidas drásticas para aumentar a produção de armamentos) ao lado, Goebbels, após a "trágica batalha de Stalingrado", fez a sua famosa exortação à "guerra total" num comício do Partido Nazista berlinense no auditório do Palácio de Esportes. No discurso transmitido à nação, Goebbels convidou o público a gritar a sua aprovação pela "guerra total", "uma guerra mais total e radical do que tudo o que podemos sequer imaginar hoje".[133] A reação popular, pelo menos a curto prazo, foi avassaladoramente positiva. De acordo com o relatório do SD de 22 de fevereiro, o público "cujo moral chegara de novo a um ponto baixo em consequência dos acontecimentos na frente oriental, acima de tudo as notícias alarmantes da evacuação de Tcharkov [que fora retomada pelas forças soviéticas em 16 de fevereiro], praticamente ansiava por uma descrição clara da situação".[134] Foi esse aspecto do discurso, em particular "o anúncio da aplicação mais radical" de medidas de guerra total, que "por toda parte recebeu a máxima aprovação".

Goebbels terminou o discurso da "guerra total" com um grito que refletia a conclamação de Theodor Körner, em 1813, durante as Guerras de Libertação contra Napoleão: "Agora, que o povo se levante e que exploda a tempestade!" A plateia do Palácio de Esportes sapateou em aprovação. Mas esse não era um programa para tirar a Alemanha do buraco terrível que o nazismo lhe cavara, e, depois de refletir, o povo alemão soube disso. Mesmo após o discurso, a ansiedade popular continuou concentrada na frente oriental e nas baixas tremendas que a Wehrmacht sofrera e provavelmente sofreria em futuro próximo.[135] Em poucas semanas, a ressonância do discurso de Goebbels se esvaiu e o ceticismo aumentou. O SD relatou em meados de março de 1943: "Dizem que, na superfície, pouco mudou e que a energia que a princípio tomou conta da população [depois do discurso de Goebbels] refluiu para indiferença e ceticismo. Da tempestade que, de acordo com a peroração do ministro do Reich, dr. Goebbels, no comício do Palácio de Esportes, explodiria em meio ao povo, não há vestígios."[136] As preocupações cotidianas em tempo de guerra, as crescentes baixas militares, os bombardeios, o medo do que acontecia na frente oriental (e do que poderia acontecer se e quando os russos chegassem à Alemanha) dominavam a consciência popular. A base ampla de consentimento de que o regime gozara anteriormente — ao conseguir recuperar a economia, reverter o Tratado de Versalhes e conquistar uma série de vitórias militares atordoantes com surpreendentemente poucas baixas (alemãs) — estava sendo corroída. O comando nazista pode ter fantasiado sobre "erguer" o povo, mas nesse momento da guerra a principal preocupação da maioria dos súditos era apenas sobreviver.

A derrota em Stalingrado, assim como os reveses no norte da África (onde as forças de Rommel tinham sido rechaçadas em El Alamein no final de outubro e os aliados conseguiram desembarcar no Marrocos e na Argélia no início de novembro), deixou a Alemanha nazista, embora ainda no controle da maior parte do continente europeu, efetivamente sem estratégia militar. Como observou o historiador militar Bernd Wegner, "Hitler e o comando militar entraram no ano de 1943 *sem* nenhum conceito estratégico geral, fato que diferencia fundamentalmente esse ano da guerra de todos os outros que o precederam".[137] A vasta operação Barbarossa de 1941 teve por objetivo aniquilar as forças armadas soviéticas e provocar o colapso da URSS, e as imensas ofensivas de 1942 (nas quais, entre outras coisas, deveriam ser conquistados os campos de petróleo da URSS) visaram retirar do controle soviético recursos vitais. O seu fracasso, os reveses no norte da África, a expectativa de um desembarque aliado na Europa ocidental que mantinha muitos soldados alemães ocupados na previsão do ataque[138] e o fato de que agora boa parte das forças alemãs estava na defensiva deixaram o regime nazista sem estratégia política nem militar. O comando das forças armadas tinha consciência da sua desvantagem no imenso e crescente desequilíbrio de forças, mas nunca discutiu seriamente que isso significava, a médio prazo, que a posição militar da Alemanha não tinha esperança. Para citar mais uma vez Bernd Wegner, "caracteristicamente, nessa época não havia no 'Estado do Führer' sequer um fórum onde questões de estratégia mais ampla pudessem ser discutidas".[139] Ao contrário do Reino Unido ou dos Estados Unidos, na Alemanha a avaliação abrangente e sistemática da estratégia geral era quase totalmente inexistente.[140]

Essa não era uma simples consequência de estruturas organizacionais defeituosas. Num regime movido por uma ideologia cuja meta era a expansão ilimitada e a reestruturação racial do continente europeu por meio da guerra, não havia opções estratégicas racionais a seguir. Em vez disso, ao falar em 7 de novembro numa conferência de líderes do governo e do Partido Nazista sobre "a posição estratégica no começo do quinto ano de guerra", Alfred Jodl, chefe do estado-maior da Wehrmacht, tinha pouco a oferecer além da afirmação de que, em novembro de 1918, a Alemanha fora "alquebrada não na frente de batalha, mas em casa", e de uma referência às "bases éticas e morais da nossa luta". Jodl resumiu, num testemunho espantoso da incapacidade ou indisposição de pensar em termos estratégicos racionais e de até que ponto o nazismo impregnara a mentalidade militar profissional:

> Nesta hora não quero falar pela boca, mas reconhecer desde os mais profundos recessos do coração,
>
> que a nossa confiança e a nossa fé no Führer são ilimitadas,

> que para nós não há lei mais alta nem dever mais sagrado do que lutar até o último fôlego pela liberdade do nosso povo,
> que queremos nos livrar de tudo o que seja fraco e desleal,
> que todas as ameaças dos nossos inimigos só nos deixem ainda mais duros e mais determinados,
> que não nos renderemos à esperança covarde de que outros possam nos salvar do bolchevismo, que acabará com tudo se a Alemanha cair,
> que defenderemos até mesmo as ruínas do nosso *Heimat* até a última bala, porque é mil vezes melhor viver em ruínas do que viver na escravidão,
> que venceremos porque temos de vencer, senão a história perderia todo o significado.[141]

Entretanto, não foi a história do mundo que perdeu o rumo, mas a elite militar alemã, uma elite que se distanciara tanto do profissionalismo militar e se tornara tão corrompida pelo Estado racial nazista que, em vez de desenvolver um ponto de vista estratégico racional, só conseguia afirmar que "venceremos porque temos de vencer". É preciso lembrar que, na Primeira Guerra Mundial, quando a posição militar da Alemanha se tornou desesperadora no verão de 1918, o comando militar — e, no final, até Erich Ludendorff, mais tarde propagandista da "guerra total" — encarou o fato de que a guerra não poderia ser vencida e ordenou que a Alemanha buscasse um armistício.[142] Na Segunda Guerra Mundial, quando a posição militar da Alemanha se tornou desesperadora, não havia a opção dessa avaliação racional da situação militar.

O fato de não restar nenhum fórum onde a estratégia geral pudesse ser discutida é um reflexo do caráter do Estado nazista, no qual a coordenação da política fora corroída pelo darwinismo institucional e pela ditadura pessoal extremada. Em termos mais específicos, a incapacidade de formular estratégias e a disposição dos generais de enviar os soldados para batalhas suicidas nos últimos anos da guerra foram consequência do que Bernd Wegner descreveu como o passo a passo da "tomada militar do poder" por Hitler.[143] No fim, essa tomada gradual — primeiro Hitler se tornou comandante supremo da Wehrmacht, depois também comandante supremo do exército, em seguida assumiu o comando prático das operações dos grupos de exércitos, reduzindo efetivamente o comando do estado-maior da Wehrmacht a um cargo pessoal — deixou o comando militar sem responsabilidade pela estratégia. Em termos mais gerais, esse processo significou não o domínio da política pelas forças armadas (como esperavam muitos generais em 1933), mas das forças armadas pela política (nazista). O fato de a Wehrmacht ter-se rendido a Hitler e à ideologia nazista, ter-se envolvido de bom grado numa guerra de extermínio racial e abandonado a responsabilidade moral e a racionalidade militar não lhe deixaria opção no final além de lutar por uma causa perdida, criminosa e imensamente destrutiva.

Depois da rendição em Stalingrado, a Wehrmacht foi lançada à defensiva. Em 8 de fevereiro, as forças soviéticas tomaram Kursk; em 12 de fevereiro, recapturaram Rostov; em 16 de fevereiro, Tcharkov, a segunda maior cidade da Ucrânia; em 3 de março, tomaram Rjev, 160 quilômetros a oeste de Moscou. Mas as forças alemãs estavam longe da derrota. Experientes e desesperadas, conseguiram organizar uma grande contraofensiva iniciada em 19 de fevereiro (o dia seguinte ao discurso da "guerra total" de Goebbels) e que durou até 17 de março. Com isso, conseguiram estabilizar a frente na Ucrânia e recuperar algumas perdas — a mais importante, a retomada de Tcharkov em 14 de março, sucesso que o esperançoso público alemão considerou um "ponto de virada da Segunda Guerra Mundial".[144] Embora hoje seja visível que, naquele momento, a Alemanha nazista não tinha mais esperanças realistas de vencer a guerra, ainda assim, para um povo convencido da sua superioridade sobre um inimigo "primitivo", parecia existir base para acreditar na possibilidade de vitória. A Wehrmacht continuava a ser uma força formidável; graves reveses militares não conseguiram precipitar o colapso militar alemão, e as forças alemãs, mesmo de costas para a parede, continuavam capazes de lutar com eficácia.

A contraofensiva da Wehrmacht no final do inverno seria seguida por uma terceira grande ofensiva assim que o tempo melhorasse. Planejada a princípio para a primavera, só no verão a Wehrmacht foi capaz de iniciar a operação Cidadela, projetada para cercar e destruir as forças soviéticas no saliente de Orel-Belgorod, perto de Kursk. Mas, ao contrário dos ataques maciços à URSS em 1941 e 1942, dessa vez (nas palavras de Gerhard

Weinberg) "a meta era tomar a iniciativa e conquistar uma grande vitória tática, não um golpe nocauteador".[145] Dessa vez, o comando militar soviético previu o ataque alemão e conseguiu paralisá-lo em questão de dias. Iniciada em 5 de julho, cinco dias antes do desembarque aliado na Sicília, a Cidadela foi a maior batalha de tanques da história mundial e a última grande ofensiva alemã na frente oriental. No total, os alemães mobilizaram 900 mil homens e 2.700 tanques contra as forças da URSS, que totalizavam mais de 1.300.000 homens e mais de 3.400 tanques. Os soviéticos estavam bem preparados para os alemães, que só conseguiram avançar alguns quilômetros e a um custo tremendo.[146] Embora as forças alemãs infligissem baixas enormes ao Exército Vermelho — na verdade, muito maiores do que as que sofreram —, em 13 de julho a ofensiva se deteve e foi seguida por campanhas soviéticas bem-sucedidas que empurraram os alemães para oeste. Em Kursk, as forças alemãs eram inferiores em armamentos e capacidade de manobra; o Exército Vermelho obteve "a vitória mais importante da guerra".[147] A Wehrmacht não gozava mais das vantagens da surpresa, da superioridade tática e do melhor treinamento que provocaram os sucessos tão impressionantes de 1941 e do verão de 1942. O início da gigantesca batalha de Kursk apressou efetivamente a derrota alemã, pois, embora o Exército Vermelho sofresse baixas muito maiores do que a Wehrmacht, esta tinha muito mais dificuldade para repor homens e material bélico. Em 23 de agosto, Tcharkov estava novamente em mãos soviéticas. Em 6 de novembro, o Exército Vermelho retomou Kiev. A sorte estava lançada.

Mas quem interpretava os dados? Sem dúvida, não Hitler, comprometido como estava com uma guerra racial na qual só poderia haver vitória ou destruição. Hitler gostava de usar uma retórica apocalíptica de "isto ou aquilo", de dominação ou aniquilamento, e em 1943 levara a Alemanha nazista a uma posição na qual, mais cedo ou mais tarde, enfrentaria o aniquilamento. Entretanto, ao contrário do seu líder, a população alemã interpretava os dados; estava cada vez mais amedrontada e pessimista com o rumo da guerra e, dentro dos limites impostos por um Estado policial terrorista, criticava o governo. A relação do povo alemão com o nazismo sempre embutiu um certo grau de ambivalência. Houve aprovação de muita coisa que o regime nazista conseguiu fazer, concordância com pelo menos partes da "visão de mundo" nazista e a aceitação oportunista dos benefícios de uma *Volksgemeinschaft* igualitária e distributiva a ser obtida com a "unidade popular de política econômica, social e racial", na descrição de Götz Aly.[148] Mas essa aprovação coexistia com temores cotidianos que tinham pouco a ver com as visões horríveis que paralisavam Hitler e Himmler e provocavam o impulso para redesenhar o mapa racial da Europa por meio do homicídio em massa.[149]

Os interesses comerciais alemães também tendiam mais ao realismo do que ao fanatismo nazista apocalíptico. As empresas tinham de lidar com problemas práticos e sentiam a necessidade de planejar racionalmente para um mundo após a derrota alemã. Em setembro de 1943, por exemplo, a superintendência do Deutsche Bank discutiu planos de contingência para a descentralização do banco, a fim de se preparar para a possibilidade de derrota e subsequente ocupação aliada.[150] Nos últimos estágios da guerra, a administração da Daimler-Benz examinou o futuro e ficou "cada vez mais preocupada com o desenvolvimento de uma estratégia geral para o período do pós-guerra imediato, uma estratégia que assegurasse à empresa a manutenção da capacidade produtiva depois do inevitável colapso militar alemão".[151] O comando nazista pode ter se comprometido, juntamente com o império que governava, com uma cruzada racista cada vez mais radical e irracional e uma luta final suicida, mas muitos dentro daquele império perceberam que, apesar das visões nazistas apocalípticas, a vida teria de continuar.

O verão de 1943 marcou a última vez — com exceção da Ofensiva das Ardenas (a "Batalha do Bulge") no final de 1944 — em que a Wehrmacht foi capaz de tomar a iniciativa. Agora as forças armadas alemãs eram compelidas a travar uma guerra defensiva. Na frente oriental, a Wehrmacht enfrentou ofensiva atrás de ofensiva do Exército Vermelho, que conseguiu recapturar grandes extensões de território perdido nos dois primeiros anos da "Grande Guerra Patriótica". Apesar de sucessos táticos periódicos e muitas vezes impressionantes nos quais a Wehrmacht conseguiu manter posições e até rechaçar temporariamente as forças soviéticas, agora a iniciativa estava definitivamente nas mãos do inimigo comunista da Alemanha nazista. No ocidente, não havia mais nenhuma esperança de invadir a Grã-

-Bretanha, que se tornara uma imensa base para os soldados norte-americanos que vinham sendo transferidos para um possível desembarque pelo canal da Mancha. Em essência, a tática alemã era agarrar-se ao que fora conquistado em 1940 e aguardar a abertura inevitável de uma segunda frente. No sul, com tropas aliadas a caminho para tomar a Sicília, Mussolini foi deposto no final de julho de 1943, quando a determinação fascista italiana se dissipou ante os êxitos militares dos aliados. O novo governo de Roma, com o marechal Pietro Badoglio como primeiro-ministro, assinou um armistício secreto com os aliados no começo de setembro e se rendeu abertamente alguns dias depois, enquanto Mussolini (que fora preso pelos antigos subordinados) era resgatado em 12 de setembro por forças alemãs e instalado no que havia sobrado da República Fascista de Salò, no norte da Itália. Nos mares, a grande esperança de que a campanha dos submarinos da marinha alemã cortasse as linhas de suprimento aliadas não se concretizara. No ar, os aliados tinham estabelecido a sua superioridade não só sobre os territórios ocupados pelos alemães, como também sobre a própria Alemanha. As cidades alemãs estavam sendo massacradas por um número cada vez maior de bombardeiros aliados, e, embora as defesas aéreas alemãs conseguissem infligir baixas pesadas nas tripulações aliadas, os dias em que a Luftwaffe era capaz de levar a guerra às cidades do inimigo tinham praticamente acabado. Nos territórios ocupados, fosse na Rússia ou na França, na Grécia ou na Iugoslávia, as autoridades alemãs e os seus colaboradores locais enfrentavam o problema crescente da resistência e da sabotagem, enquanto o aumento da percepção de que a Alemanha perderia a guerra levava cada vez mais gente para a luta de resistência. E as perdas de território que a Alemanha sofreu em 1944 significaram a perda de matérias-primas vitais para o esforço de guerra: os campos petrolíferos de Ploești, na Romênia, as reservas de minério de ferro da Lorena, o setor siderúrgico belga. Do ponto de vista alemão, agora a Europa era uma "fortaleza" sitiada e atacada — *Festung Europa*.

Os dois últimos anos da guerra assistiram à destruição passo a passo da Fortaleza Europa, enquanto a Wehrmacht, que enfrentava, de um lado, as exigências aliadas de "rendição incondicional" e, do outro, uma liderança política que não se dispunha a pensar em negociação nem rendição, pouco podia fazer para manter acuadas as forças aliadas, restando-lhe torcer por um milagre. A reação das forças armadas alemãs à posição inviável em que se encontravam teve consequências profundas, porque o maior número de baixas alemãs aconteceu nos dois últimos anos da guerra. De acordo com números compilados por Rüdiger Overmans,[152] mais de 3 milhões de soldados alemães morreram por absolutamente nada, quando não havia possibilidade real de a Alemanha evitar a derrota.

A história da guerra da Alemanha nazista em 1944 é a história das tentativas da Wehrmacht — às vezes bem-sucedidas, a maioria das vezes não — de resistir à maré e do êxito das ofensivas aliadas que empurraram os alemães centenas de quilômetros para trás. O ano começou com o Exército Vermelho atravessando a fronteira polonesa de 1939 em 4 de janeiro, depois de avançar 270 quilômetros em duas semanas. No final de janeiro, o cerco de novecentos dias de Leningrado foi rompido. Em 15 de março, tropas soviéticas chegaram ao rio Bug, que fora o ponto de partida da operação Barbarossa em junho de 1941, e em abril os russos atingiram as fronteiras da Romênia e da Eslováquia. Em 6 de junho, a tão prometida segunda frente finalmente se abriu quando britânicos, canadenses e americanos desembarcaram nas praias da Normandia — invasão seguida, pouco mais de duas semanas depois, em 22 de junho (terceiro aniversário do início da Barbarossa), por uma imensa ofensiva soviética contra o Grupo de Exércitos Centro alemão ao longo de uma frente de 725 quilômetros. Em 3 de julho, as forças soviéticas tomaram a capital bielorrussa de Minsk, ou o que restava dela. No início de agosto, chegaram ao litoral do Báltico, a oeste de Riga e da cidade lituana de Kaunas, isolaram o Grupo de Exércitos Norte da Wehrmacht e cortaram todas as ligações rodoviárias entre a Alemanha e os países bálticos. Com a perda de Riga em 13 de outubro, o Grupo de Exércitos Norte ficou confinado à Curlândia e só podia ser abastecido por mar. No final de agosto, quando soldados soviéticos chegaram à fronteira, o governo da Romênia foi derrubado, o país mudou de lado e declarou guerra à Alemanha. No ocidente, até o começo de julho, os aliados tinham conseguido desembarcar mais de 900 mil homens na França. No final de julho, abriram uma brecha em Avranches; em 17 de agosto, tomaram Chartres e Orléans; e em 23 de agosto, Paris foi libertada. No sul da França, os aliados desembarcaram em 15 de agosto entre Cannes e Toulon. E, em 21 de outubro, depois de semanas de intenso combate, soldados americanos capturaram Aachen, primeira cidade alemã a cair diante de forças aliadas.

Em vez de encarar a realidade de uma guerra perdida, o regime nazista fez exatamente o contrário. A opção de encarar a realidade se extinguiu com o fracasso da tentativa de Claus von Stauffenberg de assassinar Hitler no quartel-general do ditador em Rastenburg, na Prússia Oriental, em 20 de julho de 1944. Profundamente perturbados com a perspectiva de uma derrota catastrófica, oficiais conservadores e personagens a eles ligados — inclusive Ludwig Beck, ex-chefe do estado-maior — esperavam depor o líder nazista fanático e intransigente com o seu séquito e em seguida negociar a paz para resgatar o que ainda pudesse ser resgatado da desastrosa situação. Ou seja, o objetivo do atentado de julho de 1944 fora substituir um regime que não tinha estratégia além de lutar, matar e morrer, nem meta além de perecer em chamas numa batalha final gigantesca e apocalíptica, por um regime que buscasse uma estratégia para lidar com uma situação militar que se deteriorava rapidamente. Talvez fosse uma esperança ingênua, mas isso não significa que o fracasso dos conspiradores de julho de 1944 não tivesse consequências importantes. Os conspiradores foram presos, julgados e executados; e o último fiapo de respeito que Hitler ainda possuía pelo corpo de oficiais desapareceu quando as suas piores suspeitas e preconceitos se confirmaram. O fracasso do atentado contra a vida de Hitler afastou qualquer possibilidade de conter o radicalismo destrutivo do regime nazista e foi seguido por um derramamento de sangue sem paralelos. Efetivamente, a sobrevivência de Hitler em julho de 1944 levou à morte de outros tantos milhões de pessoas no último ano da guerra, o mais homicida de todos.

O fracasso do atentado foi seguido por uma nova radicalização do regime e da sua relação com a Wehrmacht e o corpo de oficiais, simbolizada pela substituição, em 23 de julho de 1944, da tradicional continência militar pela "saudação alemã" (com o braço estendido). O mais importante foi que, depois do episódio, Hitler aprovou a passagem para a guerra total em que Albert Speer, ministro do Armamento, vinha insistindo antes que a bomba explodisse em Rastenburg.[153] Em 25 de julho, a "guerra total" foi declarada pela segunda vez quando Hitler baixou o decreto "sobre a aplicação da guerra total" e nomeou Goebbels Plenipotenciário do Reich para o

Esforço de Guerra Total.[154] Este se pôs a trabalhar com uma pauta radical que incluía aumentar a jornada de trabalho semanal de 48 para sessenta horas, fechar universidades na medida em que não estivessem envolvidas em questões necessárias para o esforço de guerra, proibir exposições, fechar os cassinos de Baden-Baden, Sopot (perto de Dantzig) e Baden, perto de Viena, e proibir viagens de mais de 100 quilômetros sem permissão especial.[155] No entanto, embora o esforço de Goebbels possa ter despertado "grande expectativa" no povo alemão por um curto período, as medidas resultantes certamente não alterariam o curso da guerra.[156] A Alemanha estava condenada à derrota, quer o cassino de Baden-Baden fechasse as portas, quer não.

Mais do que o aumento das responsabilidades de Goebbels, o mais importante para a vida (e a morte) dos povos ainda sob controle nazista foram os poderes então concedidos a Heinrich Himmler. Além de nomeado comandante do Exército de Reserva em julho de 1944, em setembro ele também foi encarregado dos prisioneiros de guerra — o que lhe deu o controle de áreas importantes antes reservadas à Wehrmacht[157] — e, no final de 1944, tinha sob o seu comando cerca de 590 mil combatentes das Waffen-SS (comparados aos 150 mil do final de junho de 1941).[158] Em fins de novembro de 1944, Hitler também nomeou Himmler comandante das forças alemãs no Alto Reno, que se tornara a linha de frente quando as forças americanas se aproximaram do Reich.[159] Enquanto a Alemanha seguia para a derrota, a responsabilidade pela condução da guerra foi cada vez mais removida da Wehrmacht e posta nas mãos dos expoentes mais radicais do nazismo.

O fato de o regime nazista permanecer num curso caracterizado por radicalismo, racismo e morte foi demonstrado por dois acontecimentos importantes. Em primeiro lugar, a matança de judeus não cessou só porque os nazistas perdiam a guerra e as forças soviéticas se aproximavam dos campos de extermínio a leste. (O Exército Vermelho libertou o campo de extermínio de Maidanek, perto de Lublin, em 23 de julho de 1944.) Em vez disso, parecia haver quase urgência para terminar o serviço antes que fosse tarde demais. A partir de maio de 1944, Eichmann e a sua equipe começaram a deportar os judeus da Hungria — a maior população judia que restava na Europa, com cerca de 750 mil indivíduos — para a morte em

Auschwitz. No final de junho, metade deles tinha morrido; depois de uma pausa temporária, as deportações continuaram durante o outono.[160] Ao mesmo tempo, em 6 de agosto de 1944, o último dos guetos, o de Łódź, foi eliminado, e os 60 mil habitantes remanescentes enviados para as câmaras de gás de Auschwitz. (A maioria dos guetos já fora liquidada por ordem de Himmler no verão de 1943.) Apesar da derrota iminente, o regime nazista persistia na tentativa de reestruturar a composição racial da Europa por meio do homicídio em massa.

Em segundo lugar, no verão de 1944, depois dos desembarques aliados na Normandia, as baixas alemãs atingiram níveis nunca vistos, nem mesmo na derrota em Stalingrado. Julho e agosto de 1944 foram os meses mais sangrentos até então para a Wehrmacht; mais de 215 mil soldados alemães foram mortos em julho e quase 350 mil em agosto.[161] Com a derrota inevitável, o regime nazista persistia em mandar os seus soldados para a morte às centenas de milhares. Em setembro de 1944, falando numa reunião de comandantes dos vários distritos militares sobre a convocação não só dos nascidos em 1928 (como estava previsto para o próximo mês de janeiro), mas também da classe nascida em 1929, Himmler declarou: "É melhor que uma classe jovem morra e o povo seja salvo do que poupar a classe jovem e um povo inteiro de 80 a 90 milhões se extinguir."[162] Pouco depois, o regime recorreu a um tipo de *levée en masse* nazista, com a conclamação de Hitler à criação do Volkssturm, divulgada em 18 de outubro de 1944, aniversário da "Batalha das Nações" contra Napoleão em 1813.[163] Supostamente personificando o espírito do Landsturm de 1813, o Volkssturm deveria reunir todos os homens entre 16 e 60 anos capazes de portar armas num "exército de milhões de idealistas" que prefeririam a morte a abrir mão da "liberdade" do povo alemão.[164] Embora o valor militar do mal armado Volkssturm fosse praticamente nulo, isso não impediu que Hitler convocasse velhos e adolescentes para lutar e morrer por uma causa perdida. Em vez de estratégia e política racionais, no final tudo o que o nazismo tinha a oferecer era uma visão apocalíptica de derramamento de sangue, destruição e morte.

Uma área onde o planejamento racional não podia ser negligenciado, nem depois que a guerra se virou contra o regime nazista, era a economia. Quaisquer que fossem as fantasias do comando nazista e qualquer que fosse a propaganda sobre a necessidade de fanatismo para superar adversidades, o suprimento de armas, veículos, combustível, alimentos, fardamento e munição dependia da organização eficiente da produção e da distribuição. Tanto na ascensão quanto na queda do esforço militar alemão, as forças armadas dependiam da capacidade da economia da Alemanha, e da Europa ocupada pelos alemães, de produzir o necessário para continuar lutando. Não se quer sugerir aqui que a economia nazista fosse uma economia capitalista racional movida essencialmente pela intenção de lucro. É claro que havia muito dinheiro a ganhar com a economia de guerra, com o saque de territórios conquistados do Atlântico às estepes da Ucrânia e com a exploração de mão de obra escrava, sem falar das enormes oportunidades de corrupção que a ditadura nazista oferecia aos seus fiéis servidores.[165] No entanto, seria errado concluir, como já esteve na moda, que a lógica subjacente do nazismo era a exploração capitalista desenfreada, que a meta do comando nazista era oferecer aos capitalistas oportunidades de obter lucros imensos com a guerra e o saque. Embora houvesse pouco pesar nas salas de reunião alemãs pelo aproveitamento das oportunidades comerciais oferecidas pela guerra, o regime nazista não era nenhum títere das grandes empresas. Não foram as empresas privadas, mas o Plano Quadrienal e o conglomerado industrial das Reichswerke Hermann Göring — que assegurou o controle estatal dos recursos necessários para a guerra, que lucrou imensamente com a desapropriação dos bens de judeus, que se tornou uma imensa empregadora de mão de obra estrangeira e de prisioneiros de guerra e se transformou na maior empresa da Europa dominada pelos alemães —, que promoveram a expansão industrial da Alemanha nazista num continente subjugado.[166] O projeto nazista visava reestruturar a Europa por meio da guerra e do homicídio em massa, não assegurar o capitalismo alemão. Como observou Michael Thad Allen no seu estudo recente do império comercial da SS e da exploração de mão de obra escrava, o objetivo não era necessariamente lucrar. Ao rejeitar o que via como capitalismo liberal irracional, a SS "baseou a sua modernidade no produtivismo e na supremacia racial".[167] A moeda do nazismo não era o dinheiro, mas a violência racista.

A organização e a administração da economia de guerra nazista podem ser divididas em duas fases bastante distintas que mais ou menos acompanharam o curso da guerra da Alemanha. A mudança ocorreu em 1942, pouco depois de a Wehrmacht ser rechaçada às portas de Moscou e após Hitler expandir a sua guerra europeia para um conflito mundial ao declarar guerra aos Estados Unidos. Em fevereiro de 1942, Hitler nomeou Albert Speer, o seu arquiteto favorito, ministro de Armamentos e Munições no lugar de Fritz Todt, que morrera num acidente de avião perto do quartel-general de Hitler em Rastenburg. Embora Speer não se apressasse a impor mudanças organizacionais radicais na produção de armamentos, o seu acesso privilegiado a Hitler e a falta de responsabilidade pelo que acontecera antes o deixavam numa posição de força, a partir da qual o seu ministério logo foi capaz de substituir tanto a maquinaria do Plano Quadrienal de Göring quanto o Escritório de Armamentos e Economia de Guerra da Wehrmacht, comandado pelo general Georg Thomas, como órgão burocrático responsável pela produção bélica.[168] Speer trabalhou intimamente com a indústria, minimizou a interferência das forças armadas na organização da produção bélica e (com sucesso) buscou aumentar a produção por meio da centralização e da maior eficiência (em vez de novas conversões da indústria civil para a produção militar).

Embora possa ser tentador ver os anos de 1939-41 como a fase de uma economia de guerra limitada baseada na estratégia da Blitzkrieg — guerras curtas que não exigiriam quantidade maciça de armamentos em profundidade —, seguida pela fase de economia de guerra total de 1942 a 1945, há razões para duvidar dessa divisão. Embora a produção alemã de armamentos tenha triplicado entre 1941 e 1944, apesar dos bombardeios aliados cada vez mais intensos, e embora o regime nazista relutasse em impor fardos econômicos extremos à população civil alemã para não se arriscar à repetição da revolução de 1918, os números menos impressionantes da produção nos primeiros anos da guerra não foram menos impressionantes por falta de esforço. Nos três primeiros anos da guerra, pôde-se ver em várias frentes a concentração da economia alemã nas necessidades militares. Houve um declínio drástico dos gastos de consumo per capita entre 1939 e 1942 — bem maior do que aconteceu no Reino Unido na mesma época.[169] Na Alemanha durante a guerra, o nível de poupança, que fora estimulada pelo governo, aumentou imensamente; entre 1939 e 1941, o depósito em contas de poupança mais do que quintuplicou, evolução que assinalou a restrição do consumo civil e, efetivamente, forneceu recursos adicionais a serem canalizados para o esforço de guerra.[170] O nível de tributação já alto subiu de forma significativa entre 1939 e 1941. Embora a maior parte da guerra da Alemanha nazista tenha sido financiada com empréstimos e que várias vezes Hitler demonstrasse relutância em permitir que o ministro das Finanças aumentasse os impostos,[171] a receita tributária do governo central em 1941 foi mais de 70% maior do que em 1938 (e a receita dos impostos de renda e comerciais mais do que dobrou).[172] Em 1939-40, os gastos militares do governo alemão dobraram em relação ao ano anterior (quando já eram altos), e em 1941-42 quase dobraram de novo.[173] Em 1941, a demanda de produção não alimentar das forças armadas da Alemanha se aproximava de 50%.[174] Tudo isso se somava numa militarização fenomenal da economia alemã para travar uma guerra global.

O problema era que a militarização da economia alemã não fora bem administrada. Foi aí que entrou Albert Speer. Nas palavras de Richard Overy, "o grande sucesso de Speer ao multiplicar a produção de guerra em 1944 não resultou da conversão de mais recursos civis para o esforço de guerra, mas do uso mais racional dos recursos já convertidos".[175] Speer supervisionou um esforço concentrado para racionalizar a produção, reduzir custos e uso de mão de obra, aumentar a eficiência da produção, melhorar a gestão e estreitar o controle do uso de matérias-primas, equipamento fabril e mão de obra, reduzir o número de variedades de armas produzidas, adotar novos métodos de produção e impor a padronização da indústria alemã.[176] Embora a passagem à racionalização da produção já estivesse em andamento quando Speer se tornou ministro do Armamento no início de 1942, ele tinha uma grande vantagem para atingir os seus objetivos: o apoio de Hitler. O resultado foi um "milagre da produção" na indústria armamentista alemã, conseguido com o uso mais eficiente dos recursos e o afastamento da Wehrmacht da tomada de decisões econômicas. Apesar das dificuldades causadas pelo bombardeio aliado, a Alemanha conseguiu produzir em 1944 quase o dobro de fuzis de 1941, mais do que o triplo de granadas, sete vezes mais obuseiros e mais do que o triplo de aviões.[177] O fato de a Alemanha ter armas para continuar lutando até o amargo fim, provocando a morte de milhões de pessoas nos dois últimos anos da guerra, foi, em grau nada pequeno, uma realização de Albert Speer.

A economia de guerra nazista não era meramente uma economia em guerra; era uma economia de saque e guerra racial. O patrimônio econômico dos povos subjugados, a começar pelo patrimônio dos judeus dentro da Alemanha e depois em toda a Europa, foi saqueado. Os bancos pertencentes a judeus acabaram nas garras de bancos alemães;[178] as fábricas e lojas pertencentes a judeus foram tomadas por alemães que enriqueceram à custa dos outros, e durante a guerra dezenas de milhares de alemães se aproveitaram dos leilões de propriedades pessoais deixadas para trás quando os judeus foram deportados para a morte. Num estudo da "arianização" de Hamburgo, Frank Bajohr observou que, de fevereiro de 1941 a abril de 1945, mal se passou um dia sem que propriedades roubadas de judeus fossem leiloadas ao público.[179] O regime nazista saqueou sistematicamente os recursos econômicos dos países que conquistou, com pouca ou nenhuma preocupação pelo que isso significaria para os seus habitantes. A capacidade produtiva de toda a Europa ocupada foi atrelada à máquina de guerra nazista; a produção agrícola foi tomada para assegurar que o consumidor alemão não sofresse escassez de alimentos, mesmo que isso fizesse com que milhões de pessoas na Europa oriental morressem de fome. Numa conferência realizada em 7 e 8 de novembro de 1941 para discutir como aumentar o desempenho da economia de guerra alemã, Göring observara que levar grande número de trabalhadores soviéticos em boas condições físicas para trabalhar na Alemanha e transportar alimentos da URSS ocupada para o Reich provocaria uma deterioração catastrófica do suprimento alimentar dos habitantes sob ocupação alemã, o que, por sua vez, poderia causar "a maior mortalidade desde a Guerra dos Trinta Anos".[180] Mas não importava. Já em 4 de novembro, a ração diária de alimentos nas cidades dos territórios soviéticos conquistados fora fixada em cerca de 1.200 calorias para os envolvidos em trabalho "útil" e cerca de 850 calorias para os que não trabalhavam de maneira considerada benéfica para os alemães; crianças com menos de 14 anos e judeus recebiam meras 420 calorias por dia.[181] Isso era, bem simplesmente, uma receita de fome — para que os alemães pudessem comer.

As exigências da economia de guerra, a militarização da sociedade e as estruturas do Estado racial se cruzaram com mais clareza na exploração da mão de obra estrangeira. A grave escassez de mão de obra que os alemães tinham enfrentado antes do início da guerra foi exacerbada pelo enorme aumento da produção de armamentos durante a guerra e pelo recrutamento de milhões de homens pelas forças armadas. No final de 1944, dos 12.889.000 alemães do sexo masculino entre 18 e 38 anos (isto é, os nascidos entre 1906 e 1926), 10.627.000 — ou mais de 80% — estavam servindo.[182] Ainda assim, em contraste com o que ocorreu no Reino Unido e nos Estados Unidos, onde a participação das mulheres na força de trabalho cresceu cerca de 50% durante a guerra, na Alemanha nazista ela pouco aumentou entre 1939 e 1944.[183] O modo como o regime nazista tentou resolver o problema foi empregar milhões de trabalhadores estrangeiros, recrutados ou alistados à força em países ocupados pelas forças alemãs, prisioneiros de guerra e escravos do império de campos de concentração da SS.

O recrutamento de trabalhadores nos territórios ocupados começara dias depois da invasão da Polônia e se acelerou depois do fracasso em obter vitória rápida sobre a União Soviética, enquanto a força de trabalho alemã ia cada vez mais para as forças armadas. Já em setembro de 1941, cerca de 3,5 milhões de estrangeiros (inclusive prisioneiros de guerra) trabalhavam no Reich, e a crise de mão de obra após o revés militar de Moscou em dezembro foi em boa parte superada pela exploração da mão de obra soviética. Desde o princípio usou-se a força para obter mão de obra no território soviético ocupado: meses depois de invadir a URSS, a Wehrmacht recrutou cidadãos soviéticos para trabalhar obrigatoriamente para as forças de ocupação, e em 19 de dezembro de 1941 o Ministério do Leste baixou um decreto ordenando que "todos os habitantes dos territórios orientais ocupados têm a obrigação pública de trabalhar segundo a sua capacidade", oferecendo assim a base legal da coação.[184]

A propaganda, os estímulos financeiros e as cotas de trabalhadores que as autoridades locais tinham de fornecer por meio de "operações de recrutamento" levaram mais de um milhão de trabalhadores soviéticos para a Alemanha no final de 1942. Em novembro desse ano, havia 4,66 milhões de trabalhadores estrangeiros no país, a maior parte desse aumento em função da mão de obra vinda da URSS, e a Alemanha continuou a recrutar grande número de trabalhadores estrangeiros em 1943 e 1944. No ponto máximo, em 1944, cerca de um quarto da força de trabalho do

Grande Reich alemão era estrangeiro: em agosto de 1944, 7.651.970 estrangeiros — 5.721.883 trabalhadores civis e 1.930.087 prisioneiros de guerra — trabalhavam oficialmente na economia alemã e representavam 26,5% dos 28.853.794 empregados na Grande Alemanha.[185] Quase metade dos empregados na agricultura alemã (2.747.238 de 5.919.761, ou 46,4%) era estrangeira, assim como mais de um terço dos empregados na mineração (433.790 de 1.289.834) e quase um terço dos que trabalhavam na construção civil (478.057 de 1.440.769). Os maiores contingentes eram de soviéticos (2.126.753, incluindo 631.559 prisioneiros de guerra), poloneses (1.688.080, incluindo 28.316 prisioneiros de guerra) e franceses (1.254.749, incluindo 599.967 prisioneiros de guerra). Do total de 5.721.883 trabalhadores civis registrados em agosto de 1944, um terço (1.924.912) era de mulheres; em geral, quanto mais baixa a posição de um grupo étnico na hierarquia racial nazista, maior a proporção de mulheres entre os trabalhadores estrangeiros na Alemanha (com mais da metade dos trabalhadores civis da URSS sendo mulheres).

A presença de milhões de trabalhadores estrangeiros intensificou o temor alemão a pessoas supostamente primitivas trabalhando no Reich. Em setembro de 1942, por exemplo, o chefe da promotoria pública de Nordhausen (na Turíngia) ficou muito agitado com os "russos correndo soltos por aí" e cometendo "os atos mais graves de violência". Ele concluiu:

> Os russos, que pensam de maneira completamente diferente da nossa e estão num nível cultural muito mais baixo, não podem ser julgados de acordo com os nossos padrões, isto é, não podem ser tratados e condenados de acordo com as nossas leis. Por exemplo, punir russos por roubo nos campos, roubo de comida, vadiagem e quebra de contrato com punições normais para alemães seria um absurdo e inadequado para eliminar essa vagabundagem perigosíssima que se tornou um verdadeiro incômodo público. Portanto, é compreensível que a Polícia do Estado tente assumir o controle desses casos e "liquidar" os russos.[186]

Os alemães temiam o que os trabalhadores estrangeiros pudessem fazer, e a preocupação com a "praga" dos estrangeiros, somada ao pressuposto de que "pensam de maneira completamente diferente da nossa", constituía justificativa aparente para o duro controle da polícia. A política racista alimentava pressupostos racistas e vice-versa.

O mesmo acontecia no terreno do sexo. As autoridades alemãs, de Himmler para baixo, temiam que a presença de tantos estrangeiros levasse a relações sexuais que atravessassem as supostas barreiras raciais. A preocupação com a dignidade das alemãs e a suposta pureza da raça alemã se combinou ao temor da suposta luxúria "animal" dos estrangeiros levados aos milhões para o Reich durante a guerra. Impuseram-se penas duras aos que transgredissem: o trabalhador polonês ou russo que tivesse relações sexuais com uma alemã durante a guerra poderia ser executado (às vezes enforcado em público, com os colegas trabalhadores estrangeiros obrigados a assistir), e em 1944 foram executados dois ou três trabalhadores soviéticos por dia por contato ilegal com alemãs. O número de alemãs mandadas para campos de concentração por contatos proibidos durante a guerra chegou a quase 10 mil por ano.[187] E, para atender às necessidades sexuais dos trabalhadores estrangeiros, foram fornecidas prostitutas estrangeiras, algo em que Hitler insistia sempre que se concentrava um grande número de trabalhadores estrangeiros e que Himmler começara a organizar semanas depois do início da guerra.[188]

A presença de trabalhadores estrangeiros em toda a Alemanha pôs o racismo no centro da vida cotidiana. Não foi o assassinato de judeus, cometido principalmente fora de vista, no leste, nem a morte de milhões de indivíduos dos povos conquistados da Europa oriental, mas a presença de trabalhadores estrangeiros quase por toda parte na Alemanha que reforçou a ideologia racista com a prática cotidiana. Os trabalhadores estrangeiros eram empregados em posições subalternas, em geral para o serviço sujo e pesado que os alemães preferiam não fazer; frequentemente, eram mal abrigados e malvestidos; o contato pessoal e a amizade entre alemães e trabalhadores estrangeiros (embora não raros) eram oficialmente desestimulados, inclusive com duras medidas policiais; e os milhões de trabalhadores estrangeiros explorados constituíam uma ameaça potencial e sempre presente aos alemães caso o sistema nazista desmoronasse. Os alemães passaram a aceitar a hierarquia racial imposta pelo Estado nazista e, quando possível, a lucrar com ela; ligaram-se ao regime nazista por meio de uma combinação de preconceito, oportunismo, ganância e medo.

A exploração mais cruel da mão de obra estrangeira ocorreu no império de campos de concentração e mão de obra escrava da SS, onde as pessoas literalmente trabalhavam até a morte. De todos os campos de concentração nazistas, talvez o pior fosse Mittelbau-Dora. Inaugurado em 1943 perto da cidade turíngia de Nordhausen (famosa pela produção de bebidas destiladas) e ocupando um vasto sistema de túneis gigantescos construído em meados da década de 1930 para abrigar a reserva estratégica de petróleo da Alemanha e que se estendia por 18 quilômetros debaixo das montanhas da Turíngia, Mittelbau-Dora foi usado para a produção de armamentos — tendo ficado famoso pela montagem (mas não apenas por isso) dos foguetes V2 que caíram sobre Londres no último ano da guerra.[189] As condições de vida eram terríveis: os prisioneiros, forçados a trabalhar e dormir nos túneis frios e úmidos, logo eram vitimados por infecções pulmonares; os que chegavam com saúde ao campo tinham sorte se sobrevivessem mais do que algumas semanas.

Como em todos os campos de concentração, em Mittelbau-Dora existia uma hierarquia social, com os judeus na base, sujeitos a tratamento especialmente duro. Mas o que talvez surpreenda é que um dos grupos nacionais que mais sofreu no campo foi o dos italianos, centenas dos quais acabaram ali após a derrubada de Mussolini em julho de 1943.[190] O tratamento duro imposto aos italianos lança uma luz interessante sobre a guerra nazista. Após o colapso do governo de Mussolini, cerca de 600 mil soldados italianos que se recusaram a continuar lutando pelo Eixo foram deportados para a Alemanha e forçados a trabalhar em condições semelhantes às que os trabalhadores soviéticos tinham de suportar.[191] Esses prisioneiros de guerra italianos também eram considerados seres humanos inferiores, já que os preconceitos que muitos alemães alimentavam há tempos sobre os antigos irmãos em armas fascistas agora podiam ser expressos abertamente. Mais ainda, nos dois últimos anos da guerra as unidades da Wehrmacht dedicaram-se a uma série de massacres no norte da Itália, que continuava ocupado, massacres que tiraram a vida de mais de 9 mil civis (incluindo pelo menos 580 crianças com menos de 14 anos) e 11 mil militares italianos.[192] O preconceito se combinou ao desejo de vingança contra um aliado infiel,[193] já que os italianos também tinham o seu lugar na mortífera hierarquia racial.

Nos primeiros anos da guerra, os horrores deflagrados pelo regime nazista na verdade não afetaram a vida cotidiana da maioria dos civis alemães. Desde que não fossem "manchados" com "sangue judeu", não fossem considerados "vida indigna de vida" devido a deficiências, não se envolvessem com a oposição política, não fossem classificados como criminosos contumazes e não se enredassem no sistema de prisões e campos de concentração, a princípio os civis alemães praticamente não foram afetados. Os impostos subiram, homens foram mobilizados, países estrangeiros foram ocupados (trazendo novas possibilidades de turismo fardado, que confirmava a ideologia racista de soldados que chegavam como conquistadores), nativos foram massacrados. Mas até a segunda metade de 1941, a maioria dos alemães saíra quase totalmente ilesa da guerra que o seu regime provocara. As baixas militares ainda eram relativamente poucas, o padrão de vida não caíra drasticamente e as cidades alemãs ainda não tinham sido bombardeadas como Varsóvia, Roterdã e Coventry. Entretanto, essa situação mudou bruscamente na segunda metade da guerra, quando a violência bélica caiu com força total sobre a Alemanha, principalmente com bombardeios. Poucos aspectos da Segunda Guerra Mundial deixaram nos alemães impressão tão profunda e duradoura quanto o bombardeio das suas cidades. Centenas de milhares de alemães morreram, milhões ficaram desabrigados, milhões foram evacuados ou fugiram do perigo dos centros urbanos para o campo, mais seguro.[194] O estilhaçamento do ambiente físico, dos prédios e das paisagens urbanas nas quais tinham crescido teve consequências duradouras. Pontos fixos da vida de milhões de alemães foram eliminados, e, como veremos, em 1945 eles saíram dos escombros com uma noção profunda da própria condição de vítimas.[195]

Depois de alguns ataques relativamente pequenos nos dois primeiros anos da guerra, o bombardeio aliado das cidades alemãs começou com tudo na primavera de 1942 , com o "bombardeio [britânico] por área" de Lübeck por 234 aviões da RAF na noite de 28 para 29 de março. Nas palavras da história britânica oficial da "ofensiva aérea estratégica", o "sucesso extraordinário" do ataque a Lübeck foi "uma demonstração convincente do que era possível conseguir com a tática de incêndios concentrados".[196] As 500 toneladas de bombas que caíram sobre a cidade naquela noite foram apenas o começo. Um mês depois, de 23 a 27 de abril, foi a vez de Rostock. Em 31 de maio de 1942, o Comando de Bombardeiros da RAF fez o primeiro ataque com mil bombardeiros contra Colônia, no qual 1.130 aviões lançaram 1.500 toneladas de bombas sobre a cidade em noventa minutos. Em 1943, a Força Aérea americana entrou no jogo com o ataque a Wilhelmshaven em 27 de janeiro. Na primavera e no verão de 1943, as cidades da região industrial do Ruhr foram atingidas repetidamente, e depois, no final de julho e início de agosto, o mais terrível exemplo do que o "bombardeio por área" podia fazer aconteceu durante a operação Gomorra — o ataque a Hamburgo. De 24 de julho a 3 de agosto, quatro grandes ondas de bombardeiros despejaram a sua carga de bombas explosivas e incendiárias sobre a maior cidade portuária da Alemanha e "portal do mundo". Em 28 de julho, o bombardeio de Hamburgo ocasionou a primeira tempestade de fogo provocada pelo homem, com a criação de correntes de ar tão fortes que se autoalimentavam, sugando detritos humanos e materiais, com o seu núcleo atingindo temperaturas de 1.000°C. Pelo menos 30 mil pessoas morreram; quase um milhão fugiu da cidade; cerca de metade das moradias de Hamburgo foi destruída e outras 30% ficaram gravemente avariadas.[197] Nos meses seguintes, cidade após cidade da Alemanha central e ocidental foi bombardeada; em novembro de 1943, começou a batalha aérea de Berlim; em 1944, conforme a frente se aproximava da Alemanha e mais cidades ficavam ao alcance dos bombardeiros aliados sem que os alemães conseguissem produzir combustível de aviação suficiente para todos os seus novos caças,[198] a campanha de bombardeio se intensificou; e, nos primeiros meses de 1945, o bombardeio chegou ao ponto máximo em termos de tonelagem de explosivos lançados,[199] com a destruição de Magdeburgo (em janeiro), Dresden (em fevereiro) e Swinemünde e Wurtzburgo (em março).

No final dessa campanha, a paisagem urbana alemã consistia em grande parte de pilhas de escombros. Em Colônia, alvo de 262 ataques de bombardeio durante a guerra, 200.380 das 252 mil moradias da cidade foram destruídas. Enquanto no começo da guerra Colônia tinha 768 mil habitantes, no final apenas 100 mil moravam nas ruínas.[200] Em Hamburgo, das 552.484 moradias existentes em 1939, menos da metade — 266.592 — ainda estava de pé em 1945. Em Berlim, 556 mil das 1.502.383 residências da cidade antes da guerra foram destruídas. Algumas cidades menores sofreram destruição proporcional ainda maior: Hanau (perto de Frankfurt am Main) perdeu 88,6% das moradias; em Paderborn, 95,6% de todas as residências foram destruídas; em Düren (perto de Aachen), essa cifra chegou a quase inimagináveis 99,2%.[201] As bombas caíram igualmente sobre partidários e adversários do regime, velhos e jovens, alemães e estrangeiros presos nas cidades alemãs. Em 3 e 4 de abril de 1945, quando a cidade turíngia de Nordhausen foi bombardeada, cerca de 8 mil das 65 mil pessoas então na cidade lotada morreram, inclusive 1.300 prisioneiros abrigados em barracões nos campos de concentração.[202] No total, mais de 500 mil pessoas morreram em decorrência do bombardeio da Alemanha — algumas estimativas chegam a quase 600 mil — e mais de 800 mil ficaram feridas. Só nos quatro últimos meses da guerra, quando a campanha de bombardeio foi mais feroz, pelo menos 130 mil pessoas morreram.[203]

Embora o nazismo provocasse mudanças revolucionárias na vida do povo com mobilização constante, terror policial, mobilidade física e social, militarização, conquistas, saques e hierarquia racial, foi o bombardeio, mais do que tudo, que destruiu a ordem e a segurança que os alemães tanto prezavam. Além de prejudicar o moral, o bombardeio também contribuiu muitíssimo para o que Neil Gregor, ao discutir o efeito do bombardeio de Nuremberg, descreveu como um "processo de dissolução social no qual o processo dominante era a redução sucessiva dos horizontes ao nível da comunidade local, da família e do indivíduo".[204] A organização, a solidariedade e as redes sociais foram abaladas num processo que Bernd Rusinek descreveu, na sua história de Colônia no último ano da guerra, como "o caos constante do terreno social".[205] Juntamente com o ambiente físico, a sociedade e a comunidade eram esmagadas, forçando os indivíduos a se virar por conta própria nas cidades de todos os tamanhos acometidas pela criminalidade pequena e não tão pequena, em meio à indiferença crescente pelo sofrimento humano. Como afirmou um observador em março de 1944, ao notar a indiferença com que passaram a ser tratados os berlinenses atingidos por bombardeios quando o seu número aumentou, "agora sopra um vento mais inclemente".[206] Talvez o mais perturbador fosse que a visão de cadáveres passou a fazer parte da vida cotidiana enquanto o Terceiro Reich se extinguia em chamas. Livrar-se de tantos milhares de mortos representava uma dificuldade enorme para as autoridades em cidades cuja infraestrutura fora em grande parte destruída. Por exemplo, quando a cidade de Heilbronn sofreu um ataque aéreo maciço em 4 de dezembro de 1944 no qual foram lançadas mais de 70 mil bombas incendiárias, destruiu-se mais de um terço dos edifícios da cidade, um quarto ficou gravemente avariado e cerca de 6.500 dos 60 mil habitantes da cidade morreram. Durante dias depois do ataque, grupos de policiais, soldados e trabalhadores percorreram a cidade para remover os cadáveres do porão dos prédios e sepultá-los.[207] Essa experiência perseguiria os sobreviventes pelo resto da vida, principalmente os que eram crianças durante a guerra e chegaram à maioridade nas Alemanhas Oriental e Ocidental do pós-guerra. Como explicou quase cinquenta anos depois um sobrevivente do bombardeio que destruiu boa parte de Magdeburgo em 16 de janeiro de 1945 e que, aos 7 anos, viu a avó morrer queimada: "Essa experiência terrível ficou marcada em nós a ferro e fogo para sempre. Nunca a superei."[208]

A campanha de bombardeio foi um sinal dentre muitos de que dar fim à guerra era a única maneira de interromper o sofrimento do povo alemão. Mas o regime nazista continuou relutando em buscar a paz. Na verdade, mesmo quando a Alemanha ia muitíssimo bem depois da derrota da França, não houve em momento algum discussões sérias sobre o modo de dar fim à guerra. A Alemanha nazista não planejou uma "saída estratégica" do conflito. Em essência, a política externa alemã, tal como era, consistia em manter os aliados da Alemanha ligados ao Reich enquanto o país caía. A estratégia militar alemã, tal como era, consistia em tentar afastar o colapso inevitável ao mesmo tempo que derramava o máximo possível de sangue. E, durante todo esse tempo, a terrível máquina do genocídio continuava a funcionar, com a deportação e o assassinato dos judeus da Hungria em 1944 e as marchas da morte de judeus e outros prisioneiros dos campos nos últimos meses e semanas da guerra.

No final, a Alemanha nazista conseguiu algo bastante extraordinário: a derrota total. Pela primeira vez na história moderna, um Estado industrial desenvolvido lutou até o último momento, rendendo-se apenas depois que soldados inimigos capturaram a sede do governo em combate rua a rua, o que custou centenas de milhares de baixas a invasores e defensores. Nem mesmo o Japão imperial se aguentou até o amargo fim, preferindo curvar-se ao inevitável depois que bombas atômicas foram lançadas em Hiroshima e Nagasaki. Mas os soldados alemães continuavam a lutar enquanto as forças soviéticas se aproximavam do jardim da Chancelaria do Reich.

O fato de terem lutado até o amargo fim surpreendeu inclusive muitos funcionários do regime, obcecados como estavam com o espectro de novembro de 1918. A declaração de Eduard Frauenfeld, chefe do escritório de propaganda do NSDAP de Viena, em setembro de 1944, foi típica da ansiedade oficial com o moral popular. De acordo com ele, "a esperança de que ainda consigamos levar a guerra a uma conclusão vitoriosa caiu a zero"; "em consequência", avisava, "o perigo da repetição dos fatos que se desenrolaram em novembro de 1918 é iminente", o "abatimento" e a "completa indiferença" aos chamados à luta cresciam e as "esperanças negativas" ("ah, se perdermos a guerra não será tão ruim assim!") tinham se generalizado.[209]

Mas o espectro nunca se materializou. No final do Terceiro Reich, não houve repetição do que ocorrera na Alemanha e na Áustria em novembro de 1918, apesar dos temores de um comando nazista perseguido pela ideia do colapso militar e da revolução política que deram fim à Primeira Guerra Mundial.[210] Sem dúvida, muitos alemães passaram a sentir, como murmurou um deles num abrigo antiaéreo de Berlim no final de março de 1945, que "se os nossos soldados fossem tão espertos quanto em 1918, a guerra já teria acabado".[211] No entanto, em 1945 a Alemanha não vivenciou a reprise do "golpe militar velado" nem a agitação nacional que culminou na revolução política de 1918, mas o colapso econômico e militar durante uma terrível "luta final" na qual a ação coletiva se mostrou impossível e a maioria não se preocupou com nada além da própria sobrevivência.

No início de 1945, a probabilidade contrária à sobrevivência chegou ao ponto máximo. Além da intensificação da campanha de bombardeio de cidades alemãs, as ofensivas aliadas a leste e a oeste levaram a guerra terrestre ao território alemão com ferocidade sem paralelo. Em 3 de janeiro, os aliados contra-atacaram no ocidente depois do fracasso da ofensiva da Wehrmacht nas Ardenas. Então, em 12 de janeiro, o Exército Vermelho começou a sua grande ofensiva no oriente, avançando do Vístula ao Oder em menos de três semanas e precipitando a fuga para oeste de milhões de alemães. O resultado foram baixas em escala colossal — tantas que a Alemanha, em janeiro de 1945, se tornou sede de um frenesi homicida que talvez tenha sido o maior que o mundo já viu. Sem dúvida, os últimos meses da guerra foram, para a Alemanha nazista, de longe os mais sangrentos. Só em janeiro de 1945, mais de 450 mil soldados alemães perderam a vida (consideravelmente mais do que o Reino Unido ou os Estados Unidos em toda a guerra). Em fevereiro, março e abril, o número de militares alemães mortos se aproximou de 300 mil por mês.[212] Ou seja, mais de 25% de todas as baixas militares da Alemanha durante a Segunda Guerra Mundial ocorreram nos últimos quatro meses do confronto, quando era óbvio que não havia a menor possibilidade de vitória alemã e nenhuma justificativa militar para continuar a luta.

Depois do fracasso do atentado a bomba, do sucesso das ofensivas aliadas a leste e a oeste e da captura de Aachen por tropas americanas, Hitler, mais do que nunca, decidiu-se a substituir o militarismo tradicional pelo nacional-socialismo radical. Em 25 de novembro de 1944, deu uma ordem que efetivamente corroeu a hierarquia militar estabelecida, exigindo que todo oficial a quem faltassem as "qualidades indispensáveis para o combate" — "energia, disposição para tomar decisões, firmeza de caráter e fé inabalável, além de prontidão inflexível e incondicional para agir" — "deve renunciar". "Se um comandante de soldados [...] tiver de abandonar a luta, que antes pergunte aos seus oficiais, depois aos praças, depois aos homens, se algum deles quer cumprir a tarefa e continuar a luta. Se for o caso, deverá transferir o comando, sem considerações de posto, e voltar às fileiras."[213] Sob a pressão de uma guerra perdida, a racionalidade militar se desfez diante da fé no valor da "vontade". Onde os valores militares tradicionais fracassaram, esperava-se que o fanatismo nazista tivesse sucesso.

No final de março de 1945, o general Alfred Jodl, que em 7 de maio de 1945 assinaria a capitulação das forças armadas alemãs em Reims, escreveu no seu diário: "Quando não se têm mais reservas, lutar até o último homem não faz sentido."[214] Embora descobrisse o "sentido" um pouco tarde (e tarde demais para salvá-lo da forca em Nuremberg em 1946), Jodl tinha razão. Contudo, na primavera de 1945, o esforço de guerra nazista pouco tinha a ver com sentido. Os comandantes abandonaram a responsabilidade pela sobrevivência dos soldados sob seu comando e os puseram deliberadamente em posições sem esperanças, onde foram cercados, com ordens de lutar até a última bala, e em condições apenas de aguardar a morte.

Foram dadas ordens histéricas para continuar a luta, exibir "vontade fanática" diante de probabilidades baldadas. Entre as vozes mais estridentes estava a do almirante Karl Dönitz, designado comandante em chefe da marinha em janeiro de 1943 e que Hitler nomearia seu sucessor (e que, depois da guerra, tentou se apresentar como comandante militar responsável e preocupado com a sobrevivência dos soldados e da população alemã). Poucas semanas antes da rendição incondicional, em 7 de abril de 1945, Dönitz conclamou todos os oficiais da marinha a lutar até o amargo fim:

> Nessa situação, uma coisa importa: continuar lutando e, apesar de todos os golpes do destino, ainda provocar uma reviravolta. [...] A vontade fanática tem de inflamar o nosso coração. [...] O nosso dever militar, que cumprimos inabalavelmente, seja o que for que aconteça à esquerda, à direita e à nossa volta, leva-nos a permanecer corajosa, firme e lealmente como um rochedo de resistência. Quem não se comportar assim é um patife. Deve ser enforcado com um cartaz amarrado no corpo: "Aqui pende um traidor."[215]

Esse apelo impressionou a tal ponto Martin Bormann, eminência parda de Hitler na Chancelaria do partido, que ele o repassou a todo o comando do Partido Nazista.

Considerando o que sabemos sobre a guerra da Alemanha contra a União Soviética, talvez não surpreenda que os soldados alemães continuassem a lutar até o amargo fim contra o Exército Vermelho. A condução da guerra da Alemanha nazista no leste deixou poucas dúvidas nos soldados alemães sobre o que os aguardaria assim que o Exército Vermelho chegasse à Alemanha e tivesse oportunidade de se vingar. A propaganda alemã reforçou o espectro ameaçador dos selvagens subumanos e sedentos de sangue que chegavam do leste — principalmente depois da captura soviética da cidade prussiana oriental de Nemmersdorf em outubro de 1944, quando os "pavorosos crimes bolcheviques na Prússia Oriental", com fotos de corpos mutilados de vítimas alemãs, foram "publicados com destaque e eficiência e comentados com extrema severidade" na propaganda noticiosa alemã, para provocar o maior medo possível.[216] O espectro de hordas de bárbaros "asiáticos" com a farda do Exército Vermelho foi apresentado repetidamente ao povo alemão até os últimos dias do Reich. Por exemplo, no "Chamado aos Soldados da Frente Oriental" na undécima hora de 15 de abril de 1945, Hitler avisou que, caso a União Soviética prevalecesse, "velhos e crianças serão assassinados e mulheres e meninas serão reduzidas a meretrizes de quartel", enquanto "o restante marcha para a Sibéria".[217]

Mas embora os alemães estivessem preparados para esperar o pior do inimigo a leste, a propaganda nazista não provocou necessariamente as associações que o regime desejava. Um relatório de "informações confidenciais" redigido pouco depois da descoberta da atrocidade de Nemmersdorf observava que:

> Os cidadãos andam dizendo que é vergonhoso exibir essas [fotografias de vítimas alemãs de Nemmersdorf] com tanto destaque nos jornais alemães. [...] Eles [o comando nazista] sem dúvida devem perceber que toda pessoa inteligente, ao ver essas vítimas, imediatamente pensará nas atrocidades que cometemos em solo inimigo, sim, mesmo na Alemanha. Não massacramos judeus aos milhares? Os soldados não falaram várias vezes de judeus que tiveram de cavar o próprio túmulo na Polônia? [...] Apenas mostramos ao inimigo o que podem fazer conosco caso vençam.[218]

Não foi apenas o medo dos eslavos "subumanos" que se aproximavam da Alemanha, mas também a culpa e os temores bem fundados de vingança que levaram os alemães a continuar a luta baldada contra o inimigo do leste.

Mas o mesmo não se pode dizer da luta no oeste, e mesmo ali as tropas alemãs também lutaram ferozmente até o amargo fim.[219] Na verdade, o motivo por trás da Ofensiva das Ardenas em dezembro de 1944 foi, como Hitler explicou, "deixar claro para o inimigo que [...] ele nunca pode contar com a nossa capitulação, nunca, nunca".[220] Embora as tropas alemãs não tenham conseguido o desejado rompimento na Bélgica nem a recaptura do porto de Antuérpia, no final de 1944 e início de 1945 a Wehrmacht causou as baixas mais elevadas que as tropas americanas sofreram durante toda a guerra; e a rendição de 9 mil soldados de infantaria cercados em 19 de dezembro no Schnee Eifel foi a derrota mais grave sofrida por forças americanas na Europa. Mesmo em abril de 1945, quando não restava justificativa concebível para oferecer resistência aos americanos, as tropas alemãs mataram quase tantos soldados americanos quanto a média mensal desde os desembarques na Normandia.[221] Aachen, primeira cidade alemã a cair diante dos americanos, foi capturada em 21 de outubro de 1944, mas só depois de mais seis meses de combates sangrentos os soldados americanos puderam apertar as mãos dos aliados soviéticos em Torgau, no Elba (em 25 de abril de 1945, mesmo dia em que o Exército Vermelho cercou as tropas alemãs em Berlim). A guerra no ocidente não foi uma guerra de extermínio; não foi uma luta racial de inspiração ideológica, como a guerra no leste, e os prisioneiros de guerra ocidentais geralmente tiveram tratamento bem melhor no cativeiro alemão do que os prisioneiros de guerra soviéticos. Ainda assim, nos últimos dias da guerra o comando nazista exigiu uma luta final no oeste pouquíssimo menos radical do que no leste, e as tropas alemãs lutaram até o fim não só contra os russos, mas também contra britânicos e americanos.

Enquanto a guerra entrava nos estágios finais, Hitler ficou cada vez mais decidido a deixar para trás apenas "terra arrasada". Já no verão anterior, quando as forças aliadas se aproximavam das fronteiras do Reich, o ditador nazista falara da intenção de transformar em realidade o seu sonho destrutivo, mas houve pouco entusiasmo pela política de terra arrasada na indústria alemã.[222] Entretanto, em março de 1945, a questão chegou ao ponto culminante. Diante da situação militar totalmente desesperançada e do colapso da indústria alemã, e com Albert Speer agora implorando pelo fim das hostilidades,[223] Hitler rejeitou qualquer ideia de armistício e publicou o famoso Decreto Nero de 19 de março de 1945, no qual exigia que "todas as instalações militares, de comunicações, industriais e logísticas, assim como o patrimônio material dentro do território do Reich que o inimigo possa usar para continuar a luta tanto imediatamente quanto em futuro previsível, têm de ser destruídos".[224] É significativo que ele não tenha atribuído a responsabilidade pela execução dessa campanha final de destruição às forças armadas (que deveriam ajudar quando necessário), mas aos *Gauleiter* do Partido Nazista e aos comissários de defesa do Reich. Poucas semanas antes da derrota final, Hitler abandonou qualquer pensamento sobre a sobrevivência do "seu povo" ao conflito que ele provocara.

Nesse momento, Speer, cujo talento organizacional como ministro do Armamento tanto contribuíra para prolongar a guerra (e cujo ministério não foi mencionado no Decreto Nero de Hitler), achou conveniente enfrentar o líder.[225] Depois do colapso da ofensiva da Alemanha nas Ardenas e com o rápido avanço do Exército Vermelho, ficara claro para Speer que não havia alternativa à derrota nem à rendição incondicional. O ministro do Armamento, cujo poder se reduzira desde o final de 1944 e cujo ministério não dirigia mais uma economia armamentista coerente,[226] tentou então salvar o que era possível. Em 29 de março, Speer escreveu a Hitler e insistiu que "até este momento acreditei sinceramente num bom fim para esta guerra", mas disse em seguida que "não posso mais acreditar no sucesso da nossa boa causa se neste mês decisivo destruirmos simultânea e sistematicamente a base da vida do nosso povo. [...] Não devemos destruir o que gerações construíram". Ele concluiu insistindo com o seu líder para, "portanto, não infligir ao povo esse passo para a destruição".[227] Embora a determinação de Speer se esfarelasse na presença de Hitler,[228] nas semanas seguintes ele fez o possível para subverter o Decreto Nero. Nisso, não estava sozinho; outros no seu ministério, assim como muitos políticos locais, detestariam ver a destruição completa do que restava do país. Nessa época, as ordens do ditador não eram mais necessariamente obedecidas — e, de qualquer modo, no caos e na paralisia econômica que tomavam conta da Alemanha em março de 1945, provavelmente não haveria mais explosivos suficientes para executar a ordem.[229] A política radical de Hitler não poderia ser posta em prática. O domínio do regime nazista finalmente começava a se afrouxar.

Quando chegou à Alemanha com força total em 1944 e 1945, a guerra se tornou uma questão menos exclusiva das forças armadas. Nos últimos meses do conflito houve uma ressurgência do Partido Nazista, bastante eclipsado depois que Hitler estabeleceu a sua ditadura e, novamente, quando a Alemanha entrou em guerra. No entanto, quando a destruição ligada à guerra passou a dominar a vida dos alemães e as iniciativas dos governos locais, com os aliados se aproximando do Reich e o prestígio da Wehrmacht despencando juntamente com a sorte militar da Alemanha, o NSDAP voltou por conta própria. O partido assumiu cada vez mais a responsabilidade pela organização da frente de batalha interna, que não parava de se aproximar da frente militar. O controle da defesa civil dentro do Reich não foi entregue às forças armadas, mas a comissários regionais de defesa do Reich, geralmente os *Gauleiter* do Partido Nazista nas suas regiões, enquanto as forças armadas se limitavam essencialmente às tarefas operacionais na frente de batalha.[230] Embora a Wehrmacht tivesse suportado por algum tempo a ideia de criar unidades de milícia, quando o Volkssturm foi criado, no outono de 1944, não foi a Wehrmacht, mas Martin Bormann (como chefe da Chancelaria do partido) e Heinrich Himmler (como comandante do Exército de Reserva) que deram as instruções.[231] Na fase final da "luta pela existência" racial, Hitler preferiu deixar o controle das novas unidades de milícia longe das mãos das forças armadas oficiais. Se a Wehrmacht não era capaz de provocar a batalha final da guerra racial, o partido seria!

Isso abriu a porta para a tática ilógica e suicida de transformar todas as cidades alemãs em fortalezas nas quais os exércitos aliados invasores sofreriam o máximo de baixas e se desgastariam totalmente. Na expectativa da chegada das forças aliadas à Alemanha, Hitler exigiu, em setembro de 1944, que "todo quarteirão das grandes cidades alemãs, todas as pequenas cidades alemãs devem se tornar fortalezas em que o inimigo sangre até a morte ou onde os defensores sejam enterrados sob [os escombros] no combate corpo a corpo".[232] Esperava-se agora que o que acontecera com as tropas alemãs em Stalingrado acontecesse às tropas britânicas, americanas e soviéticas nas cidades alemãs, de Aachen a Breslau. Se a guerra da União

Soviética teve o seu ponto de virada nos terríveis combates de rua de Stalingrado, então a Alemanha conseguiria virar o destino de modo semelhante com o derramamento máximo de sangue nas ruas das cidades alemãs. A guerra se tornaria uma gigantesca batalha de atrito na qual o povo alemão, racialmente superior e com dedicação fanática, esmagaria os exércitos aliados e alquebraria a vontade de continuar lutando dos seus soldados.[233]

A mensagem foi repetida inúmeras vezes, em circunstâncias cada vez mais desesperançadas. Em 12 de abril de 1945, menos de um mês antes da rendição militar incondicional, Himmler ordenou: "Nenhuma cidade alemã será declarada cidade aberta. Toda aldeia e toda cidade serão defendidas por todos os meios possíveis."[234]

O que isso significou na prática foi ilustrado pelo caso de Breslau. A metrópole silésia praticamente escapara do bombardeio aliado, mas aguentou-se como "Festung Breslau", cercada por tropas soviéticas de meados de fevereiro até 6 de maio de 1945, quatro dias depois da queda de Berlim diante do Exército Vermelho. Quando Breslau capitulou, dois terços da cidade tinham sido destruídos, 20 mil casas desapareceram e cerca de 6 mil soldados alemães, 8 mil soviéticos e pelo menos 10 mil civis (inclusive 3 mil suicidas) estavam mortos.[235]

A rendição sem luta da cidade universitária de Greifswald pelo comandante militar Rudolf Petershagen em 30 de abril foi a exceção que confirmou a regra — e salvou aquela cidade da destruição.[236] O Volkssturm, que deveria organizar a luta final nas várias cidades "fortalezas", foi incapaz de oferecer oposição significativa aos exércitos aliados invasores[237] e só serviu para aumentar o número de baixas por ordem de um comando nazista que se distanciara cada vez mais da realidade.

Com os radicais do partido no comando, o terror do regime nazista continuou até o finalzinho. Os saqueadores eram fuzilados e funcionários locais do Partido Nazista tendiam a levar esse conhecimento ao público, principalmente quando os fuzilados eram estrangeiros.[238] Criaram-se cortes marciais e os resultados eram exibidos para todos — como na manchete da última edição do *Stargarder Tageblatt* de 17-18 de fevereiro, que bem poderia servir de epitáfio do Terceiro Reich: "Na praça Adolf Hitler, os enforcados balançam ao vento."[239]

Mas o tratamento mais terrível foi reservado aos que tinham sido escravizados pelo Estado racial nazista. Tanto na Europa ocidental quanto na oriental, a SS fechou os campos assim que os exércitos aliados se aproximaram, e os presos sobreviventes foram despachados ou forçados a marchar para outros campos dentro do Reich, mal equipados para receber um fluxo tão grande e súbito de prisioneiros. No início de 1945, por exemplo, a captura iminente dos complexos de Auschwitz e Gross Rosen pelo Exército Vermelho propiciou episódios inimagináveis de desumanidade extrema. Prisioneiros fracos e gravemente enfermos foram transportados em vagões abertos no meio do inverno, e internos que mal tinham forças para andar se viram forçados às marchas da morte, enquanto a SS evacuava aqueles eufemisticamente descritos como "fracos" e "incapazes de trabalhar".[240] Podemos ter uma ideia das consequências horripilantes dessa situação através do relato, pouco depois da libertação em 1945, de um prisioneiro forçado a descarregar os mortos e moribundos dos vagões que chegaram a Mittelbau-Dora, na Turíngia:

> Essas pessoas foram evacuadas de um campo na Polônia antes da ofensiva russa. Foram transportadas da Polônia até o centro da Alemanha em vagões de carga abertos, durante vinte dias, sem comida. No caminho, morreram congeladas, de fome ou fuziladas. Havia homens, mulheres e crianças de todas as idades entre essas pessoas. Quando segurávamos os mortos, era comum que braços, pernas ou cabeças se soltassem nas nossas mãos, porque os cadáveres estavam congelados.[241]

Entre meados de janeiro e meados de fevereiro de 1945, o número de prisioneiros no campo principal de Mittelbau-Dora aumentou 50%. Os abrigos eram primitivos, a morte em consequência de doenças e desnutrição, comum. E, como se isso não bastasse, os administradores do campo reagiram à piora das condições aumentando o terror: em março de 1945, 150 prisioneiros foram enforcados.[242]

Também nas cidades alemãs, nas últimas semanas da guerra, presenciou-se o assassinato de grande número de prisioneiros estrangeiros. No final do inverno e no começo da primavera de 1945 — quando o controle dos trabalhadores estrangeiros entrava em colapso, muitos deles passavam fome e quadrilhas errantes de trabalhadores estrangeiros cometiam crimes e aguardavam a derrota iminente da "raça de senhores" —, foram massacradas centenas de trabalhadores estrangeiros que tinham ido parar nas masmorras da Gestapo, geralmente devido a saques e furto de comida.[243] Só em Dortmund, mais de 230 homens e mulheres, a maioria deles trabalhadores e prisioneiros de guerra russos, foram fuzilados na nuca pela Gestapo. Esse "terror nu da fase final da guerra" não foi uma resposta a ordens vindas do centro. Ele persistiu mesmo além do ponto em que não havia mais vínculos diretos com o regime nazista de Berlim, em regiões isoladas do comando nazista, do Führer e da capital do Reich — por exemplo, em Schleswig-Holstein, isolada de Berlim no final de março, mas onde a Gestapo e a SS continuaram a executar prisioneiros.[244] Essa última orgia homicida foi alimentada pelo preconceito, quando crimes cometidos por trabalhadores orientais pareciam confirmar os estereótipos racistas, pelo ódio a pessoas cujos conterrâneos estavam massacrando a Alemanha, por rancores e sede de vingança e pela vontade de integrantes da Gestapo e da SS, que viam pouco futuro para si num mundo após a guerra, de levar consigo o máximo de gente possível. Em alguns aspectos, esses crimes tiveram paralelo na execução de "derrotistas" e desertores alemães nas últimas semanas da guerra. Mas apresentavam outra dimensão racial: esses estrangeiros — na maioria da Europa oriental, marcados como criminosos, muitas vezes esfarrapados e com a saúde debilitada, desordeiros e uma ameaça aos alemães agora que o Estado nazista desmoronava — pertenciam exatamente aos grupos que o regime nazista tentara aniquilar. Essa última escalada da violência policial, como observou Ulrich Herbert, "pode ser considerada, em muitos aspectos, o epítome da insanidade racial nacional-socialista e do pensamento e comportamento dos seus proponentes".[245]

Com a Wehrmacht se desfazendo, aumentou a oportunidade para os soldados desaparecerem, abandonarem as suas unidades e passarem os estágios finais da guerra em relativa segurança, e desse modo o número de desertores cresceu.[246] Para evitar isso, a polícia do exército e as unidades da SS patrulhavam a retaguarda para pegar e matar qualquer soldado suspeito de deserção. Todo soldado detido que não conseguisse apresentar a identificação necessária ou fosse suspeito de deserção enfrentava a forca ou o pelotão de fuzilamento.[247] Em janeiro de 1945, Himmler condecorou o comandante da Fortaleza Schneidemühl (cidade alemã 200 quilômetros a leste de Berlim), inclusive por ter fuzilado soldados alemães em retirada e pendurado cartazes nos cadáveres para anunciar que "é isso o que acontece a todos os covardes".[248] Ordens de "fortalecer a frente" com a captura de desertores foram baixadas e distribuídas entre os *Gauleiter* do Partido Nazista em 9 de março: todos os soldados da Wehrmacht encontrados longe das suas unidades sem ferimentos deveriam ser fuzilados.[249] Isso não era mera retórica, como deixou claro o general Wilhelm Wetzel (vice-comandante geral do 10º Corpo de Exércitos e, nas palavras de Manfred Messerschmidt, "um oficial da boa e velha escola 'apolítica' da Reichswehr") numa proclamação aos seus soldados: "Em 27 de março de 1945, 21 soldados que a corte marcial condenou à morte por deserção foram fuzilados em Hamburgo. Todo fujão e covarde terá o mesmo destino, sem misericórdia."[250]

Pode-se perguntar que sentido tinham medidas tão draconianas em data tão tardia, apenas semanas antes da rendição incondicional da Alemanha. Duas respostas se apresentam. Primeiro, havia a lembrança e as supostas lições do fim da Primeira Guerra Mundial, quando a "fuga" de centenas de milhares de soldados atrás das linhas e a deserção em grande escala acompanharam o colapso alemão de 1918 — quando, como conta Hitler no *Mein Kampf*, "um exército de desertores espalhou-se pelo país".[251] A extraordinária severidade com que a "justiça" da Wehrmacht tratou os acusados de deserção — dos quais cerca de 15 mil foram executados, contra apenas 18 na Primeira Guerra Mundial[252] — foi uma expressão da determinação de que, como jurara Hitler em setembro de 1939, nunca haveria "outro novembro de 1918 na história alemã". Em segundo lugar, conforme o fim se aproximava, também crescia a fixação na fantasia da "luta final" da qual a Alemanha, não se sabia direito como, sairia triunfante, e para a qual apenas a fé na vitória e a dedicação incondicional seriam suficientes. Em 29 de março, dois dias depois das execuções em Hamburgo, o marechal de campo Walter Model exprimiu a demência ideológica que tomara conta do comando militar, que, em momentos de sanidade, sabia que a guerra estava perdida:

> Em nossa luta pelo mundo ideal do nacional-socialismo contra a devastação espiritual do bolchevismo materialista, temos de

> vencer com certeza matemática se permanecermos inabaláveis em vontade e fé [...] A vitória da ideia nacional-socialista se mantém sem dúvida alguma, a decisão jaz em nossas mãos.[253]

Com a posição militar da Alemanha desmoronando, os generais só podiam oferecer aos soldados fé e aniquilação.

A população civil também foi colocada literalmente na linha de fogo. Em 15 de fevereiro, o radical ministro da Justiça do Reich, Otto Georg Thierack, baixou um decreto que criava cortes marciais formadas por um juiz, um funcionário do Partido Nazista e um oficial da Wehrmacht.[254] Esses tribunais seriam criados em "regiões de defesa ameaçadas pelo inimigo", para agir "com a dureza necessária" contra todos os que, por "covardia e proveito próprio", tentassem "fugir aos seus deveres para com a população em geral". A sua jurisdição se estendia a quaisquer atos "com os quais a força combatente alemã e a determinação de lutar sejam ameaçadas", e havia apenas três decisões ao seu dispor: morte, absolvição ou transferência do acusado para outro tribunal. Martin Bormann, escrevendo ao *Gauleiter* do Partido Nazista na Alemanha Ocidental, onde avançavam britânicos e americanos, recomendou esses tribunais como "arma para o extermínio de todos os parasitas do *Volk* [*Volksschädlinge*]", a serem usados "como faria o Führer, sem piedade e sem atenção a pessoa e posto".[255] Com a aproximação do colapso, até as cortes marciais foram dispensadas, e em 3 de abril Himmler, que nesse momento tentava ele mesmo fazer contato com os aliados pelas costas de Hitler, ordenou:

> Na atual conjuntura da guerra, tudo depende da vontade obstinada e inabalável de resistir. As medidas mais drásticas serão tomadas contra o hasteamento de bandeiras brancas, a abertura de defesas antitanque, o não comparecimento para o serviço no Volkssturm e fenômenos semelhantes. Caso uma bandeira branca apareça numa casa, todos os seus ocupantes do sexo masculino devem ser fuzilados.[256]

O terror cruel e vingativo visava aos "derrotistas" que pouco faziam além de tentar sobreviver intactos à derrota inevitável do Terceiro Reich. No final de abril de 1945, a Seção de Inteligência do 6º Grupo de Exércitos americano, que ocupara grandes setores de Baden, Württemberg e Baviera ocidental, observou que os civis alemães tinham de proteger lares e propriedades menos dos aliados e mais dos nazistas "fanáticos" que não queriam ou não conseguiam aceitar a derrota.[257] Nos últimos dias do Reich, o que restava da *Volksgemeinschaft* nazista se mantinha pelo terror e pelo homicídio.

Além da escalada de terror e dos bombardeios, os alemães descobriram que o seu país se tornara a linha de frente. As cidades alemãs passaram a ser cenário de penosos e acirrados combates de rua quando as tropas aliadas utilizaram imenso poder de fogo contra o que restava das forças armadas alemãs — o caso mais famoso sendo a batalha de Berlim, que começou em 16 de abril e durou até 2 de maio.[258] Grandes extensões do campo alemão foram arrasadas nas batalhas finais, em que o número de baixas militares alemãs chegou ao ponto máximo. E nos últimos meses da guerra, enquanto a Alemanha se transformava num campo de batalha encharcado de sangue, houve uma das maiores fugas de seres humanos da história mundial quando os exércitos soviéticos chegaram a territórios povoados por alemães.

Expostos durante anos à propaganda nazista que insistia na natureza supostamente bestial e primitiva das hordas "asiáticas" que agora se espalhavam pela Alemanha vindas do leste, temendo a vingança que os soldados soviéticos poderiam impor pelo que fora feito no seu país sob a ocupação alemã, e informados das notícias e dos boatos sobre o comportamento das forças soviéticas que chegavam ao Reich, os alemães fugiram diante do avanço do Exército Vermelho. Milhões se puseram em movimento, levando o que podiam em malas, trens, barcos, carroças, em "jornadas" organizadas que se deslocavam para oeste de uma cidade a outra. A maioria avassaladora dos alemães em fuga eram mulheres, crianças e idosos. Muitos morreram pelo caminho, no frio rigoroso do inverno, depois de deixar os seus lares para nunca mais voltar. Uma guerra racista que começara com as tropas alemãs executando deportações em massa terminou com milhões de alemães afastados dos seus lares. Na primavera de 1945, o número de refugiados do leste e evacuados de cidades ameaçadas pelo bombardeio chegou a tal proporção — cerca de 19 milhões de pessoas no final de março[259] —

que se pode falar da destruição generalizada da sociedade alemã. No fim da guerra, um quarto de toda a população alemã estava desarraigada, com suas redes sociais rompidas, a sua situação econômica destruída.

Nos últimos meses da guerra, praticamente todas as estruturas antes estáveis da vida cotidiana alemã se desintegraram. O país literalmente desmoronava enquanto os soldados aliados capturavam fatias cada vez maiores do território alemão e várias partes do país ficavam isoladas umas das outras. Milhões de alemães fugiam para oeste levando o que restava de seus bens materiais. Os bombardeios e, cada vez mais, as batalhas em terra tinham deixado sem teto uma parte crescente da população alemã; quase todos perderam amigos e familiares. Tanto quanto o onipresente terror policial, isso assegurou que não houvesse em 1945 a revolução que houve em 1918; tudo o que os alemães podiam fazer era sobreviver.

No fim das contas, Hitler acertou pelo menos em um aspecto: como previra no começo da Segunda Guerra, "novembro de 1918" não se repetiu. A Wehrmacht não rachou; em 1944-45, seus mais de 10 milhões de soldados não seguiram o exemplo das forças armadas alemãs imperiais de 1918, que desistiram ainda em território inimigo. Como destacou Andreas Kunz em recente estudo dos últimos meses do exército alemão, "na verdade, foi o escudo militar da Wehrmacht que realmente possibilitou a existência contínua do regime nazista na primavera de 1945".[260] Antes de Alfred Jodl assinar a rendição incondicional das forças armadas da Alemanha em 7 de maio de 1945 no quartel-general americano em Reims, a Wehrmacht teve de ser esmagada e a bandeira soviética drapejou sobre o Reichstag. A combinação de medo, terror, falta de alternativa e identificação com o regime nazista manteve esse regime unido até o amargo fim.

O caos e a extrema violência dos últimos estágios da Segunda Guerra Mundial foram a consequência e o auge da guerra nazista, inspirada numa visão racista e grosseiramente darwiniana da humanidade, caracterizada pela recusa em calcular racionalmente o resultado provável das ações, que levou ao colapso dos limites normativos do comportamento civilizado, que abriu possibilidades de homicídio em massa numa escala até então inimaginável e que transformou o continente europeu numa prisão gigantesca e num mar de sangue. Caso destilada, a essência do nazismo seria a destruição insensível da vida humana nos meses finais da guerra. No fim, o nazismo não apresentou nenhuma visão do "pós-guerra"; planejar para o que pudesse vir depois de uma derrota alemã estava totalmente fora do arcabouço do nazismo. No fim, tudo o que o nazismo tinha a oferecer era guerra e destruição, guerra sem fim ou o fim pela guerra.

Todavia, essa história de nazismo e guerra não termina com os horrores dos últimos meses do confronto nem com a rendição alemã em maio de 1945. Por um lado, e isso é muitas vezes esquecido, o governo de Karl Dönitz que sucedeu a Hitler e continuou a funcionar, por assim dizer, até que os seus membros fossem presos em 23 de maio, era um governo nazista.[261] Por outro, e bem mais importante, as consequências do nazismo e da guerra configuraram a Alemanha e a Europa pelo restante do século XX. Neste livro, demos atenção específica aos últimos meses da guerra não só porque uma avaliação do seu horror muda o quadro que geralmente se apresenta da guerra da Alemanha (que tende a se concentrar na operação Barbarossa, em Stalingrado e no homicídio de judeus em 1941 e 1942), mas também porque eles criaram a base de como o nazismo e a Segunda Guerra Mundial foram depois lembrados (e esquecidos). Os fatos de 1944 e 1945 — a experiência do bombardeio, da fuga para oeste à frente do avanço dos russos, de batalhas acirradas travadas em solo alemão com número inimaginável de baixas — foram tão catastróficos para o povo alemão que o choque dessa "luta final" substituiu as lembranças anteriores da guerra da Alemanha nazista.[262] Para muitos alemães, a Segunda Guerra Mundial passou a significar o sofrimento terrível que suportaram nos seus últimos meses e não a vida comparativamente boa que levaram nos primeiros anos da guerra nem o que infligiram aos outros. Não surpreende que, logo após a Segunda Guerra Mundial, a percepção que os alemães tinham da guerra nazista diferisse fundamentalmente da dos outros europeus, aglutinada em torno de uma noção generalizada de terem sido vítimas, e que, no pós-guerra, servisse de base para uma política e cultura do silêncio em relação a muito do que ocorreu durante o Terceiro Reich.

QUATRO

O PERÍODO POSTERIOR À SEGUNDA GUERRA MUNDIAL

No fundo do seu bunker na Chancelaria do Reich, nas primeiras horas de 29 de abril de 1945, com soldados soviéticos a poucos metros de distância e poucas horas antes de pôr uma bala na cabeça, Adolf Hitler ditou o seu "testamento político" ao "mais fiel camarada do partido", Martin Bormann. A terrível tentativa de reestruturar o mapa racial da Europa por meio da guerra terminara em derrota, mas não antes que, como resultado, talvez 50 milhões de pessoas perdessem a vida. Depois de decidir se matar, o ditador nazista examinou a sua carreira. Ele começou onde esta breve história do nazismo se iniciou, com a Primeira Guerra Mundial:

> Mais de trinta anos já se passaram desde que, em 1914, dei a minha modesta contribuição de voluntário à Primeira Guerra Mundial que foi imposta ao Reich.

Depois de nomear os sucessores que assumiriam as rédeas do que restava do governo — com Karl Dönitz como presidente do Reich e Joseph Goebbels como chanceler —, ele terminou com a obsessão que está por trás de grande parte da história do nazismo:

> Acima de tudo, solicito aos líderes da nação e aos seus subordinados a observância escrupulosa das leis da raça e a oposição

> sem misericórdia ao envenenador universal de todos os povos, o Judeu Internacional.

Aos que governara, só o que podia oferecer era a morte:

> Peço aos comandantes do Exército, da Marinha e da Força Aérea que fortaleçam, por todos os meios possíveis, o espírito de resistência dos nossos soldados na noção nacional-socialista, principalmente sem esquecer que também eu, como fundador e criador do movimento, preferi a morte à abdicação covarde ou mesmo à capitulação.
>
> Que, em algum momento futuro, passe a fazer parte do código de honra do oficial alemão, como já acontece na nossa marinha, que a rendição de um distrito ou cidade seja impossível, e que os comandantes daqui, acima de tudo, tenham de marchar adiante como exemplos refulgentes que cumprem fielmente o seu dever até a morte.[1]

Em resumo, era disso que o nazismo tratava: guerra, raça e morte. Assim que a tentativa nazista de construir uma utopia racista desmoronou em chamas, só restava suicidar-se.

O suicídio do próprio Hitler dificilmente surpreenderia. Hermann Göring afirmou, quando interrogado em outubro de 1945, antes dos Julgamentos de Nuremberg: "Sempre soubemos que o Führer se mataria se as coisas chegassem ao fim. Sempre soubemos que [...] ele disse isso com clareza demais e de forma explícita demais a pessoas diferentes, e todos sabemos exatamente disso."[2] O Führer não foi, de modo algum, o único líder nazista a se matar quando o Terceiro Reich chegou ao fim da estrada. Na verdade, uma das características mais notáveis do colapso da Alemanha nazista foi o grande número de suicidas que o acompanhou ou que veio pouco depois, e é revelador que tanta gente identificada com o nazismo preferisse se matar a enfrentar a vida no mundo do pós-guerra. O aspecto escatológico do nazismo foi exposto da maneira mais cabal: para os mais dedicados à sua ideologia, o fim do Terceiro Reich era o fim do mundo. Muitos consideraram impossível imaginar como a Alemanha ou o *Volk* alemão sobreviveriam depois de perdida a Segunda Guerra Mundial; muitos escolheram se matar em vez de enfrentar a punição pelo que haviam feito nos 12 anos anteriores; e, para muitos, esse ato final de violência foi a última expressão furiosa de ódio por um *Volk* que os decepcionara e por um mundo que os derrotara.[3]

A lista de nazistas importantes que se mataram em 1945 e 1946 é longa. O mais famoso foi Joseph Goebbels, que, depois de ser padrinho na macabra festa de casamento de Hitler no bunker em 29 de abril, seguiu o exemplo do Führer e se suicidou com a esposa Magda depois de organizarem o assassinato dos seis filhos. O marechal de campo Walter Model, primeiro comandante de tropas da frente oriental a declarar lealdade a Hitler depois do atentado de julho de 1944, matou-se com um tiro numa floresta perto de Düsseldorf em 21 de abril para não ter de se render. Bernhard Rust, ministro da Educação e da Ciência do Reich de 1934 a 1945, suicidou-se na aldeia de Berne bei Brake/Unterweser em 8 de maio, dia em que a Wehrmacht se rendeu. Heinrich Himmler se matou em 23 de maio de 1945, engolindo uma cápsula de cianeto, depois de capturado pelos britânicos. Konrad Henlein, líder do Partido Nazista alemão dos Sudetos na época da crise de Munique em 1938, tirou a própria vida em 10 de maio, em Plzeň, depois de aprisionado pelos americanos. Odilo Globocnik, que, como comandante da SS e da polícia de Lublin, desempenhara papel importante na criação e operação dos campos de extermínio na Polônia ocupada, matou-se no final de maio de 1945 depois de capturado por soldados britânicos. Robert Ley, chefe da Frente Alemã de Trabalho, enforcou-se na cela em 24 de outubro de 1945 antes de ser julgado em Nuremberg. Hermann Göring conseguiu se matar engolindo uma cápsula de cianeto, na prisão em Nuremberg, em 15 de outubro de 1946, pouco antes do horário marcado para o seu enforcamento. Otto Georg Thierack, o jurista nazista radical que se tornara ministro da Justiça em 1942, seguiu o exemplo de Göring e se matou na cela de um campo de prisioneiros perto de Paderborn em 23 de outubro de 1946. Vários outros — chefes locais e regionais do partido, funcionários públicos menores, médicos envolvidos em crimes como a campanha de eutanásia, policiais, homens da SS — seguiram o exemplo do Führer e se suicidaram. Na história moderna, raramente o fim de um sistema político foi acompanhado pelo suicídio de tantos líderes.

O suicídio de personagens de destaque do regime nazista foi apenas a ponta do iceberg. Quando a guerra estava na sua fase final, vozes nazistas (inclusive a de Goebbels) já tinham se levantado em louvor ao suicídio.[4] Na primavera de 1945, a Alemanha era uma terra cheia de cadáveres; em todo o país, as pessoas enfrentavam as consequências do suicídio. Depois do colapso militar alemão, o suicídio se tornou um fenômeno público, quase de massa. A sensação de desamparo, o medo do que fariam os soldados das potências aliadas ocupantes, principalmente os soldados do Exército Vermelho (em especial, com as mulheres), o sentimento de impotência e desespero com a destruição a toda volta levou dezenas de milhares de alemães a tirar a própria vida.[5] No final de abril, uma jovem ginasiana de Berlin-Friedrichshagen (ocupada na semana anterior pelo Exército Vermelho) descreveu no seu diário as ondas de suicidas em torno dela — a família do vigário local, uma ex-professora — e escreveu:

> No primeiro dia [da ocupação do distrito pelo Exército Vermelho], acredita-se que ocorreram por volta de cem suicídios em Friedrichshagen. Uma bênção que não haja gás, senão outros tantos teriam tirado a vida; talvez também estivéssemos mortos. Eu estava tão desesperada! [...] A minha pátria alemã teve de chegar a isso, agora que fomos entregues, completamente sem direitos, ao poder de estrangeiros.[6]

Talvez o caso mais extremo seja o de Demmin, cidade na Pomerânia ocidental, onde cerca de 5% da população se suicidou à chegada do Exército Vermelho.[7] Ao examinar a situação de Demmin em novembro de 1945, o *Landrat* recém-instalado pelas autoridades de ocupação soviéticas observou de maneira objetiva: "365 casas, cerca de 70% da cidade, jazem em ruínas, mais de setecentos habitantes deram fim à vida pelo suicídio."[8] Em Teterow, cidadezinha de Mecklemburgo com menos de 10 mil habitantes em 1946, o registro fúnebre incluía uma "Continuação do Apêndice do Período de Suicídios [*Selbstmordperiode*] do início de maio de 1945", com detalhes sobre 120 suicídios, explicando como o ato fora executado: as pessoas se mataram a tiros, se enforcaram, se afogaram, se envenenaram; os relatos observavam com frequência que pais mataram a família inteira e depois se suicidaram.[9] Nos Sudetos, onde os alemães enfrentavam agora extrema violência e expulsão, também houve suicídios em massa: "Famílias inteiras vestiam as melhores roupas de domingo, cercadas de flores, cruzes e álbuns de família, e depois se matavam na forca ou com veneno."[10] E essa onda de suicídios não parou quando os deportados chegaram no que restava da Alemanha; de acordo com o general Ivan Aleksandrovitch Serov (chefe da polícia secreta na zona de ocupação soviética), em junho de 1945, "com o futuro arruinado e sem esperanças de algo melhor, muitos deles dão fim à vida com o suicídio, cortando os pulsos".[11] Depois de anos de exposição a uma ideologia política que descrevia o mundo nos mais extremados termos apocalípticos, depois das terríveis experiências dos últimos meses da guerra e sem a visão de um futuro no qual pudessem reconstruir vidas ordeiras e produtivas, para muitos alemães a morte parecia a única via de escape.

Todavia, a maioria dos alemães não se matou em 1945. Em vez disso, tiveram de lidar com o legado do nazismo — fosse o próprio envolvimento com o regime nazista e os seus crimes, fosse a enorme destruição física, social e psicológica que o nazismo e a guerra tinham deixado nas suas vidas. Portanto, a história do nazismo não termina em 1945, e a história da Segunda Guerra Mundial da Alemanha não terminou com a rendição incondicional em 1945, assim como a da Primeira Guerra Mundial da Alemanha não terminou com o armistício de 1918.

No final da primavera de 1945, mais de 11 milhões de alemães eram prisioneiros dos aliados (cerca de 7.745.500 nas mãos dos aliados ocidentais, sobretudo americanos, e 3.349.000 sob o jugo das forças soviéticas),[12] e os últimos deles só retornariam do cativeiro soviético para a Alemanha dali a mais de uma década.[13] Cerca de 8 milhões de alemães haviam sido evacuados das cidades para escapar do bombardeio e muitos não tinham para onde voltar.[14] Aproximadamente 12 milhões foram removidos de seus lares em territórios que ficaram com a Polônia, a URSS e a Tchecoslováquia depois da guerra e, destituídos, tiveram de reconstruir a vida numa Alemanha devastada e dividida no pós-guerra. Milhões de mulheres estavam sem marido e milhões de crianças sem pai, e muitas não sabiam se os homens desaparecidos estavam vivos ou mortos.[15] As cidades alemãs eram pilhas de escombros, e levaria anos até que fossem reconstruídas. É difícil imaginar uma sociedade mais profundamente destroçada do que a deixada para trás pelo nazismo e pela guerra.

Quando a guerra chegou ao fim, os alemães enfrentaram os problemas imediatos da sobrevivência cotidiana em meio à destruição humana e material causada pelo Terceiro Reich. Um exemplo entre milhões foi o do ferreiro Robert Nebatz, de 70 anos, que viveu os eventos terríveis de 1945 na cidade de Cottbus, importante local de produção de armamentos pouco mais de 100 quilômetros a sudeste de Berlim. Cottbus foi alvo de um intenso bombardeio, que matou ou feriu gravemente milhares de pessoas e deixou outros milhares sem teto. Declarada cidade-fortaleza pelos alemães, tornou-se campo de batalha quando o Exército Vermelho fez o seu bem-sucedido ataque final e capturou a cidade em 22 de abril de 1945. Quando a luta acabou, restavam menos de 8 mil civis numa cidade que, antes da guerra, tivera mais de 50 mil habitantes. Mais de 1.200 soldados alemães morreram na batalha final e sem sentido de Cottbus, e 187 civis tiraram a própria vida.[16] No final de setembro, Nebatz escreveu à filha:

> Arnold matou a tiros a família inteira na quarta-feira, antes que os russos entrassem, e estou morando em cima da forja como zelador. Lotte está comigo desde 5 de maio, porque o seu apartamento foi confiscado. O meu velho apartamento e o bairro inteiro pegaram fogo no domingo 22 de abril. Houve um drama real no dia em que os russos entraram. O seu apartamento está meio ocupado. [...] Não há mais pensões. A ajuda de 10 marcos por mês é suficiente para comprar o que não há mais disponível. [...] Embora eu faça todo o possível para protegê-la da fome, a não ser por ovos frescos há pouca coisa quando se trata de gordura. Salvei, graças a Deus que fiquei aqui, quatro das galinhas de Arnold, das quais tenho duas poedeiras que têm 18 pintos.[17]

A combinação de catástrofe e preocupações cotidianas e a necessidade de construir sobre o pouco que restava depois da guerra foram típicas do sofrimento dos alemães que emergiam do nazismo e da guerra. Com a infraestrutura do país estilhaçada, com uma em cada cinco moradias não mais habitável em consequência do bombardeio,[18] com milhões de soldados inimigos vitoriosos espalhados pela Alemanha, encontrar o que comer e evitar ser atacado ou estuprado virou uma luta diária para muitos alemães. A antiga raça de senhores estava reduzida a uma luta elementar e cotidiana pela sobrevivência.

O fato de a sociedade alemã no fim da guerra ter grande proporção feminina acentuou a noção dos alemães de terem se tornado vítimas de forças fora do seu controle. Mulheres, crianças e velhos formavam a imensa maioria dos que fugiram para oeste à frente do Exército Vermelho no começo de 1945;[19] a população alemã que emergiu das ruínas deixadas pelo nazismo e que agora estava sujeita à ocupação aliada era avassaladoramente feminina;[20] e as mulheres alemãs é que, às centenas de milhares, foram estupradas no final de abril e início de maio de 1945, principalmente, mas não apenas, por soldados soviéticos que invadiram a Alemanha e a Áustria (em especial em Berlim e Viena).[21] Estupradas ou não, as mulheres que passaram por essas semanas assustadoras ficaram frequentemente com cicatrizes psicológicas deixadas pela experiência de se esconder em porões e apartamentos, com medo de sair e serem atacadas. Uma moça descreveu no seu diário um pouco do que sentia enquanto se escondia num porão em Berlim depois da chegada dos russos:

> Aos poucos ficava-se com o corpo cada vez mais rígido, tremendo de medo com o passar do tempo. [...] Não sei quantas vezes desejei seriamente estar morta. Agora sempre ouvíamos quando alguns [soldados russos] retornavam e o nosso povo gritava em desespero que não tinha mais relógios, que os outros camaradas já tinham levado tudo. [...] Mamãe estava sobretudo com medo. Tentava me convencer o tempo todo de que era apenas um ato de violência que não mudava nada na pessoa.[22]

No final da experiência de nazismo e guerra, veio uma profunda sensação de medo, de impotência, de violação, de vitimização (ao lado da confirmação paradoxal da própria superioridade cultural sobre o bruto vitorioso do leste que chegara para "libertá-los").[23] O medo de estupro era onipresente na Alemanha no final da guerra, mesmo onde não aconteceu realmente,[24] e mais ainda na zona de ocupação soviética, onde não podia ser discutido em público.[25] Embora não fosse realmente um tema de discussão pública nas décadas de 1950 e 1960 — o tópico realmente só apareceu na esfera pública da Alemanha Ocidental na década de 1980 —, os estupros em massa de 1945 permaneceram entranhados com firmeza na consciência popular e havia constante alusão a eles em termos velados. Eles contribuíram vigorosamente para a sensação de ter sido devastado pela catástrofe e entregue a forças violentas além do próprio controle, de ser uma vítima impotente. De acordo com Elizabeth Heineman, "a experiência civil desproporcionalmente feminina e a experiência de estupro quase exclusivamente feminina [...] parecem ter sido bem adequadas para permitir que os alemães considerassem a nação em geral como vítima inocente da guerra".[26]

Num reflexo de Heineman, Helene Albers, num estudo recente das mulheres na região da Westfália-Lippe, explicou bem:

> O *topos* do estupro, principalmente por europeus orientais supostamente "bárbaros" e "não civilizados", foi, nesse contexto, quase uma metáfora da Alemanha subjugada e sofredora transformada em vítima. A lembrança desagradável da outra Alemanha configurada pela experiência masculina da guerra, que tentara brutal e implacavelmente subjugar outros povos com uma poderosa máquina militar e tinha na consciência um genocídio de dimensões sem precedentes, pôde assim ser encoberta.[27]

No processo, as lembranças do nazismo e da guerra de extermínio que provocou tenderam a sumir no pano de fundo atrás das lembranças de estupro e sofrimento.

Como resultado do sofrimento e das perdas que enfrentaram, os alemães conseguiram, nas palavras de Michael Hughes, "construir uma memória coletiva de si como vítimas inocentes do nazismo e da Segunda Guerra Mundial, enquanto elidiam o papel que muitos desempenharam ao levar sofrimento a milhões de outros europeus".[28] A guerra, como observou Sabine Behrenbeck ao examinar os monumentos aos mortos depois da Segunda Guerra Mundial, "tornou-se um acidente, um destino trágico, uma catástrofe natural".[29] Não houve a repetição do culto público aos heróis caídos que fora estimulado depois da Primeira Guerra Mundial, apenas o luto pelas vítimas do "destino".

Os milhões de alemães que sofreram perdas materiais devido à guerra — na Alemanha Ocidental, chegaram a cerca de 17 milhões de pessoas, ou um terço de toda a população — buscaram indenização pelos prejuízos que lhes haviam sido impostos, a seus olhos sem nenhuma culpa própria. No Decreto dos Danos de Guerra de 1940, o regime nazista prometera restituição total de perdas de propriedade devido a danos de guerra, a ser financiada, em essência, pelo saque do continente europeu conquistado.[30] Entretanto, depois que o bombardeio destruiu lares, empresas e propriedades pessoais de milhões de pessoas, depois que a fuga e a expulsão deixaram milhões de refugiados sem nada além do que eram capazes de levar consigo, as solicitações foram imensamente maiores do que se poderia imaginar em 1940, e a Alemanha não era a senhora da Europa: estava vencida, devastada e empobrecida. Esse foi o contexto de um dos maiores programas de redistribuição financeira já visto: a lei alemã ocidental do *Lastenausgleich* ("Equalização do fardo"), de 1952, que regulamentou uma transferência maciça de recursos econômicos dos que não sofreram perdas materiais na guerra para os que sofreram.[31] Dessa maneira, a cultura da vitimização serviu de base não só para a estabilidade política da República Federal, como também para uma noção de comunidade na qual os alemães suportaram juntos os custos da guerra (recordando, num sentido estranho, a *Volksgemeinschaft* do passado recente).[32]

Entretanto, a comunidade de alemães do pós-guerra diferia fundamentalmente da "comunidade do povo" nazista: enquanto esta fora uma comunidade privilegiada de conquistadores, aquela era a comunidade destituída dos vencidos. O colapso militar do Terceiro Reich e a imposição do governo militar pelos aliados virou de ponta-cabeça um princípio fundamental do nazismo. De 1933 a 1945, a Alemanha se tornara, como profetizara Klaus Mann quando Hitler chegou ao poder, "a terra das possibilidades ilimitadas".[33] Primeiro dentro da Alemanha, depois de maneira ainda mais irrestrita em toda a Europa ocupada pelos nazistas, representantes do regime nazista estiveram em condições de fazer qualquer coisa com qualquer um. Em 1945, eles se tornaram impotentes — algo demonstrado do modo mais enfático pelo estupro das alemãs por europeus orientais "bárbaros" e "não civilizados". Os alemães foram humilhados, o seu padrão moral feito em frangalhos. A extrema arrogância do poder foi substituída pela noção de que, como explicou o clero protestante da Francônia rural em junho de 1945, havia agora "depravação humana e vilania por toda parte", "meninas e mulheres se vendem por chocolate" e o "comportamento deplorável de velhos e jovens nos transformaram em motivo de riso".[34] Foi uma queda e tanto para os poderosos. Em maio de 1945, todo o poder político e militar fora removido das mãos alemãs; os antes todo-poderosos tinham se tornado indefesos.

No meio disso, os alemães que sobreviveram à guerra tiveram de dar um jeito de continuar com a rotina cotidiana. Os desafios diários de obter o suficiente para comer, conseguir abrigo, manter-se aquecido, cuidar da própria família, negociar no próspero mercado negro e se manter a salvo de problemas (num país que, principalmente na zona soviética, ficara bastante perigoso)[35] eram avassaladores. Com a maioria dos rapazes da Alemanha mortos ou em campos de prisioneiros de guerra, foram as mulheres alemãs que enfrentaram esses desafios.[36] É bastante irônico que o nazismo, que insistira que o mundo da mulher se encontrava no lar, como esposa e mãe da próxima geração do *Volk*, deixasse para trás uma sociedade alemã em que tantas mulheres eram chefes de família e tiveram de abrir caminho na vida de forma independente dos homens. Depois do nazismo e da guerra, a imagem dominante da mulher alemã não era a mãe orgulhosa de uma dúzia de filhos, mas a *Trümmerfrau*, a mulher que limpava heroicamente os escombros a que tinham sido reduzidas as cidades da Alemanha.

A taxa de natalidade baixíssima das alemãs depois da guerra — ao contrário da explosão de bebês que se seguiu à Primeira Guerra Mundial — demonstra não só a ausência de milhões de possíveis pais, como também a falta de vontade das alemãs de ter filhos no meio de tanta dificuldade. A incidência de abortos disparou entre as alemãs, numa inversão espantosa do pró-natalismo nazista.[37] Muitas tinham a mesma convicção de uma alemã de Berlim que afirmou, depois do nascimento do filho caçula em 1947, que "foi irresponsável naquela época de terrível necessidade que eu pusesse outro filho no mundo".[38] Levaria bastante tempo para muitos alemães — tanto as mulheres que tiveram de enfrentar extrema adversidade com o fim da guerra quanto os homens aprisionados e, em muitos casos, só devolvidos à pátria anos depois — encontrarem o caminho de volta à vida "normal" por meio do (r)estabelecimento de relações familiares convencionais e patriarcais.[39]

Entre as características mais notáveis da história do nazismo após 1945 é ter desaparecido tão completamente da paisagem alemã. Depois que Hitler se suicidou, para muitos alemães foi quase como se conseguissem acordar do pesadelo nazista e deixar para trás (convenientemente) as antigas crenças. Quando Hitler morreu, de acordo com Marlis Steinert, "a ampla massa da população [...] estava preocupada demais com a sobrevivência [...] para lhe dar muita atenção". A rendição parcial das forças alemãs nos Países Baixos, na Dinamarca e em Schleswig-Holstein foi recebida por uma população que não estava "de modo algum desalentada"; e os soldados britânicos e americanos que chegaram para ocupar o país eram "raramente ainda vistos como inimigos".[40] O fato de que a ideologia e um movimento político que atraíra o maior apoio eleitoral de toda a história alemã — que se gabara de ter milhões de simpatizantes e membros ativos, que doutrinara uma geração e impelira o país para uma guerra mundial na qual, contra toda a probabilidade, as tropas alemãs se aguentaram até o amargo fim — pudessem aparentemente desaparecer quase sem deixar vestígios foi mesmo extraordinário. Quando chegaram à Alemanha, os aliados sem dúvida esperavam enfrentar, até muito depois da rendição militar formal, atividade guerrilheira alemã por parte de organizações fanáticas decididas a continuar lutando.[41] Mas isso não aconteceu. Depois que Hitler se matou, o nazismo evaporou como força política. Um movimento que mobilizara milhões de pessoas e uma ideologia que inspirara a mais terrível explosão de violência que o mundo já vira sumiram depois que a Alemanha caiu derrotada.

É claro que a ocupação aliada da Alemanha (e da Áustria) fez com que qualquer ressurreição do NSDAP propriamente dito estivesse fora de questão. Entretanto, vale notar que o nazismo não encenou um retorno bem-sucedido com outro disfarce. Embora obviamente não houvesse espaço público para que se desenvolvesse na zona soviética, na Alemanha Ocidental do pós-guerra parecia haver uma boa reserva de apoio à política revanchista e neonazista. Em 1950, havia na República Federal mais de 10 milhões de expulsos e refugiados, cerca de 2 milhões de ex-funcionários públicos do Reich, autoridades do Partido Nazista e soldados profissionais que tinham perdido o emprego, 2,5 milhões de dependentes de guerra, 1,5 milhão de inválidos de guerra e seus dependentes, 2 milhões de prisioneiros de guerra que retornaram mais tarde (*Spätheimkehrer*) e de 4 a 6 milhões de pessoas expulsas de casa pelo bombardeio — além de cerca de 1,5 milhão de desempregados.[42] Mas, ao contrário do período posterior à Primeira Guerra Mundial, quando o número de alemães afetados de forma semelhante pela guerra perdida era muito menor, a derrota não foi seguida por um surto de apoio popular ao extremismo político ou à direita radical.

Em 1949, nas primeiras eleições federativas alemãs no pós-guerra, a maioria avassaladora dos eleitores apoiou partidos democráticos favorecidos pelas autoridades de ocupação. Houve tentativas na Alemanha Ocidental de atrair o antigo eleitorado nazista para a política nacionalista de direita, principalmente pelo Partido Socialista do Reich (SRP). Criado em 1949, com um programa partidário que refletia o do NSDAP, o SRP buscou abertamente o apoio de ex-integrantes do Partido Nazista. No entanto, só obteve sucesso modesto nas eleições regionais para os Landtag* em 1951 e se dissolveu diante da proibição baixada pelo Tribunal Constitucional Federal em outubro de 1952.[43] Depois da Segunda Guerra Mundial, a maioria dos alemães não se dispunha a se associar publicamente à política nazista. Em vez disso, eles se afastaram totalmente da política, preferindo não se queimar de novo e cuidar da própria vida, ou, quando se envolveram na política, encontraram abrigo nos partidos aprovados no pós-guerra pelos estados alemães. Tanto no leste quanto no oeste, provavelmente os partidos governantes — a União Democrata-Cristã e o Partido Democrata Liberal na República Federal e o Partido Socialista Unificado da Alemanha na República Democrática Alemã — é que tiveram maior sucesso na integração dos ex-nazistas nos sistemas políticos do pós-guerra.

Além da derrota propriamente dita, a maneira como a Alemanha nazista foi derrotada também contribuiu vigorosamente para o desapareci-

---

* Parlamento de cada estado federado (*Land*) alemão, equivalente à Assembleia Legislativa. (N. T.)

mento do nazismo. A derrota total, simbolizada de forma memorável pelas fotos de soldados russos hasteando a bandeira soviética no alto do Reichstag e de um soldado americano de infantaria imitando a saudação nazista diante da imensa suástica no local dos comícios do partido em Nuremberg, e o fato de que a maior parte da Alemanha fora ocupada pelas forças aliadas antes que a Wehrmacht se rendesse removeram quaisquer bases para afirmar que o colapso militar poderia dever-se a uma "facada nas costas". Embora tivesse custado a vida de milhões de pessoas, a destruição terrível e o derramamento de sangue do último ano da guerra também eliminaram qualquer espaço para dúvidas de que a Alemanha nazista perdera a guerra para uma coalizão econômica e militarmente superior. Mais do que isso, a derrota minou de forma fundamental a ideologia racial nazista: o espetáculo da Alemanha ocupada pelas "hordas mongóis" do oriente de um lado e pelos soldados afro-americanos do ocidente do outro deixou pouco espaço para uma ideologia que postulava uma hierarquia do valor humano com os alemães no alto. A ideologia que propagara a guerra racial acabou por produzir a derrota total; o regime que oferecera à população a participação na violência e no saque acabou por deixar aquela população desamparada e empobrecida.

A derrota militar completa também significou o fim da Wehrmacht. Ao contrário do que ocorrera em novembro de 1918, quando organizaram a própria desmobilização, mantiveram o Estado-Maior Geral e foram restritas mas não abolidas pelo Tratado de Versalhes, depois de maio de 1945 as forças armadas alemãs foram completamente liquidadas. O Acordo de Potsdam estipulava:

> Todas as forças terrestres, navais e aéreas alemãs, a SS, a SA, o SD e a Gestapo, com todas as suas organizações, estados-maiores e instituições, inclusive o Estado-Maior Geral, o Corpo de Oficiais, o Corpo de Reserva, as escolas militares, as organizações de veteranos de guerra e todas as demais organizações militares e paramilitares, juntamente com todos os clubes e associações que servem para manter viva a tradição militar da Alemanha, serão completa e finalmente abolidas de tal maneira que previna

> de forma permanente o renascimento ou a reorganização do nazismo e do militarismo alemão.[44]

Para muitos — inclusive para Theodor Heuss, que se tornou o primeiro presidente da República Federal — parecia que a derrota marcava o fim da história militar alemã.[45] O uso da força armada trouxera tão obviamente a catástrofe e o "militarismo" levara tão obviamente ao desastre que, no pós-guerra, a opinião popular na Alemanha afastou-se de forma radical dos valores militares. Até um antimilitarista tão improvável quanto Franz-Josef Strauss, que foi oficial da Wehrmacht durante a guerra e, mais tarde (entre outras coisas), ministro da Defesa da Alemanha Ocidental no governo de Konrad Adenauer, disse, em 1947, segundo alguns: "A quem voltar a tomar um fuzil, que lhe caiam as mãos."[46]

Em janeiro de 1950, numa pesquisa de opinião pública na Alemanha Ocidental, ao serem perguntados se achavam "certo se tornar soldado de novo ou que o seu filho ou marido seja soldado de novo", três quartos dos entrevistados responderam "não".[47] No outono de 1951, embora uma apertada maioria de alemães ocidentais fosse favorável à formação de um exército nacional, quase metade da população — e mais da metade dos ex-soldados da Wehrmacht — levantou objeções de consciência.[48] Sentimentos semelhantes foram expressos no leste; no verão de 1952, relatórios policiais a respeito da "opinião da população sobre a criação da Polícia Popular Aquartelada" (precursora do Exército Popular Nacional da Alemanha Oriental) revelaram inquietação considerável com a criação de um novo exército alemão. Como explicou um agricultor (e membro do governante Partido Socialista Unificado) perto de Pasewalk: "Eles não vivem dizendo que não queremos mais pegar em armas?"[49] Sem dúvida, o político social-democrata Carlo Schmidt exprimiu os sentimentos de milhões de alemães quando afirmou, em 1946, que "não queremos nunca mais mandar os nossos filhos para os quartéis".[50] Nos anos do pós-guerra imediato, a experiência da guerra e, especificamente, o choque da extrema violência de 1944 e 1945 levaram a uma mudança radical da mentalidade alemã. Um princípio fundamental do nazismo — a crença na virtude da guerra, das forças armadas e dos valores militares — levara um duro golpe.

É claro que a Alemanha não ficou muito tempo desmilitarizada. Na segunda metade da década de 1950, formaram-se exércitos alemães substanciais de ambos os lados da fronteira leste-oeste, e, caso seja possível falar de um novo antimilitarismo alemão depois da experiência do nazismo e da guerra, o seu tipo era bem peculiar. Ele foi um produto não só do choque do fim da Segunda Guerra Mundial, como também da impotência política de uma nação derrotada e ocupada num mundo dominado por duas superpotências onde os interesses de segurança dos dois Estados alemães eram atendidos, em última análise, pelas forças armadas dos EUA e da URSS. O nazismo e as guerras que provocou destruíram efetivamente a antiga Europa, na qual uma potência de tamanho médio poderia viver aventuras militares próprias. No mundo do pós-guerra, ambos os Estados alemães buscaram o seu futuro em formas conflitantes de integração europeia. Foi nesse contexto que a tendência pacifista, o movimento "Sem mim" (*Ohne-Mich*) da República Federal na década de 1950, coexistiu com uma forte noção da ameaça soviética[51] (área em que a propaganda antirrussa e antibolchevique dos nazistas se refletiu na atitude dos alemães após 1945). Afinal, se fosse preciso, as forças armadas americanas é que teriam de enfrentar a ameaça do leste. Embora até o final da década de 1960 poucos rapazes da Alemanha Ocidental se aproveitassem do direito constitucional de evitar o serviço militar com objeções de consciência,[52] a ideia de que era desejável sacrificar a própria vida pela pátria não desempenhou nenhum papel.

Isso não quer dizer que, depois de 1945, a noção que os alemães tinham da Wehrmacht e da guerra que ela travou fosse essencialmente negativa. De modo curioso, no pós-guerra surgiu uma imagem positiva da Wehrmacht, quase como contraponto da avaliação negativa do nazismo. Sem dúvida, muitos tinham interesse em afirmar uma imagem dessas, num reflexo do último relatório da Wehrmacht de 9 de maio de 1945, que falava da "luta heroica" em que, "no final, a Wehrmacht alemã perdeu honrosamente para uma colossal força superior".[53] As memórias de generais da Wehrmacht publicadas depois da guerra, como as de Erich von Manstein (*Verlorene Siege*, "Vitórias perdidas")[54] e de Franz Halder (*Hitler, senhor da guerra*),[55] por exemplo, reforçaram a capacidade de combate superior da Wehrmacht em relação às forças armadas aliadas, que haviam conseguido vencer os alemães graças à grande quantidade de homens e material bélico, e atribuíram a culpa da derrota ao comando militar amador e à interferência prejudicial de Hitler. Nesses relatos não havia indícios de que a Wehrmacht estivesse profundamente envolvida nos crimes nazistas, e a ausência do regime nazista chamava a atenção. Como observou Johannes Klotz, "a suástica nas fardas [da Wehrmacht] foi subsequentemente apagada".[56] Os políticos, tanto quanto os ex-generais, assinaram embaixo da ideia de que a Wehrmacht, em contraste com a SS, travara uma luta limpa. No final da década de 1940 e início da de 1950, aumentou a pressão política para pôr um ponto final no passado através de uma anistia e parar de revirar as cinzas do passado nazista. A expressão mais importante disso foi a afirmação de Konrad Adenauer de que a proporção dos "que são realmente culpados é tão extraordinariamente pequena e modesta que não houve danos à honra da Wehrmacht alemã"; além disso, na sua famosa Declaração de Honra (*Ehrenerklärung*) para os soldados rasos da Wehrmacht diante do Bundestag, em 5 de abril de 1951, ele rejeitou "de uma vez por todas" a ideia da "culpa coletiva" dos ex-soldados profissionais.[57] Foi uma mensagem que contribuiu de forma substancial para o sucesso político do primeiro chanceler alemão ocidental depois de 1949.

Sem dúvida, Adenauer aproveitou a crença difundida de que, de forma geral, a Wehrmacht se comportara adequadamente nas terras que ocupou.[58] A maioria dos alemães, inclusive os que tinham usado fardas, estava convencida de que a Wehrmacht agira de forma honrada mas fora "mal utilizada" pelo criminoso comando nazista. Na Alemanha do pós-guerra, esse "mito da Wehrmacht limpa" serviu de contraponto importante à condenação do nazismo e dos seus representantes fanáticos na SS, e permitiu àqueles cuja história estivera ligada aos crimes do regime nazista que se distanciassem da lembrança desse regime.

Os "casos da guerra" alemães da Segunda Guerra Mundial, tanto as representações da guerra e da Wehrmacht no cinema e na literatura popular quanto nas histórias que os ex-soldados contavam uns aos outros, tendiam a suprimir o nazismo.[59] Portanto, o que distinguia a guerra do soldado alemão não era ter sido uma guerra de saque imperialista inspirada numa ideologia racista, mas ter resultado em perdas alemãs tão terríveis. Embora tivessem lutado por uma utopia racial nazista e, em muitos casos, convencido a si mesmos de que essa luta valia a pena, os veteranos alemães também podiam se ver como vítimas obrigadas a suportar sofrimentos terríveis enquanto defendiam o país numa trágica causa perdida. O fato de tantos milhões terem sido aprisionados em campos no fim da guerra e de muitos sofrerem durante anos (e muitos morrerem) em campos de prisioneiros de guerra soviéticos reforçou a noção de sacrifício e vitimização. Milhões conseguiram explicar os tempos de luta pelo Terceiro Reich removendo, com efeito, o nazismo das suas lembranças da guerra.[60] Na verdade, só quando a Alemanha começou a sair do pós-guerra o "mito da Wehrmacht limpa" foi enfrentado publicamente, em especial na controvertida exposição *Crimes da Wehrmacht*, aberta em Hamburgo na primavera de 1995. Mesmo então, a exposição sobre a Wehrmacht provocou emoções acaloradas e, quando partiu em turnê nacional em 1997, provocou conclamações de círculos direitistas para boicotar esse "ataque" à "honra da nação" com manifestações públicas.[61]

A separação entre a experiência do nazismo e a experiência da guerra na memória popular do pós-guerra ocorreu também de outras maneiras. No final da década de 1940 e na década de 1950, os alemães costumavam ver de forma positiva os anos nazistas — que, na sua mente, não incluíam realmente os anos de guerra (sobretudo os traumáticos últimos meses da guerra). Em retrospecto, os meados e o final da década de 1930, e até mesmo a primeira metade da guerra (antes que as baixas começassem a aumentar em alto ritmo e antes que o bombardeio aliado afetasse gravemente a vida nas cidades alemãs), apareciam sob uma extraordinária luz ensolarada. Depois das crises e do desespero dos últimos anos de Weimar, os anos nazistas foram "bons tempos" nos quais o povo conseguiu arranjar emprego, formar família, talvez viajar com a organização "Força pela Alegria"; na verdade, só no meio da guerra o aumento das baixas, o bombardeio, o medo da morte e a perda do lar mergulharam novamente os alemães em "maus tempos" — que pareciam um reflexo da guerra, não do nazismo.[62] Muito depois do óbito sangrento do Terceiro Reich, era possível ouvir alemães exaltando os benefícios do regime nazista — a redução do desemprego, a construção da rede de *Autobahn*, a imposição da lei e da ordem — como se estivessem desligados das guerras e campanhas de genocídio promovidas pelo regime.

De muitíssimas maneiras, quando olhavam para trás, para o nazismo e a guerra, os alemães o faziam com a consciência dividida.

Para milhões deles, as lembranças da guerra — distintas das lembranças do Terceiro Reich — estavam emolduradas pela fuga ou expulsão dos seus lares em 1945 e 1946. A derrota levou à perda, para a Polônia e a URSS, das antigas províncias alemãs a leste da nova fronteira ao longo do Oder-Neisse (áreas cuja população, antes de 1933, prestara apoio entusiasmadíssimo ao movimento nazista e que compreendia cerca de um quarto do território do Reich medido pelas fronteiras de 1937). A fuga de alemães à frente do Exército Vermelho e depois a expulsão em massa de alemães dos Sudetos, da Prússia Oriental, da Silésia e da Pomerânia constituíram uma das maiores migrações forçadas da história humana. O primeiro recenseamento alemão do pós-guerra, realizado em 29 de outubro de 1946 nas quatro zonas de ocupação, registrou 5.645.000 pessoas expulsas das antigas regiões orientais do Reich (isto é, Prússia Oriental, Pomerânia e Silésia), das quais 3.280.000 estavam nas zonas de ocupação ocidentais e 2.273.000 na zona soviética.[63] Quando se somam os expulsos da Tchecoslováquia (sobretudo dos Sudetos), da Hungria, da Iugoslávia, da Romênia, do Báltico e aqueles (relativamente poucos) que foram para a Áustria no pós-guerra, o total se aproxima de 12 milhões. Isso criou uma imensa reserva de alemães que, compreensivelmente, se viam como vítimas do nazismo e da guerra e perderam de vista o grau em que, antes da catástrofe de 1944 e 1945, podiam ter lucrado com as políticas do regime nazista.

O Acordo de Potsdam estipulara delicadamente "que quaisquer transferências [de população] devem ser efetuadas de modo ordeiro e humano",[64] mas o modo como poloneses e tchecos realizaram a transferência da população alemã foi qualquer coisa, menos humano. No total, as expulsões provavelmente levaram à morte de mais de um milhão de pessoas. De acordo com cálculos grosseiros feitos pelo governo alemão ocidental na década de 1950, no final de 1950 1.390.000 pessoas que haviam morado nas antigas regiões orientais da Alemanha não tinham registro e foram consideradas mortas em decorrência da luta nos últimos meses da guerra, das deportações realizadas pelas autoridades soviéticas ou das pavorosas condições de vida que caracterizaram a mudança para oeste.[65] Em 1945, os poloneses e tchecos, que tinham sofrido terrivelmente nas mãos dos ocupantes nazistas durante a guerra, não tendiam a demonstrar magnanimidade nem generosidade com alemães derrotados e indefesos. A crueldade e a violência com que o regime nazista tratara o povo da Europa oriental refletiu-se então no tratamento dado à antiga "raça de senhores". Na Tchecoslováquia e na Polônia, os alemães foram surrados e estuprados, forçados a cumprir tarefas humilhantes, submetidos a violência sádica em campos de trabalho (às vezes nos mesmos lugares, como em Theresienstadt, onde os nazistas tinham os seus campos), obrigados a usar letras nas mangas para identificar a sua etnia, assassinados aleatoriamente, levados à força em marchas da morte e amontoados em vagões de gado para longas viagens no auge do inverno.[66] Na década de 1950, o sofrimento dos alemães refugiados e expulsos — dos quais a grande maioria era de mulheres, crianças e idosos — foi documentado com energia prodigiosa na Alemanha Ocidental,[67] e essa representação dramática da vitimização alemã ocupou lugar de destaque na consciência pública do pós-guerra.

No prefácio do primeiro volume da *Dokumentation* da expulsão pelo Ministério dos Refugiados, Theodor Schieder, historiador responsável por organizar a coleção (que, durante a guerra, redigiu artigos sobre a remoção de judeus e poloneses dos seus lares na Polônia ocupada para fornecer "terra de povoamento", que seria "uma contribuição para resolver a questão social" da Alemanha),[68] escreveu:

> A expulsão dos alemães do leste é um evento cuja importância histórica plena ainda está além da capacidade de julgamento de hoje. Pode-se considerá-la o ato final de uma guerra em que as leis escritas e tácitas das relações entre nações e Estados foram desrespeitadas milhares de vezes e o extermínio de povos inteiros, além de pregado como meta, de fato começou; ou pode-se vê-la como a fase final de uma luta ainda mais acirrada entre nacionalidades que se alastra há quase um século e meio na zona etnicamente heterogênea da Europa; de qualquer modo, os parâmetros conhecidos da história europeia nos abandonaram.[69]

A calamidade que sobreveio a milhões de alemães do leste foi descrita não como consequência do nazismo, mas como "ato final" de uma guerra terrível e "fase final" de "uma luta ainda mais acirrada entre nacionalidades". Schieder emprega a voz passiva e desliza impecavelmente sobre a questão da agência. Não foi a ocupação brutal e homicida da maior parte do continente europeu pela Alemanha nazista que forneceu a milhões de alemães as imagens deixadas pela guerra, mas as lembranças das "jornadas" de pessoas destituídas correndo para oeste à frente do Exército Vermelho, de famílias cruelmente expulsas dos seus lares praticamente sem aviso prévio para nunca mais voltar, de mulheres estupradas, de cidades destruídas, da perda do *Heimat* e de propriedades pessoais. Os relatos terríveis e traumáticos da expulsão recolhidos na década de 1950 quase sempre começam em 1945, quando o mundo dos refugiados e expulsos desmoronou enquanto o Exército Vermelho se aproximava dos seus lares. Os alemães são retratados como vítimas; a tragédia pessoal está no centro dos relatos; o nazismo e o regime nazista são temas que se destacam pela ausência. Nazismo e guerra, com efeito, são desacoplados nas narrativas. Não foram os crimes do nazismo, mas o sofrimento e a sensação de vitimização que configuraram a imaginação alemã no pós-guerra.

Ao mesmo tempo, a ocupação e a subsequente divisão da Alemanha e a chegada das potências americana e soviética à Europa central não deixaram espaço para uma nova política alemã de revisão territorial. Dessa vez, não haveria revisão de uma "fronteira sangrenta" oriental. Nas décadas de 1950 e 1960, na Alemanha Ocidental, organizações de alemães desarraigados do leste — as *Landsmannschaften* — mantiveram na consciência pública os territórios orientais perdidos e podem ter parecido uma força política poderosa; durante anos, sustentou-se a ficção de que as ex-províncias prussianas a leste do Oder-Neisse estavam meramente "sob administração polonesa". Entretanto, não havia nada que os alemães pudessem fazer para mudar a situação. Na República Democrática Alemã, que realmente fazia fronteira com a Polônia, o tema foi efetivamente banido da discussão pública. As primeiras tentativas de políticos alemães na zona de ocupação soviética (principalmente da liderança da União Democrata-Cristã) de levantar a questão da fronteira do Oder-Neisse foram sufocadas pelas autoridades militares soviéticas.[70] A história das colônias alemãs a leste da nova fronteira se tornou, em grande parte, um tabu. Os expulsos e refugiados não podiam ser publicamente descritos como tais e eram chamados de "repovoadores"; e a "Fronteira da Paz do Oder-Neisse" foi louvada como fronteira permanente entre a República Democrática Alemã e a República Popular da Polônia.

A derrota da Alemanha nazista também significou a reversão da Anschluss da Áustria. Essa fora uma das questões resolvidas em Potsdam no verão de 1945, e, como acontecera depois da Primeira Guerra Mundial, a Áustria germanófona foi proibida de se unir a um futuro Estado alemão. Entretanto, ao contrário da época posterior à Primeira Guerra Mundial, depois da Segunda havia na Áustria pouco desejo de união com a Alemanha. Na verdade, a separação da Alemanha se mostrou muito conveniente para os austríacos, que conseguiram se distanciar da culpa pelo que ocorrera entre 1938 e 1945, não foram sobrecarregados com exigências de indenização e não tiveram o seu país dividido em estados separados em consequência da ocupação aliada. Embora o líder do Terceiro Reich fosse austríaco e a Anschluss de 1938 tivesse sido recebida com entusiasmo pela maioria da população austríaca, depois da guerra os austríacos deixaram de se identificar com a Alemanha. Nazismo e guerra efetivamente purgaram a Áustria do pangermanismo e tornaram possível uma consciência nacional austríaca viável, separada e distinta do germanismo. O choque das perdas da guerra e da derrota, da destruição e da violência que acompanharam o colapso do Terceiro Reich do qual a Áustria fizera parte — porque as cidades austríacas também foram bombardeadas, austríacos também foram mortos e feridos com a farda da Wehrmacht e milhares de mulheres vienenses foram estupradas por soldados soviéticos em 1945, assim como as suas colegas de Berlim — destruiu o apelo da Grande Alemanha. Também permitiu o cultivo de uma amnésia histórica conveniente na qual os austríacos puderam ver o seu país não como parte integrante do Terceiro Reich, intimamente ligado à história e aos crimes do nazismo, mas como o primeiro país a ser vítima da agressão nazista.

O legado mais difícil do nazismo veio das campanhas de homicídio em massa que o regime nazista deflagrou. Ainda que a imensa maioria dos judeus que viviam na Alemanha quando Hitler assumiu o poder tivesse emigrado ou sido assassinada e que pouquíssimos judeus que emigraram da Alemanha nazista escolhessem retornar depois da guerra,[71] a Alemanha não era um país sem judeus depois de maio de 1945. Cerca de 15 mil judeus alemães tinham conseguido sobreviver no Terceiro Reich e por volta de 50 mil foram libertados de campos de trabalho escravo ou marchas da morte nos dois últimos meses da guerra.[72] Depois do confronto, quase 250 mil judeus sobreviventes, que na maioria dos casos tinham perdido todos os membros da família, viram-se na "sala de espera" dos campos de pessoas desalojadas (PD) nas zonas de ocupação americana e britânica, com imensa esperança de emigrar para os Estados Unidos ou para a Palestina. Como observou Michael Brenner (repetindo comentários de muitos observadores contemporâneos), "foi uma das ironias da história que a Alemanha, dentre todos os lugares, se tornasse, sob a ocupação das potências aliadas, um porto seguro para várias centenas de milhares de judeus".[73] Vindos em grande parte da Europa oriental e concentrados principalmente na Baviera, na zona de ocupação americana, esses sobreviventes judeus personificavam as consequências mais terríveis do nazismo e da guerra.

Mas, entre os alemães preocupados com as próprias necessidades cotidianas, muitas vezes eles eram vistos de maneira bem diferente, quando eram vistos. A concentração de judeus europeus orientais traumatizados e empobrecidos em campos de pessoas desalojadas na Alemanha, a participação inevitável de alguns moradores dos campos no próspero mercado negro do pós-guerra e a percepção de que os judeus eram privilegiados pelas autoridades da ocupação serviram para reforçar antigos preconceitos cultivados pelo regime nazista. Apesar da responsabilidade alemã pelo homicídio de cerca de 6 milhões de judeus europeus, havia ainda um resíduo substancial de preconceito antissemita que levaria algum tempo para se dissipar.[74] Assim como não se originou com o nazismo, o preconceito racial também não acabou junto com ele, embora a derrota do regime nazista e a exposição das façanhas que perpetrou removessem em grande medida do palco político o antissemitismo declarado, pelo menos na Europa ocidental.

Os judeus sobreviventes representavam apenas uma pequena parte das "pessoas desalojadas" da Alemanha quando o Terceiro Reich desmoronou. Eram muito menos numerosos que os milhões de trabalhadores que o regime nazista convocara para trabalhar na economia de guerra alemã. Enquanto a guerra chegava ao fim, a produção desmoronava e o controle alemão dos trabalhadores estrangeiros desaparecia, eles se transformaram num tremendo problema de ordem pública. Agora não apenas estavam pouco dispostos a serem dóceis e cumpridores das leis, o que muitas vezes reforçava os estereótipos negativos servidos diariamente pela propaganda de Goebbels; também precisavam ser devolvidos às suas terras natais o mais depressa possível, e por um país onde havia escassez de alimentos e os meios de transporte estavam em completa desordem. Só na zona de ocupação britânica (que incluía a região industrial do Ruhr), havia cerca de 2 milhões de "pessoas desalojadas" em junho de 1945.[75] Foram repatriadas com rapidez notável; em novembro, o número de PD na zona britânica caíra para 540 mil. Ao lado das tribulações dos próprios alemães, a libertação dos estrangeiros que tinham trabalhado como escravos do Terceiro Reich enfatizava como o mundo do nazismo estava virado de cabeça para baixo.

Para os personagens de destaque do regime nazista que não escolheram se matar, a vida também mudou fundamentalmente depois de 1945. De repente, os caçadores viraram caça, e para muitos a vitória aliada foi seguida de fuga, esconderijo, detenção, interrogatório, julgamento, prisão e, em alguns casos, execução. Os que tiveram o azar de serem levados a julgamento em primeiro lugar ou na Europa oriental tenderam a ser tratados duramente. Não só 11 (12, caso se inclua Martin Bormann, julgado in absentia) dos 18 réus considerados culpados no Julgamento dos Grandes Criminosos de Guerra pelo Tribunal Militar Internacional de Nuremberg, em 1945-46, foram condenados à morte como muitos personagens menores do regime levados à justiça pouco depois da guerra receberam a mesma pena. Um deles foi Kurt Daluege, nomeado em 1936 comandante da "Polícia da Ordem" alemã, encarregado da segurança pessoal de Hitler durante a guerra e, na esteira do assassinato de Reinhard Heydrich em 1942, responsável pelo homicídio de toda a população masculina da cidade tcheca de Lídice. Daluege foi preso em 1945 e extraditado para a Tchecoslováquia em 1946, onde foi julgado e enforcado.

Os que só foram a julgamento no final da década de 1940 ou início da de 1950 (quando a guerra fria e não a Segunda Guerra Mundial dominava a discussão pública) tenderam a receber penas mais leves, muitas vezes só em parte cumpridas. Por exemplo, Alfred Franz Six — chefe durante a guerra do Escritório VII ("pesquisa ideológica") do Escritório Central de Segurança do Reich e comandante do "Grupo Avançado Moscou" do *Einsatzgruppen* B no verão de 1941 — recebeu pena de vinte anos de prisão de um tribunal militar americano em 1948, mas foi libertado quatro anos depois. Alguns, como Gertrud Scholtz-Klink, passaram meses ou anos escondidos com nomes falsos antes de serem descobertos. Em 1945, Scholtz-Klink, líder da Liga das Mulheres Nacional-Socialistas e da *Deutsches Frauenwerk* e, pelo menos nominalmente, a mulher mais poderosa do Terceiro Reich, passou um curto período num campo de prisioneiros de guerra soviéticos, do qual conseguiu fugir. Depois, morou três anos com o marido perto de Tübingen, com nome falso, antes de ser descoberta, presa e condenada primeiro a 18 meses de prisão por falsificar documentos, e depois a trinta meses num campo de trabalho pelas suas atividades antes de 1945. Um exemplo de quem teve menos sorte é Richard Drauz, o violento *Kreisleiter* do Partido Nazista em Heilbronn (o "açougueiro de Heilbronn"), que a princípio escapou da captura pelos aliados refugiando-se num mosteiro sob um pseudônimo. Foi encontrado em junho de 1945 pelo serviço de informações americano, preso, julgado como criminoso de guerra pela participação no fuzilamento de um piloto americano cujo avião caíra em março de 1945, condenado à morte em dezembro de 1945 e enforcado em dezembro de 1946.[76]

É claro que a maioria dos ex-nazistas não foi julgada. Dezenas de milhares foram demitidos dos cargos no governo e na administração pública depois que os exércitos de ocupação aliados chegaram; centenas de milhares (em especial ex-membros da SS e autoridades políticas do NSDAP) foram presos pelos governos militares aliados em 1945 e 1946;[77] e milhões de ex-nazistas enfrentaram a incerteza nos anos do pós-guerra em consequência da desnazificação. Os aliados vitoriosos chegaram à Alemanha com a determinação expressa de eliminar todos os vestígios do nazismo, determinação confirmada quando Churchill, Roosevelt e Stalin se encontraram em Ialta em fevereiro de 1945. Depois que a Alemanha se rendeu, o Partido Nazista e todas as suas variadas subdivisões foram proibidos, as leis raciais nazistas derrubadas, os livros didáticos nazistas removidos das escolas e os monumentos nazistas demolidos. Em Potsdam, no verão de

1945, os líderes do Reino Unido, dos Estados Unidos e da União Soviética também concordaram que:

> Todos os membros do Partido Nazista que foram mais do que participantes nominais em suas atividades e todos os outros indivíduos hostis aos propósitos aliados serão removidos de cargos públicos e semipúblicos e de posições de responsabilidade em empreendimentos privados importantes. Serão substituídos por outros que, pelas qualidades morais e políticas, sejam considerados capazes de auxiliar a desenvolver genuínas instituições democráticas na Alemanha.[78]

O resultado foi uma ofensiva aliada contra a elite política nazista, removida dos seus cargos com a chegada dos soldados da ocupação, muitos dos seus membros recebendo punições. Isso não envolveu apenas o Julgamento dos Grandes Criminosos de Guerra de Nuremberg, iniciado no outono de 1945, e os vários julgamentos subsequentes; também envolveu o processo de milhares de ex-integrantes da SS e da Wehrmacht, além de chefes locais do Partido Nazista, autoridades do governo local e empresários. Um grande número de pessoas foi preso pelos aliados quando estes chegaram à Alemanha; no ponto máximo, logo após a guerra, eram 250 mil prisioneiros alemães, e, no final de 1946, o número de detidos ainda era de mais de 90 mil.[79] Nos anos que se seguiram, dezenas de milhares de alemães foram a julgamento, primeiro em tribunais aliados, depois nos tribunais dos dois Estados alemães do pós-guerra. No ocidente, de maio de 1945 a meados da década de 1980, cerca de 90 mil pessoas foram julgadas em tribunais aliados e depois alemães ocidentais, acusadas de crimes de guerra e crimes contra a humanidade, sendo 6.479 delas condenadas (a maioria entre 1945 e 1951). Na zona de ocupação soviética, cerca de 12.500 pessoas foram condenadas por crimes de guerra.[80] Em ambos os Estados alemães, o número de processos despencou rapidamente na década de 1950, enquanto os dois países buscavam um caminho próprio para esquecer o passado, deixando sem processo nem punição muitos milhares que provavelmente deveriam ter sido acusados de homicídio. Ainda assim, a campanha erradicou o nazismo como força política. Ninguém com destaque no regime nazista conseguiria continuar a carreira política em qualquer dos dois Estados sucessores alemães no pós-guerra (nem na Áustria, aliás) — embora o mesmo não tenha acontecido com outras elites funcionais (como médicos, advogados, jornalistas, empresários, funcionários públicos e acadêmicos), que tiveram êxito extraordinário ao juntar os cacos da carreira na Alemanha Ocidental após a guerra.[81]

No entanto, além dos que obviamente ocuparam posições de comando no aparelho estatal e policial antes de maio de 1945 e foram expurgados da vida pública no pós-guerra, não ficou necessariamente claro quais eram os "participantes mais do que nominais" nas atividades do regime nazista. Milhões de alemães tinham se filiado ao NSDAP e a outras organizações nazistas entre 1933 e 1945. Como a sua participação seria avaliada e tratada? Para lidar com isso, os aliados instituíram programas de "desnazificação", que envolviam o exame de milhões de alemães para avaliar o seu grau de cumplicidade e, caso considerado suficientemente grave, demiti-los de cargos de comando e responsabilidade no serviço público ou na economia. Bem cedo — na zona americana isso já ocorrera em março de 1946 —, a tarefa de examinar réus foi transferida para comitês e tribunais alemães. Milhões de alemães — no total, cerca de 6 milhões — foram obrigados a preencher longos questionários, pelos quais os tribunais deveriam determinar a extensão do seu envolvimento com o regime nazista. Na zona de ocupação americana, onde (pelo menos a princípio) esse processo foi executado com o máximo rigor, criou-se uma burocracia que empregava 20 mil pessoas para operar tribunais que classificavam os réus em cinco categorias: 1. grandes criminosos (*Hauptschuldige*); 2. criminosos (*Belastete*); 3. criminosos menores (*Minderbelastete*); 4. seguidores (*Mitläufer*); e 5. pessoas inocentadas (*Entlastete*).[82] Os que ficassem nas duas primeiras categorias estavam sujeitos a penas em campos de trabalho, expropriação de bens e perda de pensões estatais; os da terceira categoria enfrentavam a possibilidade de um período de até três anos em que não teriam permissão para ocupar nenhum cargo de comando e sofreriam penas financeiras moderadas (como redução do salário ou da pensão); e os *Mitläufer* eram submetidos somente a penas financeiras moderadas.[83]

O resultado previsível do processo de desnazificação foi que, tirando a grande maioria completamente inocentada, a maior parte das pessoas foi classificada como "seguidores".[84] Ou seja, de fato a máquina da desnazificação funcionou do modo descrito como *Mitläuferfabrik* — "fábrica de seguidores" —, e a imensa maioria dos considerados envolvidos com o regime nazista saiu dela como participantes passivos.[85] Contudo, quando a preocupação com a guerra fria e a reconstrução substituiu a preocupação com o defunto regime nazista, o processo de desnazificação logo se encerrou; na zona americana, a administração militar deu fim a ele em maio de 1948. Em geral, quanto maior a demora para examinar um caso, menos rigoroso era o exame, e aqueles cujos casos ainda estavam por decidir quando se encerrou a desnazificação não sofreram nenhuma punição. (Na Áustria, também o processo de desnazificação praticamente cessou em 1948 com a Lei da Anistia aprovada pelo *Nationalrat* em abril; ela deu fim aos processos de desnazificação dos 487.067 austríacos — mais de 90% de todos os ex-nacional-socialistas registrados — classificados como "menos incriminados", *minderbelastet*.)[86]

O processo de desnazificação serviu a dois propósitos, e lhes serviu bem. O primeiro foi o expurgo político que, efetivamente, impediu que pessoas de destaque do regime nazista obtivessem alguma nova posição com importância política. O expurgo político foi necessário não só para convencer os aliados de que Alemanha e a Áustria eram novamente dignas de confiança para cuidar de si, como também em respeito ao grande número de pessoas, inclusive alemães e austríacos, que sofreram em consequência do nazismo. O segundo propósito foi a reintegração nas sociedades do pós-guerra do grande número de "seguidores" que, de outro modo, poderiam se tornar um grupo suscetível a políticas direitistas de ressentimento. O processo foi necessário não só para a estabilidade política, mas também para a recuperação econômica (pois não fazia muito sentido excluir uma minoria substancial da população adulta de todas as atividades econômicas) e a reintegração social de muitos ex-nazistas.[87] Depois das terríveis experiências dos últimos estágios da guerra e do sofrimento e das dificuldades que acompanharam a ocupação em 1945, o fim da desnazificação permitiu que o povo sentisse que finalmente seria deixado em paz.

O processo de desnazificação teve duas consequências importantes e inter-relacionadas para o modo como os alemães passaram a ver o nazismo e o seu envolvimento com ele. Em primeiro lugar, o processo reforçou a crença comum e conveniente de que os ex-nazistas eram em maioria meros "seguidores" que, num sistema totalitário, tiveram pouca opção além de acompanhar o regime. Em agosto de 1947, na revista *Die Wandlung*, Karl Heinrich Knappstein (ex-editor do *Frankfurter Zeitung* e, depois da guerra, funcionário público graduado em Hesse antes de entrar para o serviço diplomático) exprimiu essa noção generalizada:

> A desnazificação é necessária para que os responsáveis pelo regime nacional-socialista prestem contas e para removê-los e mantê-los afastados de cargos importantes na comunidade democrática. Agora, quem era o estrato de liderança do nacional-socialismo? Na zona americana, seriam mesmo 3,3 milhões de pessoas? Será que esquecemos que o nacional-socialismo foi uma ditadura total culminando numa única cabeça reconhecidamente louca, que o seu estrato de liderança, ao contrário da elite de outras estruturas estatais, consistia num pequeno grupo centralizado que tentava resolver à sua moda o problema de governar as massas, com o uso especialmente sofisticado de meios de doutrinação desconhecidos em outras regiões? [...] De qualquer modo, não foram centenas de milhares os responsáveis pelo sistema de terror, e com certeza não milhões.[88]

A ideia de que a maioria dos alemães, na pior das hipóteses, era "seguidora" tornou mais fácil fazer vista grossa ao amplo envolvimento da população nos crimes do regime nazista e ao grau em que grande número de alemães "comuns" lucraram com ele, pelo menos até que a catástrofe os arrasasse no final da guerra.

Em segundo lugar, o modo como a desnazificação foi realizada deixou os alemães com uma forte sensação de que o processo fora injusto e desleal, o que ajudou a reforçar a noção generalizada da população alemã de que saíra como vítima do nazismo e da guerra. As pesquisas de opinião realizadas pelo governo militar americano indicam que, a princípio, no final de 1945 e no início de 1946, a desnazificação recebeu considerável aprovação popular. Entretanto, em 1949, apenas uma pequena minoria do público alemão exprimiu satisfação com o modo como fora realizada.[89] Em

1949, época em que se criaram os dois Estados alemães sucessores, havia apoio popular generalizado no sentido de pôr um ponto final no passado, de declarar anistia para que, num país cuja população incluía milhões de ex-filiados do NSDAP, quem tivesse um passado nazista talvez discutível não precisasse temer constantemente um acerto de contas. Essa "política do passado" foi assinalada com clareza em 29 de setembro de 1949 por Konrad Adenauer na sua primeira "declaração de governo", na qual afirmou ao Bundestag:

> Muita angústia e muito mal foram causados com a desnazificação. Os verdadeiros culpados dos crimes cometidos durante o período nacional-socialista e a guerra devem ser punidos com toda a severidade. Entretanto, fora isso não devemos mais diferenciar duas classes de pessoas na Alemanha: os politicamente inocentes e os que não são inocentes. Essa diferenciação deve desaparecer o mais breve possível.[90]

Estava aberto o caminho da reintegração dos ex-nazistas à sociedade alemã ocidental, e, na década de 1950, um número significativo de pessoas que haviam prosperado e progredido com os nazistas pôde voltar a fazê-lo na Alemanha Ocidental. Em novembro de 1946, ao falar aos líderes alemães dos *Länder* e províncias da zona de ocupação britânica, o general Gerald Templer observou que "a questão da desnazificação" era "um problema que, tanto para os senhores quanto para nós, apresenta dificuldades muito reais", e que "a doença só pode ser curada pelos próprios alemães". Ele esperava que "cargos importantes" fossem ocupados "não só por não nazistas, como por não nazistas explícitos".[91] Entretanto, na verdade a "doença" não foi "curada" como Templer previra. Em vez disso, depois de um intervalo decente muitos ex-nazistas encontraram o caminho de volta a cargos de influência e responsabilidade, pelo menos na Alemanha Ocidental. Na década de 1950, empresários, jornalistas, acadêmicos, juristas, oficiais e médicos que tinham se envolvido profundamente com o regime nazista conseguiram retomar as antigas carreiras e prosperar.[92] Para os que conseguiram escapar da forca nos anos imediatos do pós-guerra e para os que não tinham participado de organizações consideradas criminosas pelos aliados (a SS e o seu Serviço de Segurança, a Gestapo e o Escritório Central de Segurança do Reich), em geral a vida depois do nazismo não foi tão ruim assim.

No leste, na zona de ocupação soviética e na República Democrática Alemã, o processo de desnazificação e as suas consequências se desenrolaram de maneira bem diferente.[93] Quando começou, o processo de desnazificação na zona soviética foi conduzido com rigor igual ao verificado na zona americana, mas com intenção bem diferente. Na zona soviética, o processo de desnazificação foi usado deliberadamente para provocar mudanças estruturais na economia e na sociedade: não apenas remover ex-nazistas de cargos de influência política ou poder administrativo, mas ainda privar de poder e propriedades as elites sociais e econômicas. Também foi realizado contra o pano de fundo das atividades da polícia secreta e dos campos especiais criados na zona soviética. O processo de desnazificação no leste também diferiu do processo do oeste por terminar mais cedo e de forma menos ambígua. Em agosto de 1947, a Administração Militar soviética baixou a Ordem 201, que abria caminho para a reabilitação de ex-membros nominais do Partido Nazista (que a partir daí tiveram restaurados os direitos civis e políticos); e, em 26 de fevereiro de 1948, declarou oficialmente encerrada a desnazificação da zona soviética. Realmente se pusera um ponto final no passado, mas, ao contrário do ocorrido no ocidente, não houve retorno de ex-nazistas a cargos de influência no serviço público nem na economia. Em vez disso, o processo de desnazificação foi usado para promover uma revolução social, política e econômica de proporções duradouras. Os ex-integrantes do Partido Nazista, desde que não fossem considerados culpados de crimes de guerra e não tivessem morrido em prisões soviéticas,[94] poderiam se integrar à nova ordem "democrática antifascista" e depois "socialista real". Entretanto, a possibilidade de discussão pública de possíveis injustiças cometidas no processo de desnazificação estava fora de questão, assim como o retorno de ex-nazistas a cargos de influência e autoridade.

Quando se olha para trás, pode-se argumentar que, no ocidente, a reintegração de ex-nazistas talvez fosse necessária. Num sistema político democrático, seria problemático excluir pelo resto da vida centenas de milhares e talvez milhões de pessoas da participação na vida pública devido a um passado possivelmente discutível. Ao mesmo tempo, o fato de os alicerces do Estado alemão ocidental terem sido lançados quando os que se identificavam com o regime nazista estavam excluídos de cargos e influência pública pode ter permitido a sua reintegração sem pôr em risco a democracia alemã ocidental.[95] Entretanto, isso também fez com que só no final da década de 1960 e nas décadas que se seguiram o enfrentamento do passado nazista assumisse lugar de destaque na discussão pública alemã (ocidental). Durante décadas, a extrema violência da guerra, principalmente no seu último ano, ofuscou as lembranças do nazismo, o que permitiu a separação entre nazismo e guerra na memória popular. Essa separação teve importante função política nos anos do pós-guerra e pode ter contribuído para a estabilidade da democracia alemã. Por não enfrentar realmente o passado, os alemães conseguiram evitar questões profundamente perturbadoras e decisivas enquanto ainda estavam em carne viva.

Hannah Arendt, falando da sua primeira visita à Alemanha depois da Segunda Guerra Mundial entre novembro de 1949 e março de 1950, exprimiu de forma memorável a sua incredulidade com as atitudes que presenciou. Em meio aos indícios onipresentes da destruição da época da guerra, os alemães que encontrou exibiram, a seus olhos, ausência de luto pelos mortos, indiferença pelo destino dos refugiados em seu meio e a recusa teimosa e profundamente enraizada de fazer as pazes com o que havia acontecido.[96] Em vez disso, de acordo com ela, os alemães tinham se enchido de autopiedade e preocupação com o próprio destino, o que tornava impossível sondar a sua responsabilidade pelo que ocorrera. Na opinião da filósofa, para o "alemão médio" a guerra não fora consequência do nazismo, mas expressão da natureza humana inata que existia desde que Adão e Eva tinham sido expulsos do Jardim do Éden.

As observações de Arendt não foram um simples produto dos pontos de vista muito diferentes de uma intelectual judeo-alemã que emigrara em 1933 e de alemães que permaneceram na Alemanha. Elas também destacam um elemento básico de como os alemães viram o nazismo depois do seu falecimento: a importância fundamental da experiência dos alemães durante a guerra, sobretudo o choque da extrema violência de 1944 e 1945, que varreu a avaliação do nazismo para debaixo do tapete. Para Hannah Arendt, como hoje para a maioria (inclusive a maioria dos alemães), o nazismo estava inextricavelmente ligado à violência e ao genocídio. Como escreveu Ian Kershaw, era "um ataque às raízes da civilização",[97] ataque que torna inevitáveis as questões de culpa e responsabilidade. Entretanto, logo depois das experiências terríveis vividas enquanto a guerra chegava ao fim, os alemães se preocuparam com problemas bem diferentes. Na Alemanha, depois de 1945, o nazismo foi enterrado em duplo sentido: enterrado como movimento político e como ideologia capaz de mobilizar o apoio das massas e enterrado na memória do público. Com os horrores de 1944-45, a Alemanha nazista se transformou em *armes Deutschland* — "pobre Alemanha" — a inspirar pena em vez de repulsa. Aos seus próprios olhos, os alemães emergiram como vítimas da guerra, não como perpetradores do nazismo. Levaria pelo menos uma geração para que essa noção pudesse ser efetivamente questionada.

NOTAS

Introdução

1. Adolf Hitler, *Mein Kampf*, tradução para o inglês de James Murphy (Londres, 1939), p. 150; *Minha luta*, tradução para o português de Klaus von Punchen (São Paulo, 2001), p. 123.
2. Ver, especialmente, a bela síntese de Mark Mazower, *Dark Continent: Europe's Twentieth Century* (Londres, 1998).
3. Talvez se possa avaliar melhor esse fato pela recente, enorme e impressionante coleção, em três volumes, organizada por John K. Roth, Elisabeth Maxwell, Margot Levy e Wendy Whitworth, *Remembering for the Future. The Holocaust in an Age of Genocide* (Basingstoke e Nova York, 2001).
4. Dieter Pohl, *Nationalsozialistische Judenverfolgung in Ostgalizien 1941-1944. Organisation und Durchführung eines staatlichen Massenverbrechens* (Munique, 1996); Thomas Sandkühler, *'Endlösung' in Galizien. Der Judenmord in Ostpolen und die Rettungsinitiativen von Bertold Beitz 1941-1944* (Bonn, 1996); Bernhard Chiari, *Alltag hinter der Front. Besatzung, Kollaboration und Widerstand in Weissrussland 1941-1944* (Düsseldorf, 1998); Christian Gerlach, *Kalkulierte Mörde. Die deutsche Wirtschafts- und Vernichtungspolitik in Weissrussland 1941 bis 1944* (Hamburgo, 1999); Ulrich Herbert (org.), *National Socialist Extermination Policies. Contemporary German Perspectives and Controversies* (Nova York e Oxford, 2000).
5. Yaacov Lozowick, *Hitler's Bureaucrats. The Nazi Security Police and the Banality of Evil* (Londres e Nova York, 2000); Michael Wildt, *Generation des Unbedingten. Das Führungskorps des Reichssicherheitshauptamtes* (Hamburgo, 2002).
6. Gabriele Czarnowski, *Das kontrollierte Paar. Ehe- und Sexualpolitik im Nationalsozialismus* (Weinheim, 1991); Lisa Pine, *Nazi Family Policy 1933-1945* (Oxford e Nova York, 1997).
7. Michael Zimmermann, *Rassenutopie und Genozid. Eine nationalsozialistische 'Lösung der Zigeunerfrage'* (Hamburgo, 1996); Gunter Lewy, *The Nazi Persecution of the Gypsies* (Nova York, 2000).
8. Wolfgang Ayass, *"Asoziale" im Nationalsozialismus* (Stuttgart, 1995).
9. Patrick Wagner, *Volksgemeinschaft ohne Verbrecher. Konzeption und Praxis der Kriminalopolizei der Weimarer Republik und des Nationalsozialismus* (Hamburgo, 1996); Patrick Wagner, *Hitlers Kriminalisten. Die deutsche Kriminalpolizei und der Nationalsozialismus* (Munique, 2002).

10. Rolf-Dieter Müller, *Hitlers Ostkrieg und die deutsche Siedlungspolitik. Die Zusammenarbeit von Wehrmacht, Wirtschaft und SS* (Frankfurt am Main, 1991).
11. Jan Erik Schulte, *Zwangsarbeit und Vernichtung: Das Wirtschaftsimperium der SS. Oswald Pohl und das SS-Wirtschafts-Verwaltungshauptamt 1933-1945* (Paderborn, 2001); Michael Thad Allen, *The Business of Genocide. The SS, Slave Labor, and the Concentration Camps* (Chapel Hill, 2002).
12. Ernst Klee, *"Euthanasie" im NS-Staat. Die "Vernichtung lebensunwerten Lebens"* (Frankfurt am Main, 1985); Paul Weindling, *Health, Race and German Politics between National Unification and Nazism 1870-1945* (Cambridge, 1989); Michael Burleigh, *Death and Deliverance. 'Euthanasia' in Germany* (Cambridge, 2000); Michael Burleigh, *Ethics and Extermination. Reflections on Nazi Genocide* (Cambridge, 1997).
13. Michael Burleigh e Wolfgang Wippermann, *The Racial State. Germany 1933-1945* (Cambridge, 1991), p. 306.
14. Ver Götz Aly, *Rasse und Klasse. Nachforschungen zum deutschen Wesen* (Frankfurt am Main, 2003), p. 230-34.
15. Aly, *Rasse und Klasse*, p. 81.

1. O período posterior à Primeira Guerra Mundial e a ascensão do nazismo

1. Adolf Hitler, *Mein Kampf*, tradução para o inglês de James Murphy (Londres, 1939), p. 178; *Minha luta*, tradução para o português de Klaus von Punchen (São Paulo, 2001), p. 151.
2. Hitler, *Mein Kampf*, p. 182-84; *Minha luta*, p. 154.
3. Ver Ian Kershaw, *Hitler 1889-1936: Hubris* (Londres, 1998), p. 96-97.
4. Ver Jeffrey Verhey, *The Spirit of 1914. Militarism, Myth and Mobilization in Germany* (Cambridge, 2000).
5. Ver Wilhelm Deist, "The Military Collapse of the German Empire: The Reality Behind the Stab-in-the-Back Myth", em *War in History*, vol. 3, n. 2 (1996), p. 186-207.
6. De 1919 a 1923, as condenações penais mais do que dobraram, de 348.247 para 823.902. Nikolaus Wachsmann, "From Confinemant to Extermination. 'Habitual Criminals' in the Third Reich", em Robert Gellately e Nathan Stoltzfus (orgs.), *Social Outsiders in Nazi Germany* (Princeton e Oxford, 2001), p. 171.
7. Wolfgang Homering (orgs.), *Zeitzeugen des Jahrhunderts. Norbert Elias. Im Gespräch mit Hans Christian Huf* (Berlim, 1999), p. 25.
8. Stadtarchiv Heidelberg, 212a, 7: "Kriegsministerium to the Oberkommando in den Marken, sämtl. stellv. Gen. Kdos., an sämtl. Garnisonkommandos (ausser Elsass-Lothringen)", Berlim, 16 de novembro de 1918.
9. Gerhard A. Ritter e Susanne Miller (orgs.), *Die deutsche Revolution 1918-1919* (Frankfurt am Main, 1983), p. 139-41.
10. Ver Andreas Dorpalen, *Hindenburg and the Weimar Republic* (Princeton, 1964), p. 51-52; Roger Chickering, *Imperial Germany and the Great War, 1914-1918* (Cambridge, 1998), p. 190. A afirmação sobre "um general inglês" parece ter-se originado da leitura

incorreta de um artigo publicado em *Neue Züricher Zeitung* em dezembro de 1918. Ver Friedrich Frhr. Hiller von Gaertringen, "'Dolchstoss'-Diskussion und 'Dolchstosslegende' im Wandel von vier Jahrzehnten", em Waldemar Besson e Friedrich Frhr. Hiller von Gaertringen (orgs.), *Geschichte und Gegenwartsbewusstsein. Historische Betrachtungen und Untersuchungen. Festschrift für Hans Rothfels zum 70. Geburtstag* (Göttingen, 1963), p. 127-28.

11. George L. Mosse, *Fallen Soldiers: Reshaping the Memory of the World Wars* (Nova York e Oxford, 1990), p. 7.
12. Hitler, *Mein Kampf*, p. 182; *Minha luta*, p. 154.
13. Kershaw, *Hitler 1889-1936*, p. 109-28.
14. Ver o estudo pioneiro de Robert G. L. Waite, *Vanguard of Nazism. The Free Corps Movement in Postwar Germany 1918-1933* (Cambridge, Massachusetts, 1952).
15. Hagen Schulze, *Freikorps und Republik 1918-1920* (Boppard am Rhein, 1969), p. 36-37.
16. Ver Ulrich Herbert, "'Generation der Sachlichkeit'. Die völkische Studentenbewegung der früheren zwanziger Jahren in Deutschland", em Frank Bajohr, Werner Johe e Uwe Lohalm (orgs.), *Zivilisation und Barbarei. Die widersprüchlichen Potentiale der Moderne* (Hamburgo, 1991), p. 115-20; Michael Wildt, *Generation des Unbedingten. Das Führungskorps des Reichssicherheitshauptamtes* (Hamburgo, 2002), p. 46-52.
17. Sebastian Haffner, *Defying Hitler. A Memoir* (Londres, 2002), p. 16.
18. Sobre esse tema, ver o relato revelador de Dirk Walter, *Antisemitische Kriminalität und Gewalt. Judenfeindschaft in der Weimarer Republik* (Bonn, 1999), que documenta a natureza generalizada da violência antissemita na Alemanha de Weimar.
19. Segundo Hitler, nas "Diretrizes básicas para a reconstituição do Partido Nacional-Socialista dos Trabalhadores Alemães" publicadas no *Völkischer Beobachter* em 26 de fevereiro de 1925, p. 2. (Texto em Albrecht Tyrell, *Führer befiehl ...Selbstzeugnisse aus der "Kampfzeit" der NSDAP* [Düsseldorf, 1969], p. 105-107.)
20. Sobre esse processo na Baixa Saxônia, ver Jeremy Noakes, *The Nazi Party in Lower Saxony 1921-1933* (Oxford, 1971), p. 89-107; sobre esse processo na Alemanha oriental, ver Richard Bessel, *Political Violence and the Rise of Nazism. The Storm Troopers in Eastern Germany 1925-1934* (New Haven e Londres, 1984), p. 13-14; sobre esse processo na Turíngia, ver Donald R. Tracey, Der Aufstieg der NSDAP bis 1930, em Detlev Heiden e Gunther Mai (orgs.), *Nationalsozialismus in Thüringen* (Weimar, Colônia e Viena, 1995), p. 53-67.
21. O número de 1928 citado na década de 1930 era de 108.717. Ver *Schlag nach! Wissenswerte Tatsachen aus allen Gebieten* (2. ed., Leipzig, 1939), p. 220. Na verdade, o número era um pouco menor: Michael Kater o calcula em 96.918. Ver Michael Kater, *The Nazi Party. A Social Profile of Members and Leaders, 1919-1945* (Oxford, 1983), p. 263.
22. De acordo com Michael Kater, "metade de todo o corpo discente alemão pode ter-se unido aos nazistas até 1930". Ver Kater, *The Nazi Party*, p. 44.

23. Citado em Thomas Childers, "The Limits of National Socialist Mobilisation: The Elections of 6 November 1932 and the Fragmentation of the Nazi Constituency", em Thomas Childers (org.), *The Formation of the Nazi Constituency 1919-1933* (Londres e Sydney, 1986), p. 232.
24. Proclamação de Stahlhelm-Landesverband Brandenburg, 2 de fevereiro de 1928, citada em Wolfram Wette, "Ideologien, Propaganda und Innenpolitik als Voraussetzungen der Kriegspolitik des Dritten Reiches", em Wilhelm Deist, Manfred Messerschmidt, Hans-Erich Volksmann e Wolfram Wette, *Ursachen und Voraussetzungen der deutschen Kriegspolitik (Das Deutsche Reich und der Zweite Weltkrieg*, vol. I) (Stuttgart, 1979), p. 41.
25. Ao analisar os padrões de apoio eleitoral, Jürgen Falter descreveu a coalizão de eleitores por trás de Hindenburg, em 1925, como "arauto dos triunfos eleitorais do NSDAP em 1932 e 1933". Jürgen W. Falter, "The Two Hindenburg Elections of 1925 and 1932: A Total Reversal of Voter Coalitions", *Central European History*, vol. 23, n. 2/3 (1990), p. 239. Ver também Peter Fritzsche, "Presidential Victory and Popular Festivity in Weimar Germany: Hindenburg's 1925 Election", *Central European History*, vol. 23, n. 2/3 (1990), p. 205-224.
26. Ver Bernd Weisbrod, "Gewalt in der Politik. Zur politischen Kultur der Gewalt in Deutschland zwischen den beiden Weltkriegen", *Geschichte in Wissenschaft und Unterricht*, vol. 43 (1992), p. 391-404; Bernd Weisbrod, "The Crisis of Bourgeois Society in Interwar Germany", em Richard Bessel (org.), *Fascist Italy and Nazi Germany. Comparisons and Contrasts* (Cambridge, 1996), p. 34-37; Dirk Schumann, *Politische Gewalt in der Weimarer Republik 1918-1933. Kampf um die Strasse und Furcht vor dem Bürgerkrieg* (Essen, 2001).
27. Wilhelm Deist, *Militär, Staat und Gesellschaft. Studien zur preussischdeutschen Militärgeschichte* (Munique, 1991), p. 390.
28. Michael Geyer, *Aufrüstung der Sicherheit. Die Reichswehr in der Krise der Machtpolitik 1924-1936* (Wiesbaden, 1980), p. 23-27, 80-82.
29. "Denkschrift des Reichswehrministers Groener zur wehrpolitischen Lage des Deutschen Reiches Ende 1928", em Otto Ernst Schüddekopf, *Das Heer und die Republik. Quellen zur Politik der Reichswehrführung 1918-1933* (Hannover e Frankfurt am Main, 1955), p. 251-54.
30. Ver Michael Geyer, "Professionals and Junkers: German Rearmament and Politics in the Weimar Republic", em Richard Bessel e E. J. Feuchtwanger (orgs.), *Social Change and Political Development in Weimar Germany* (Londres, 1981), p. 77-133.
31. F. L. Carsten, *The Reichswehr and Politics, 1918-1933* (Oxford, 1966), p. 351-56.
32. Bessel, *Political Violence and the Rise of Nazism*, p. 67-74.
33. Albert Grzesinski, *Inside Germany* (Nova York, 1939), p. 135.
34. Citado em Christian Streit, *Keine Kameraden. Die Wehrmacht und die sowjetischen Kriegsgefangenen 1941-1945* (Stuttgart, 1978), p. 115.
35. Bessel, *Political Violence and the Rise of Nazism*, p. 48.
36. Bundesarchiv, NS 23/274, ff. 105175-7: "The Führer der Untergruppe Mittelschlesien Slid to the Oberste SA-Führung, Reichenbach (Eulengeb.)", 26 de setembro de 1932.

37. Kershaw, *Hitler 1889-1936*, p. 337-38.
38. Richard Bessel, "The Potempa Murder", *Central European History*, vol. 10 (1977), p. 241-54; Kershaw, *Hitler 1889-1936*, p. 381-82.
39. Joseph Goebbels, *Kampf um Berlin* (9. ed., Munique, 1936), p. 30.
40. Ver Eve Rosenhaft, *Beating the Fascists? The German Communists and Political Violence 1929-1933* (Cambridge, 1983).
41. Bessel, *Political Violence and the Rise of Nazism*, p. 87-92.
42. Ver Conan Fischer, *Stormtroopers. A Social, Economic and Ideological Analysis, 1929-1935* (Londres, 1983), p. 179-205; Bessel, *Political Violence and the Rise of Nazism*, p. 97-118; Eric G. Reiche, *The Development of the SA in Nurnberg, 1922-1934* (Cambridge, 1986), p. 173-86; Peter Longerich, *Die braunen Bataillone. Geschichte der SA* (Munique, 1989), p. 165-79.
43. Walter, *Antisemitische Kriminalität und Gewalt*, p. 211-21.
44. Esra Bennathan, "Die demographische und wirtschaftliche Struktur der Juden", em Werner E. Mosse e Arnold Paucker (orgs.), *Entscheidungsjahr 1932. Zur Judenfrage in der Endphase der Weimarer Republik* (Tübingen, 1966), p. 88-131; Donald L. Niewyck, *The Jews in Weimar Germany* (Baton Rouge e Londres, 1980), p. 11-19.
45. Ver, por exemplo, Peter H. Merkl, *Political Violence under the Swastika. 581 Early Nazis* (Princeton, 1975), p. 498-517; Peter H. Merkl, *The Making of a Stormtrooper* (Princeton, 1980), p. 222-28.
46. "Central-Verein deutscher Staatsbürger jüdischen Glaubens. Ortsgruppe Köln", Colônia, novembro de 1930, reproduzido em Arnold Paucker, *Der jüdische Abwehrkampf gegen Antisemitismus und Nationalsozialismus in den letzten Jahren der Weimarer Republik* (2. ed., Hamburgo, 1968), p. 194.
47. Thomas Childers, *The Nazi Voter. The Social Foundations of Fascism in Germany, 1919-1933* (Chapel Hill e Londres, 1983), p. 268.
48. Ver Richard F. Hamilton, *Who Voted for Hitler?* (Princeton, 1982); Childers, *The Nazi Voter*; Jürgen W. Falter, *Hitlers Wähler* (Munique, 1991).
49. Richard Bessel, *Germany after the First World War* (Oxford, 1993), p. 270-71.
50. Wolfram Wette, "From Kellogg to Hitler (1928-1933). German Public Opinion Concerning the Rejection or Glorification of War", em Wilhelm Deist (org.), *The German Military in the Age of Total War* (Leamington Spa, 1985), p. 79.
51. Contra a onda de literatura que glorificava a guerra, o sucesso de Erich Maria Remarque, *Im Westen nichts Neues* [*Nada de novo no front*], se manteve como exceção isolada e controvertida. Há uma discussão perspicaz da aceitação e do sucesso do famoso livro de Remarque em Modris Eksteins, *Rites of Spring. The Great War and the Birth of the Modern Age* (Londres, 2000), p. 274-99.
52. Veja a declaração clássica dessa tese em Tim Mason, "The Legacy of 1918 for National Socialism", em Anthony Nicholls e Erich Matthias (orgs.), *German Democracy and the Triumph of Hitler. Essays in Recent German History* (Londres, 1970), p. 215-39.

2. *O regime nazista e o caminho para a guerra*

1. Reinhard Müller, "Hitlers Rede vor der Reichswehrführung 1933. Eine neue Moskauer Überlieferung", *Mittelweg 36* (1/2001), p. 73-90. Essa versão do discurso de Hitler, surgida recentemente em Moscou, é mais completa e detalhada do que as anotações feitas na reunião pelo general Kurt Liebmann, até então citadas com frequência em relatos da criação do governo nazista. Veja as anotações de Liebmann em Thilo Vogelsang, "Neue Dokumente zur Geschichte der Reichswehr 1930-1933", *Vierteljahrshefte für Zeitgeschichte*, vol. II (1954), doc. n. 8, p. 434-35. Há uma tradução para o inglês das anotações de Liebmann em J. Noakes e G. Pridham (orgs.), *Nazism 1919-1945. Volume 3: Foreign Policy, War and Racial Extermination. A Documentary Reader* (Exeter, 2001), p. 20-21.
2. Müller, "Hitlers Rede vor der Reichswehrführung 1933", p. 76-79.
3. Citado em Müller, "Hitlers Rede vor der Reichswehrführung 1933", p. 73.
4. Citado em Klaus-Jürgen Müller, *Das Heer und Hitler. Armee und nationalsozialistisches Regime 1933-1940* (Stuttgart, 1969), p. 63.
5. Müller, *Das Heer und Hitler*, p. 37-39.
6. Wilhelm Deist, *The Wehrmacht and German Rearmament* (Londres, 1981), p. 104.
7. Wolfram Wette, *Die Wehrmacht. Feindbilder, Vernichtungskrieg, Legenden* (Frankfurt am Main, 2002), p. 151-53.
8. Henry Ashby Turner, Jr., *Hitler's Thirty Days to Power. January 1933* (Reading, Massachusetts, 1996), p. 144-45; Ian Kershaw, *Hitler 1889-1936: Hubris* (Londres, 1998), p. 420.
9. Kershaw, *Hitler 1889-1936*, p. 421. Ver também Larry Eugene Jones, "'The Greatest Stupidity of My Life'. Alfred Hugenberg and the Formation of the Hitler Cabinet, January 1933", *Journal of Contemporary History*, vol. 27 (1992), p. 63-87.
10. Citado em J. Noakes e G. Pridham (orgs.), *Nazism 1919-1945. Volume 1: The Rise to Power 1919-1934. A Documentary Reader* (Exeter, 1983), p. 134-35.
11. Citado em Michael Wildt, *Generation des Unbedingten. Das Führungskorps des Reichssicherheitshauptamtes* (Hamburgo, 2002), p. 143.
12. Richard Bessel, *Political Violence and the Rise of Nazism. The Storm Troopers in Eastern Germany 1925-1934* (New Haven e Londres, 1984), p. 98-99.
13. Archiwum Państwowe we Wrocławiu, Rejencja Opolska I/1797, f. 1: "The Pr. Minister des Innern to the Ober- und Regierungspräsidenten and the Polizeipräsident in Berlin", Berlim, 15 de fevereiro de 1933.
14. Ver Karl Dietrich Bracher, Wolfgang Sauer e Gerhard Schultz, *Die nationalsozialistische Machtergreifung. Studien zur Errichtung des totalitären Herrschaftssystems in Deutschland 1933/34* (2. ed., Colônia e Opladen, 1962), p. 72-73, 864-65.
15. Bracher, Sauer e Schulz, *Die nationalsozialistische Machtergreifung*, p. 66; Bessel, *Political Violence and the Rise of Nazism*, p. 112-14.
16. *Reichsgesetzblatt*, 1933, I, p. 35: "Verordnung des Reichspräsidenten zum Schutz des Deutschen Volkes vom 4. Februar 1933".

17. *Reichsgesetzblatt*, 1933, I, p. 83: "Verordnung des Reichspräsidenten zum Schutz von Volk und Staat vom 28. Februar 1933".
18. Heinrich Uhlig, *Die Warenhäuser im Dritten Reich* (Colônia e Opladen, 1956), p. 77-85.
19. Kurt Patzold, *Faschismus Rassenwahn Judenverfolgung. Eine Studie zur politischen Strategie und Taktik des faschistischen deutschen Imperialismus (1933-1945)* (Berlim, 1975), p. 40.
20. Por exemplo, em Pasewalk: Archiwum Państwowe w Szczecinie, Regierung Stettin — Präsidial Abteilung Polizei, n. 36, f. 141: "The Bürgermeister to the Landrat in Uekermünde", Pasewalk, 13 de março de 1933.
21. Bessel, *Political Violence and the Rise of Nazism*, p. 105-106. Em geral, ver também Eric Johnson, *The Nazi Terror. The Gestapo, Jews and Ordinary Germans* (Londres, 1999), p. 88-90; Michael Wildt, "Violence against Jews in Germany", 1933-1939, em David Bankier (org.), *Probing the Depths of German Antisemitism. German Society and the Persecution of the Jews, 1933-1941* (Oxford e Jerusalém, 2000), p. 191-94; Dirk Schumann, *Politische Gewalt in der Weimarer Republik 1918-1933. Kampf um die Strasse und Furcht vor dem Bürgerkrieg* (Essen, 2001), p. 331-34.
22. Ver Bessel, *Political Violence and the Rise of Nazism*, p. 105-109; Saul Friedländer, *Nazi Germany and the Jews. The Years of Persecution 1933-1939* (Londres, 1997), p. 21-23.
23. Ver Helmut Genschel, *Die Verdrängung der Juden aus der Wirtschaft im Dritten Reich* (Göttingen, 1966); Avraham Barkai, *From Boycott to Annihilation: The Economic Struggle of German Jews, 1933-1943* (Hannover, New Hampshire, 1989).
24. Bundesarchiv, R 43 II/1195, f. 61: "Aufruf Adolf Hitlers an SA und SS, Berlim", 10 de março de 1933.
25. Bessel, *Political Violence and the Rise of Nazism*, p. 122-25.
26. *Die Tagebücher von Joseph Goebbels. Sämtliche Fragmente* (org. Elke Fröhlich), *Teil I. Aufzeichnungen 1924-1941. Band 2 1.1.1931-31-12-1936* (Munique, Nova York, Londres e Paris, 1987), p. 398 (registro de 27 de março de 1933).
27. Kershaw, *Hitler 1889-1936*, p. 502.
28. Ian Kershaw, *The 'Hitler Myth'. Image and Reality in the Third Reich* (Oxford, 1987), p. 54-56.
29. *Reichsgesetzblatt*, 1933, I, p. 141: "Gesetz zur Behebung der Not von Volk und Reich (Ermachtigungsgesetz) vom 24. März 1933".
30. *Reichsgesetzblatt*, 1933, I, p. 479: "Gesetz gegen die Neubildung von Parteien vom 14. Juli 1933".
31. "Ausführungen des Reichswehrministers von Blomberg vor den Gruppen- und Wehrkreisbefehlshabern im Reichswehrministerium. Handschriftliche Aufzeichnungen des Gen.Lt. Liebmann". Publicado em Thilo Vogelsang, "Neue Dokumente zur Geschichte der Reichswehr 1930-1933", *Vierteljahrshefte far Zeitgeschichte*, vol. 2 (1954), doc. n. 7, p. 432.
32. "Lagebericht der Staatsopolizeistelle Stettin an das Geheime Staatspolizeiamt über den Monat Juli", 4 de agosto de 1934, publicado em Robert Thévoz, Hans Branig e Cécile

Lowenthal-Hensel (orgs.), *Pommern 1934/35 im Spiegel von Gestapo-Lageberichten und Sachakten (Quellen)* (Colônia e Berlim, 1974), p. 31.

33. "Halbmonatsbericht des Bezirkamts Ebermannstadt", 14 de julho de 1934, em Martin Broszat, Elke Fröhlich e Falk Wiesemann (orgs.), *Bayern in der NS-Zeit. Soziale Lage und politisches Verhalten der Bevölkerung im Spiegel vertraulicher Berichte* (Munique, 1977), p. 71.
34. Ver Kershaw, *The 'Hitler Myth'*, p. 84-95.
35. Discurso de Hitler ao Reichstag em 13 de julho de 1934, em Erhard Klöss (org.), *Reden des Führers. Politik und Propaganda Adolf Hitlers* (Munique, 1967), p. 146. Quanto à reação do exército ao "caso Röhm", ver Müller, *Das Heer und Hitler*, p. 125-33.
36. R. J. Overy, *War and Economy in the Third Reich* (Oxford, 1994), p. 78.
37. Martin Kornrumpf, *HAFRABA e.V Deutsche Autobahn-Planung 1926-1934* (Bonn, 1990); Franz W. Siedler, "Fritz Todt — Vom Autobahnbauer zum Reichsminister", em Ronald Smelser e Rainer Zitelmann (org.), *Die braune Elite* (Darmstadt, 1989), p. 299-312; Erhard Schütz e Eckhard Gruber, *Mythos Reichsautobahn. Bau und Inszenierung der "Strassen des Führers" 1933-1941* (Berlim, 1996).
38. Overy, *War and Economy in the Third Reich*, p. 85.
39. James D. Shand, "The Reichsautobahnen. Symbol for the Third Reich", *Journal of Contemporary History*, vol. 19 (1984), p. 189-200.
40. No ponto máximo, em março de 1934, cerca de 630 mil estavam empregadas em planos de criação de vagas de trabalho. Ver Overy, *War and Economy in the Third Reich*, p. 53.
41. Overy, *War and Economy in the Third Reich*, p. 39.
42. Overy, *War and Economy in the Third Reich*, p. 196. Ver também Ulrich Herbert, *Geschichte der Ausländerbeschäftigung in Deutschland 1880 bis 1980. Saisonarbeiter, Zwangsarbeiter, Gastarbeiter* (Bonn, 1986), p. 120-24.
43. De 1933 a 1939, a duração média em horas da jornada semanal de trabalho dos operários industriais aumentou de 42,9 para 48,7. Ver Rüdiger Hachtmann, *Industriearbeit im Dritten Reich: Untersuchungen zu den Lohn- und Arbeitsbedingungen in Deutschland 1933-1945* (Göttingen, 1989), p. 51.
44. Ver Götz Aly, *Rasse und Klasse. Nachforschungen zum deutschen Wesen* (Frankfurt am Main, 2003), p. 230-44.
45. R. J. Overy, *Goering. The 'Iron Man'* (Londres, 1984), p. 64-68.
46. Overy, *War and Economy in the Third Reich*, p. 87.
47. Norbert Frei, *National Socialist Rule in Germany, The Führer State 1933-1945* (Oxford e Cambridge, Massachusetts, 1993), p. 82; Hans Mommsen e Manfred Grieder, *Das Volkswagenwerk und seine Arbeiter im Dritten Reich* (Düsseldorf, 1996), p. 189-202. O número de contratos de poupança assinados para os automóveis "Força pela Alegria" era de 270 mil no final de 1939; outras 70 mil pessoas assinaram até a primavera de 1945.
48. Ian Kershaw escolheu 1936 como momento divisório dos dois volumes da sua recente biografia de Hitler, a época em que o ditador nazista "se tornou o principal crente do seu culto ao Führer" e a nêmesis ocupou o lugar da húbris. Ver Kershaw, *Hitler 1889-1936*, p. 591.

49. Embora o ministro da Guerra Von Blomberg continuasse preocupado, o ministro das Relações Exteriores Von Neurath estava convencido, com base nas informações da espionagem, de que os franceses não agiriam militarmente. Ver Zach Shore, "Hitler, Intelligence and the Decision to Remilitarize the Rhine", *Journal of Contemporary History*, vol. 34, n. 1 (janeiro de 1999), p. 5-18. De acordo com Stephen Schuker, é duvidoso que, depois de cortes substanciais no orçamento militar, os franceses fossem capazes de resistir à remilitarização. Ver Stephen A. Schuker, "France and the Remilitarization of the Rhineland, 1936", *French Historical Studies*, vol. 14, n. 3 (primavera de 1986), p. 299-338.
50. Michael Geyer, "The Dynamics of Military Revisionism in the Interwar Years. Military Politics between Rearmament and Diplomacy", em Wilhelm Deist (org.), *The German Military in the Age of Total War* (Leamington Spa, 1985), p. 130.
51. Citado em Kershaw, *Hitler 1889-1936*, p. 591.
52. Citado em Overy, *War and Economy in the Third Reich*, p. 189.
53. Wilhelm Treue, "Hitlers Denkschrift zum Vierjahresplan 1936", *Vierteljahrshefte far Zeitgeschichte*, vol. 3 (1955), p. 204-206.
54. Treue, "Hitlers Denkschrift zum Vierjahresplan 1936", p. 210.
55. Wilhelm Deist, *The Wehrmacht and German Rearmament* (Londres, 1981), p. 53.
56. Wilhelm Deist, *Militär, Staat und Gesellschaft. Studien zur preussischdeutschen Militärgeschichte* (Munique, 1991), p. 410-13. O Acordo Naval Anglo-Germânico de julho de 1935, que previa uma marinha alemã com 35% do tamanho da britânica, era considerado pelo comando naval como apenas "provisório".
57. Charles S. Thomas, *The German Navy in the Nazi Era* (Londres, 1990), p. 141; Jost Düffer, *Weimar, Hitler und die Marine. Realpolitik und Flottenbau 1920-1939* (Düsseldorf, 1973), p. 457-58. No período guilhermino, o máximo que esteve em construção ao mesmo tempo foi de 200 mil toneladas.
58. Ver Klaus-Jürgen Müller, *Armee und Drittes Reich 1933-1939. Darstellung und Dokumentation* (Paderborn, 1987), p. 100-101.
59. Na verdade, o exército chegou ao efetivo de 2.758.000 homens quando a guerra começou em 1º de setembro de 1939. Ver Deist, *The Wehrmacht and German Rearmament*, p. 89.
60. Müller, *Armee und Drittes Reich 1933-1939*, p. 101.
61. Deist, *Militär, Staat und Gesellschaft*, p. 413-14.
62. Ver Overy, *Goering. The 'Iron Man'*, p. 68.
63. Publicado em Klaus-Jürgen Müller, *Armee und Drittes Reich 1933-1939*, p. 311-16. Citação da p. 311.
64. Willi A Boelcke, *Die Kosten von Hitlers Krieg. Kriegsfinanzierung und finanzielles Kriegserbe in Deutschland 1933-1948* (Paderborn, 1985), p. 51; Overy, *War and Economy in the Third Reich*, p. 20.
65. Overy, *War and Economy in the Third Reich*, p. 21.
66. "Ausarbeitung des Allgemeinen Heeresamtes über den Aufbau des Friedens- und Kriegsheeres vom 1 August 1936", em Müller, *Armee und Drittes Reich 1933-1939*, p. 304-308.
67. Citado em Müller, *Armee und Drittes Reich 1933-1939*, p. 102.

68. Foi esse o título de um artigo publicado por Herbert Backe no *NS-Landpost* em 7 de julho de 1942. Trecho publicado em Gustavo Corni e Horst Gies, *"Blut und Boden": Rassenideologie und Agrarpolitik im Staat Hitlers* (Idstein, 1994), p. 207.
69. Herbert Backe, "Die russische Getreidewirtschaft als Grundlage der Land- und Volkswirtschaft Russlands". Quero agradecer a Adam Tooze por me chamar a atenção para esse texto.
70. Ver Gustavo Corni e Horst Gies, *Brot, Butter Kanonen. Die Ernährungswirtschaft in Deutschland unter der Diktatur Hitlers* (Berlim, 1997), p. 399-409.
71. Ian Kershaw, *Popular Opinion and Political Dissent in the Third Reich: Bavaria 1933-1945* (Oxford, 1983), p. 83. O problema foi extensamente descrito, por exemplo, no relatório do SPD de agosto de 1935, no qual houve comparações com as condições de vida durante a Primeira Guerra Mundial. Ver *Deutschland-Berichte der Sozialdemokratischen Partei Deutschlands (Sopade) 1934-1940. Zweiter Jahrgang 1935* (Frankfurt am Main, 1980), p. 951-60 (aqui, p. 960).
72. Isso deixou muito agitado o ministro da Guerra Von Blomberg. Ver a carta do Reichskriegsministers und Oberbefehlshabers der Wehrmacht, de 5 de agosto de 1937, ao Reichsarbeitsminister zur Landarbeiterfrage, em Corni e Gies, *"Blut und Boden"*, p. 167-68.
73. Como, por exemplo, o teórico da raça Hans Friedrich Karl Günther, então diretor do Instituto de Estudos Raciais, Biologia dos Povos e Sociologia Rural (*Anstalt für Rassenkunde, Völkerbiologie und Ländliche Soziologie*) da Universidade de Berlim, num discurso na cerimônia comemorativa do 126º aniversário da fundação da universidade, em novembro de 1936. Ver Elvira Weisenburger, "Der 'Rassepabst'. Hans Friedrich Karl Günther, Professor für Rassenkunde", em Michael Kissner e Joachim Scholtyseck (orgs.), *Die Führer der Provinz. NS-Biographien aus Baden und Württemberg* (Konstanz, 1997), p. 189.
74. Hans Land, *Die Bekampfung der Schwarzarbeit, des Doppelverdienertums und der Frauenarbeit im Rahmen der deutschen Konjunkturpolitik* (dissertação, Marburgo, 1937), p. 45. Citado em Dorothee Klinksiek, *Die Frau im NS-Staat* (Stuttgart, 1982), p. 100.
75. *Reichsgesetzblatt*, 1933, I, p. 326-29: "Gesetz zur Verminderung der Arbeitslosigkeit vom 1. Juni 1933, Abschitt V: Förderung der Eheschliessungen"; *Reichsgesetzblatt*, 1933, I, p. 377-79: "Durchführungsverordnung Ober die Gewahrung von Ehestandsdarlehen (EDDVO) vom 20. Juni 1933". Empréstimos de até mil reichsmarks, sob a forma de vales para a compra de bens domésticos específicos, foram disponibilizados a mulheres que largassem o emprego para se casar; com o nascimento de cada filho, descontavam-se 25% da quantia a ser paga. Ver também Klinksiek, *Die Frau im NS-Staat*, p. 102; Gabriele Czarnowski, *Das kontrollierte Paar. Ehe- und Sexualpolitik im Nationalsozialismus* (Wiesbaden, 1991), p. 101-35; Gabriele Czarnowski, "'The Value of Marriage for the *Volksgemeinschaft*'. Policies towards Women and Marriage under National Socialism", em Richard Bessel (org.), *Fascist Italy and Nazi Germany. Comparisons and Contrasts* (Cambridge, 1996), p. 100-101; e Elizabeth D. Heineman, *What Difference*

Does a Husband Make? Women and Marital Status in Nazi and Postwar Germany (Berkeley, Los Angeles e Londres, 1999), p. 22. Em 1938, dois quintos dos casais recebiam empréstimos matrimoniais ao se casar; no total, de 1933 a 1944 foram concedidos cerca de 2 milhões desses empréstimos.

76. "Wortprotokoll der 5. Tagung der Reichsarbeitskammer vom 24. November 1936 in Berlin", publicado em Timothy W. Mason, *Arbeiterklasse und Volksgemeinschaft. Dokumente und Materialien zur deutschen Arbeiterpolitik 1936-1939* (Opladen, 1975), p. 170-91 (aqui, p. 185).
77. Klinksiek, *Die Frau im NS-Staat*, p. 105; Rüdiger Hachtmann, *Industriearbeit im "Dritten Reich"*, p. 39-41.
78. Lisa Pine, *Nazi Family Policy, 1933-1945* (Oxford e Nova York, 1997), p. 109. Em 1941, 1,1 milhão de famílias tinham recebido esses bônus.
79. *Reichsgesetzblatt*, 1933, I, p. 529-31: "Gesetz zur Verhütung erbkranken Nachwuchses vom 14. Juli 1933".
80. Gisela Bock, *Zwangssterilisation im Nationalsozialismus. Studien zur Rassenpolitik und Frauenpolitik* (Opladen, 1986), p. 232. Ver também Annette Feldmann e Horst-Pierre Bothien, "Zwangssterilisation in Bonn. Zur Arbeit des Erbsgesundheitsgerichts Bonn (1934-1944)", em Annette Kuhn (org.), *Frauenleben im NS-Alltag. Bonner Studien zur Frauengeschichte* (Pfaffenweiler, 1994), p. 248-49.
81. Bock, *Zwangssterilisation im Nationalsozialismus*, p. 372.
82. Reiner Pommerin, *Sterilisierung der Rheinlandbastarde. Das Schicksal einer farbigen deutschen Minderheit 1918-1937* (Düsseldorf, 1979), p. 77-84.
83. *Reichsgesetzblatt*, 1935, I, p. 1.246: "Gesetz zum Schutze der Erbsgesundkeit des deutschen Volkes (Ehegesundheitsgesetz) vom 18. Oktober 1935". Ver também Heineman, *What Difference Does a Husband Make?*, p. 23-25.
84. Walter Schnell, *Die öffentliche Gesundheitspflege* (Leipzig, Stuttgart e Berlim, 1938), p. 66. Citado em Ernst Klee, *Deutsche Medizin im Dritten Reich. Karrieren vor und nach 1945* (Frankfurt am Main, 2001), p. 63.
85. Klinksiek, *Die Frau im NS-Staat*, p. 80-81.
86. Ver Ulrich Herbert, "Good Times, Bad Times: Memories of the Third Reich", em Richard Bessel (org.), *Life in the Third Reich* (edição revista, Oxford, 2001), p. 97-110.
87. Statistisches Reichsamt (org.), *Statistisches Jahrbuch far das Deutsche Reich 1936* (Berlim, 1936), p. 35.
88. Detlev J. K. Peukert, *Inside Nazi Germany. Conformity, Opposition and Racism in Everyday Life* (Londres, 1987), p. 76.
89. Klinksiek, *Die Frau im NS-Staat*, p. 120-22; Ute Benz, "Einleitung. Frauen im Nationalsozialismus", em Ute Benz (org.), *Frauen im Nationalsozialismus. Dokumente und Zeugnisse* (Munique, 1993), p. 14-15. No final de 1938, a Deutsches Frauenwerk contava com quase 1,8 milhão de associadas, além de 4 milhões de "membros societários" no "Altreich".
90. *Deutschland-Berichte der Sozialdemokratischen Partei Deutschlands (Sopade) 1934-1940. Erster Jahrgang 1934* (Frankfurt am Main, 1980), p. 117.

91. Michael Schneider, *Unterm Hakenkreuz. Arbeiter und Arbeiterbewegung 1933 bis 1939* (Bonn, 1999), p. 178.
92. Schneider, *Unterm Hakenkreuz*, p. 168-243.
93. Frei, *National Socialist Rule in Germany*, p. 82; Schneider, *Unterm Hakenkreuz*, p. 230-31.
94. *Deutschland-Berichte der Sozialdemokratischen Partei Deutschlands (Sopade) 1934-1940. Zweiter Jahrgang 1935* (Frankfurt am Main, 1980), p. 410: relatório de abril de 1933.
95. *Deutschland-Berichte der Sozialdemokratischen Partei Deutschlands (Sopade) 1934-1940. Zweiter Jahrgang 1935* (Frankfurt am Main, 1980), p. 412: relatório de abril de 1935. Reações semelhantes foram descritas pouco mais de um ano depois, no verão de 1936, quando o período de serviço militar obrigatório passou de um para dois anos. Ver *Deutschland-Berichte der Sozialdemokratischen Partei Deutschlands (Sopade) 1934-1940. Dritter Jahrgang 1936* (Frankfurt am Main, 1980), p. 1.097-1.103: relatório de setembro de 1936. Em termos gerais, ver Ute Frevert, *Die kasernierte Nation. Militärdienst und Zivilgesellschaft in Deutschland* (Munique, 2001), p. 317-19.
96. *Deutschland-Berichte der Sozialdemokratischen Partei Deutschlands (Sopade) 1934-1940. Zweiter Jahrgang 1935* (Frankfurt am Main, 1980), p. 412: relatório de abril de 1935.
97. *Deutschland-Berichte der Sozialdemokratischen Partei Deutschlands (Sopade) 1934-1940. Dritter Jahrgang 1936* (Frankfurt am Main, 1980), p. 304: relatório de março de 1936.
98. *Deutschland-Berichte der Sozialdemokratischen Partei Deutschlands (Sopade) 1934-1940. Drifter Jahrgang 1936* (Frankfurt am Main, 1980), p. 301: relatório de março de 1936.
99. Wolfgang Ribbe (org.), *Die Lageberichte der Geheimen Staatspolizei über die Provinz Brandenberg und die Reichshauptstadt Berlin 1933 bis 1936.* Teilband I. *Der Regierungsbezirk Potsdam* (Weimar e Viena, 1998), p. 251: "Lagebericht der Staatspolizeistelle Potsdam für April 1935". Sobre a corrupção no "Terceiro Reich" em geral, Frank Bajohr, "Nationalsozialismus und Korruption", *Mittelweg 36*, n. 1 (1998), p. 57-77; Frank Bajohr, *Parvenüs und Profiteure. Korruption in der NSZeit* (Frankfurt am Main, 2001).
100. *Deutschland-Berichte der Sozialdemokratischen Partei Deutschlands (Sopade) 1934-1940. Dritter Jahrgang 1936* (Frankfurt am Main, 1980), p. 829: relatório de julho de 1936.
101. Texto publicado em Müller, *Armee und Drittes Reich 1933-1939*, p. 316-23 (doc. 145). Citação da p. 316.
102. Veja uma descrição meticulosa dos eventos complicados de janeiro e fevereiro de 1938 em Ian Kershaw, *Hitler 1936-1945. Nemesis* (Londres, 2000), p. 52-60.
103. Citado em Overy, *War and Economy in the Third Reich*, p. 185.
104. Beck, "Betrachtungen zur gegenwärtigen militärpolitischen Lage Deutschlands", em Miller, *Armee und Drittes Reich 1933-1939*, p. 326-29.
105. Carola Sachse et al., *Angst, Belohnung, Zucht und Ordnung. Herrschaftsmechanismen im Nationalsozialismus* (Opladen, 1982).
106. Robert Gellately, *The Gestapo and German Society. Enforcing Racial Policy 1933-1945* (Oxford, 1990); Klaus-Michael Mallmann e Gerhard Paul, *Herrschaft und Alltag. Ein*

Industrierevier im Dritten Reich (Bonn, 1991); Klaus-Michael Mallmann e Gerhard Paul, "Allwissend, allmächtig, allgegenwärtig? Gestapo, Gesellschaft und Widerstand", *Zeitschrift far Geschichtswissenschaft*, vol. 41 (1993); Gerhard Paul e Klaus-Michael Mallmann (org.), *Die Gestapo. Mythos und Realität* (Darmstadt, 1995).

107. Robert Gellately, *Backing Hitler. Consent and Coercion in Nazi Germany* (Oxford, 2001).
108. Mallmann e Paul, *Herrschaft und Alltag*, p. 249.
109. Wildt, *Generation des Unbedingten.*
110. Andreas Seeger, *"Gestapo Müller". Die Karriere eines Schreibtischtäters* (Berlim, 1996), p. 28-52.
111. Citado em Seeger, *"Gestapo Müller"*, p. 39.
112. Reinhard Heydrich, "Die Bekämpfung der Staatsfeinde", em *Deutsches Recht*, vol. 6, n. 7/8 (15 de abril de 1936), p. 121-23 (aqui, 121). Citado em Wildt, *Generation des Unbedingten*, p. 13.
113. *Reichsgesetzblatt*, 1933, I, p. 175: "Gesetz zur Wiederherstellung des Berufsbeamtentums vom 7. April 1933".
114. *Reichsgesetzblatt*, 1935, I, p. 1146: "Reichsbürgergesetz vom 15. September 1935"; *Reichsgesetzblatt*, 1935, I, p. 1.146-47: "Gesetz zum Schutze des deutschen Blutes und der deutschen Ehre vom 15. September 1935". Sobre as Leis de Nuremberg, ver Hans Mommsen, *Auschwitz, 17. Juli 1942. Der Weg zur europäischen "Endlösung des Judenfrage"* (Munique, 2002), p. 41-55; e, principalmente, Cornelie Essner, *Die "Nürnberger Gesetze" oder Die Verwaltung des Rassenwahns 1933-1945* (Paderborn, 2002), p. 76-173. No começo de 1936, ciganos e não brancos foram incluídos nos termos da lei "para a proteção do sangue alemão".
115. *Reichsgesetzblatt*, 1935, I, p. 1.333-34: "Erste Verordnung zum Reichsbürgergesetz vom 14. November 1935".
116. *Reichsgesetzblatt*, 1935, I, p. 700: "Verordnung über die Musterung und Aushebung 1935 vom 29. Mai 1935". De acordo com esse decreto, que estipulava que a "ascendência ariana é precondição para o serviço militar ativo", "não ariano" era "quem quer que descenda de não arianos, principalmente de pais ou avós judeus. Basta que um dos pais ou avós seja não ariano. Isso se deve supor principalmente quando um pai ou avô for da religião judaica".
117. Essner, *Die "Nürnberger Gesetze"*, p. 445.
118. Peter Longerich, *Politik der Vernichtung. Eine Gesamtdarstellung der nationalsozialistischen Judenverfolgung* (Munique e Zurique, 1998), p. 106-11.
119. *Deutschland-Berichte der Sozialdemokratischen Partei Deutschlands (Sopade) 1934-1940. Drifter Jahrgang 1936* (Frankfurt am Main, 1980), p. 27: relatório de janeiro de 1936.
120. Ver, por exemplo, Wolfgang Ribbe (org.), *Die Lageberichte der Geheimen Staatspolizei über die Provinz Brandenberg und die Reichshauptstadt Berlin 1933 bis 1936.* Teilband I. *Der Regierungsbezirk Potsdam* (Weimar e Viena, 1998), p. 366: "Lagebericht der Staatspolizeistelle Potsdam für September 1935".

121. Na primavera de 1938, entre 60% e 70% de todas as empresas pertencentes a judeus que funcionavam na Alemanha em janeiro de 1933 tinham deixado de operar ou estavam em mãos de "arianos". Ver Avraham Barkai, "'Schicksalsjahr 1938'. Kontinuität und Verschärfung der wirtschaftlichen Ausplünderung der deutschen Juden", em Walter H. Pehle (org.), *Der Judenpogrom 1938. Von der "Reichskristallnacht" zum Völkermord* (Frankfurt am Main, 1994), p. 96.
122. Isso ocorreu, por exemplo, na região de Osnabrück no verão de 1935. Ver Gerd Steinwascher (org.), *Gestapo Osnabrück meldet ... Polizei- und Regierungsberichte aus dem Regierungsbezirk Osnabrück aus den Jahren 1933 bis 1936* (Osnabrück, 1995), p. 249-52: "Dokument 39: Lagebericht der Staatspolizeistelle Osnabrück an das Geheime Staatspolizeiamt für den Monat August 1935 vom 4. September 1935".
123. Ver, principalmente, Marion Kaplan, *Between Dignity and Despair: Jewish Life in Nazi Germany* (Nova York e Oxford, 1998).
124. Steinwascher (org.), *Gestapo Osnabrück meldet...*, p. 166: "Lagebericht der Staatspolizeistelle Osnabrück an das Geheime Staatspolizeiamt für die Monate März und April 1935 vom 4. Mai 1935".
125. Avraham Barkai, "Schicksalsjahr 1938", p. 96.
126. Marion Kaplan, "When the Ordinary Became Extraordinary. German Jews Reacting to Nazi Persecution, 1933-1939", em Robert Gellately e Nathan Stoltzfus (orgs.), *Social Outsiders in Nazi Germany* (Princeton e Oxford, 2001), p. 90.
127. Konrad Kwiet, "Gehen oder bleiben? Die deutschen Juden am Wendepunkt", em Pehle (org.), *Der Judenpogrom 1938*, p. 139.
128. Pouco depois, Mussolini descobriu que ele, pessoalmente, e os italianos em geral também eram "arianos", e, no começo de agosto, a Itália fascista começou a baixar suas próprias leis antissemitas. Ver R. J. B. Bosworth, *Mussolini* (Londres, 2002), p. 334-44.
129. Sobre as boas-vindas delirantes recebidas por Hitler e pela Wehrmacht na Áustria, ver Evan Burr Bukey, *Hitler's Austria. Popular Sentiment in the Nazi Era 1938-1945* (Chapel Hill e Londres, 2000), p. 28-33.
130. Franz von Papen, *Memoirs* (Londres, 1952), p. 438. Citado em Kershaw, *Hitler 1936-1945*, p. 83.
131. Hans Witek, "'Arisierung' in Wien. Aspekte nationalsozialistischer Enteignungspolitik 1938-1940", em Emmerich Talos, Ernst Hanisch e Wolfgang Neugebauer (orgs.), *NS--Herrschaft in Österreich 1938-1945* (Viena, 1988), p. 199-216; Hans Safrian, *Eichmann und seine Gehilfen* (Frankfurt am Main, 1995), p. 23-67.
132. Karl A. Schleunes, *The Twisted Road to Auschwitz. Nazi Policy Toward German Jews 1933-39* (Londres, 1971).
133. Trude Maurer, "Abschiebung und Attentat. Die Ausweisung der polnischen Juden und der Vorwand für die 'Kristallnacht'", em Pehle (org.), *Der Judenpogrom 1938*, p. 52-73.
134. Uwe Dietrich Adam, "Wie spontan war der Pogrom?", em Pehle (org.), *Der Judenpogrom 1938*, p. 76-80.

135. Ver Heinz Lauber, *Judenpogrom: "Reichskristallnacht" November 1938 in Grossdeutschland. Daten, Fakten, Dokumente, Quellentexte, Thesen und Bewertungen* (Gerlingen, 1981), p. 123-24.
136. *Reichsgesetzblatt*, 1938, I, p. 1579: "Reichsverordnung über eine Sühneleistung der Juden deutscher Staatsangehörigkeit vom 12. November 1938".
137. *Deutschland-Berichte der Sozialdemokratischen Partei Deutschlands (Sopade) 1934-1940. Fünfter Jahrgang 1938* (Frankfurt am Main, 1980), p. 1.204-205: relatório n. 11, "Abgeschlossen am 10. Dezember 1938". Ver também William Sheridan Allen, "Die deutsche Bevölkerung und die 'Reichskristallnacht'. Konflikte zwischen Werthierarchie und Propaganda im Dritten Reich", em Detlev Peukert e Jürgen Reulecke (orgs.), *Die Reihen fast geschlossen. Beiträge zur Geschichte des Alltags unterm Nationalsozialismus* (Wuppertal, 1980), p. 397-412.
138. A partir de março de 1939, medida semelhante foi aplicada aos sintis e romas, identificados nos passaportes como "ciganos" (*Zigeuner*).
139. Ver Saul Friedländer, *Nazi Germany and the Jews. The Years of Persecution 1933-39* (Londres, 1997), p. 280-88.
140. Sobre a grave escassez de moeda estrangeira na Alemanha nazista no início de 1938, ver Albrecht Ritschl, "Die deutsche Zahlungsbilanz 1936-1941 und das Problem des Devisenmangels vor Kriegsbeginn", *Vierteljahrshefte für Zeitgeschichte*, vol. 39, n. 1 (1991), p. 103-23.
141. Müller, *Armee und Drittes Reich 1933-1939*, p. 118; Kershaw, *Hitler 1936-1945*, p. 163-65.
142. Müller, *Armee und Drittes Reich 1933-1939*, p. 359: "Weisung Hitlers vom 21. Oktober 1938".
143. Wilhelm Treue, "Rede Hitlers vor der deutschen Presse (10. November 1938)", *Vierteljahrshefte für Zeitgeschichte*, vol. 6, n. 2 (1958), p. 175-91.
144. Hitler, *Mein Kampf*, p. 540-2; *Minha luta*, p. 471: "O movimento nacional-socialista [...] deve ensinar o nosso povo a desprezar as coisas insignificantes e visar apenas o mais importante, a não fragmentar a sua atividade, a não esquecer nunca que o fim pelo qual devemos combater hoje é a existência da nação."
145. *Deutschland-Berichte der Sozialdemokratischen Partei Deutschlands (Sopade) 1934-1940. Fünfter Jahrgang 1938* (Frankfurt am Main, 1980), p. 944: relatório n. 9, "Abgeschlossen am 10. Oktober 1938".
146. Treue, "Rede Hitlers vor der deutschen Presse", p. 184-5. Tradução para o inglês em J. Noakes e G. Pridham (orgs.), *Nazism 1919-1945. Volume 3: Foreign Policy, War and Racial Extermination* (Exeter, 2001), p. 113-16.
147. Treue, "Rede Hitlers vor der deutschen Presse", p. 185.
148. Ver Müller, *Armee und Drittes Reich 1933-1939*, p. 119.
149. Müller, *Armee und Drittes Reich 1933-1939*, p. 370: "Rede Hitlers am 10. Februar 1939 vor Truppenkommandeuren in Berlin".
150. Müller, *Armee und Drittes Reich 1933-1939*, p. 373-74: "Rede Hitlers am 10. Februar 1939 vor Truppenkommandeuren in Berlin".

151. Müller, *Armee und Drittes Reich 1933-1939*, p. 123-24.
152. Michael Geyer, "The Dynamics of Military Revisionism in the Interwar Years. Military Politics between Rearmament and Diplomacy", em Wilhelm Deist (org.), *The German Military in the Age of Total War* (Leamington Spa, 1985), p. 147.
153. Deist, *The Wehrmacht and German Rearmament*, p. 88-9. Isso ajudou a compensar as quebras de produção da Alemanha e foi muito útil depois que a guerra começou. Três divisões blindadas foram equipadas com veículos de combate tchecoslovacos na campanha contra a França.
154. Müller, *Armee und Drittes Reich 1933-1939*, p. 377: "Weisung des Chefs des Oberkommando der Wehrmacht, Generaloberst Keitel, vom 3. April 1939".
155. Müller, *Armee und Drittes Reich 1933-1939*, p. 375-76: "Vermerk über Mitteilungen Hitlers an General von Brauchitsch vom 25. März 1939 betreffend künftige politische und militärishe Pläne".
156. Miller, *Armee und Drittes Reich 1933-1939*, p. 380: "Niederschrift des Oberstleutnants Schmundt über die Besprechung in der Reichskanzlei am 23. Mai 1939. Bericht über die Besprechung Hitlers am 23.5.1939".
157. Müller, *Armee und Drittes Reich 1933-1939*, p. 385: "Ausführungen Hitlers vor dem Oberbefehlshaber des Heeres und dem Chef des Generalstabes am 17. August 1939".
158. Müller, *Armee und Drittes Reich 1933-1939*, p. 385.

3. O nazismo e a Segunda Guerra Mundial

1. J. Noakes e G. Pridharn (orgs.), *Nazism 1919-1945. Volume 3: Foreign Policy, War and Racial Extermination* (Exeter, 2001), p. 1.049.
2. Hans Mommsen, "The Realization of the Unthinkable: The 'Final Solution of the Jewish Question' in the Third Reich", em Gerhard Hirschfeld (org.), *The Politics of Genocide. Jews and Soviet Prisoners of War in Nazi Germany* (Londres, 1986), p. 93-144.
3. Isso foi discutido com clareza extraordinária há mais de 35 anos por Andreas Hiligruber, "Die 'Endlösung' und das deutsche Ostimperium als Kernstück des rassenideologischen Programms des Nationalsozialismus", em Manfred Funke (org.), *Hitler, Deutschland und die Mächte. Materialien zur Aussenpolitik des Dritten Reiches* (Düsseldorf, 1978), p. 94-114.
4. Ver Gabriele Schneider, *Mussolini in Afrika. Die faschistische Rassenpolitik in den italienischen Kolonien 1936-1941* (Colônia, 2000), p. 143.
5. Gerhard L. Weinberg, *A World at Arms. A Global History of World War II* (Cambridge, 1994), p. 322, 862-63.
6. Discurso de Hitler ao Reichstag em 1º de setembro de 1939, publicado em Erhard Klöss (org.), *Reden des Führers. Politik und Propaganda Adolf Hitlers 1922-1945* (Munique, 1967), p. 215.
7. Ver Rüdiger Overmans, *Deutsche militärische Verluste im Zweiten Weltkrieg* (Munique, 1999), p. 239.
8. Weinberg, *A World at Arms*, p. 57.

9. Peter Longerich estima que a conquista da Polônia em 1939 pôs cerca de 1,7 milhão de judeus sob controle alemão. Ver Peter Longerich, *Politik der Vernichtung. Eine Gesamtdarstellung der nationalsozialistischen Judenverfolgung* (Munique e Zurique, 1998), p. 252.
10. *Die Tagebücher von Joseph Goebbels. Sämtliche Fragmente, Teil I. Aufzeichnungen 1924-1941. Band 3. 1.1.1937-31.12.1939* (org. Elke Fröhlich) (Munique, Nova York, Londres e Paris, 1987), p. 628: registro de 2 de novembro de 1939.
11. Generaloberst (Franz) Halder, *Kriegstagebuch. Bd. 1. Vom Polenfeldzug bis zum Ende der Westoffensive (14.8.1939-30.6.1940)* (org. Hans-Adolf Jacobsen) (Stuttgart, 1962), p. 183-84: registro de 5 de fevereiro de 1940. Ver também Rolf-Dieter Müller, *Hitlers Ostkrieg und die deutsche Siedlungspolitik* (Frankfurt am Main, 1991), p. 20-22; Christopher R. Browning, *Nazi Policy, Jewish Workers, German Killers* (Cambridge, 2000), p. 61.
12. Otto Dietrich, *Auf den Strassen des Sieges. Erlebnisse mit dem Führer in Polen* (Munique, 1940), p. 180.
13. Martin Broszat, *Nationalsozialistische Polenpolitik 1939-1945* (Stuttgart, 1961), p. 85-86; Ian Kershaw, *Hitler 1936-1945. Nemesis* (Londres, 2000), p. 318.
14. O número de poloneses assim expulsos foi estimado entre 365 mil em meados de março de 1941 (Broszat, *Nationalsozialistische Polenpolitik*, p. 100-101) e mais de 800 mil até o final de 1941 (Götz Aly e Susanne Heim, *Vordenker der Vernichtung. Auschwitz und die deutschen Plane für eine neue europäische Ordnung* [Frankfurt am Main, 1993], p. 160; Jost Düllfer, *Nazi Germany 1933-1945. Faith and Annihilation* [Londres, 1996], p. 156).
15. Düllfer, *Nazi Germany 1933-1945*, p. 156; Aly e Heim, *Vordenker der Vernichtung*, p. 153.
16. Götz Aly, *'Final Solution'. Nazi Population Policy and the Murder of the Jews* (Londres, 1999), p. 113-19.
17. Ver Longerich, *Politik der Vernichtung*, p. 251-70.
18. Ver Aly e Heim, *Vordenker der Vernichtung*, p. 257-65; Longerich, *Politik der Vernichtung*, p. 273-85.
19. Michael Wildt, *Generation des Unbedingten. Das Führungskorps des Reichssicherheitshauptamtes* (Hamburgo, 2002), p. 421-28.
20. Michael Wildt, "Radikalisierung und Seibstradikalisierung 1939. Die Geburt des Reichssicherheitshauptamtes aus dem Geist des völkischen Massenmords", em Gerhard Paul e Klaus-Michael Mallniann (orgs.), *Die Gestapo im Zweiten Weltkrieg. "Heimatfront" und besetztes Europa* (Darmstadt, 2000), p. 22-23.
21. Ver Wlodzimierrz Borodziej, *Terror und Politik. Die deutsche Polizei und die polnische Widerstandsbewegung im Generalgouvernement 1939-1944* (Mainz, 1999), p. 26.
22. Wildt, *Generation des Unbedingten*, p. 428-73.
23. Citado em Wildt, "Radikalisierung und Seibstradikalisierung", p. 30. Ver também Longerich, *Politik der Vernichtung*, p. 243.
24. Generaloberst (Franz) Halder, *Kriegstagebuch. Bd.1. Vom Polenfeldzug bis zum Ende der Westoffensive (14.8.1939-30.6.1940)*, org. Hans-Adolf Jacobsen (Stuttgart, 1962), p. 81-82: registro de 20 de setembro de 1939.

25. Hans Mommsen, *Auschwitz, 17. Juli 1942. Der Weg zur europäischen "Endlösung der Judenfrage"* (Munique, 2002), p. 97.
26. Longerich, *Politik der Vernichtung*, p. 256-60.
27. Christian Jansen e Arno Weckbecker, *Der "Volksdeutsche Selbstschutz" in Polen 1939/40* (Munique, 1992), p. 155. Ver também Borodziej, *Terror und Politik*, p. 29; "Wildt, Radikalisierung und Selbstradikalisierung", p. 36.
28. Generaloberst (Franz) Halder, *Kriegstagebuch. Bd. 1. Vom Polenfeldzug bis zum Ende der Westoffensive (14.8-1939-30.6.1940)*, org. Hans-Adolf Jacobsen (Stuttgart, 1962), p. 107: registro de 18 de outubro de 1939.
29. *Die Tagebucher von Joseph Goebbels. Sämtliche Fragmente, Teil I. Aufzeichnungen 1924-1941. Band 3. 1.1.1937-31.12.1939*, org. Elke Fröhlich (Munique, Nova York, Londres e Paris, 1987), p. 604: registro de 10 de outubro de 1939.
30. Uwe Dietrich Adam, *Judenpolitik im Dritten Reich* (Düsseldorf, 1972), p. 255; Longerich, *Politik der Vernichtung*, p. 270.
31. Veja uma descrição de alguns massacres cometidos entre o outono de 1939 e a primavera de 1940 em Longerich, *Politik der Vernichtung*, p. 245-46.
32. Helmuth Groscurth, *Tagebücher eines Abwehroffiziers 1938-1940* (Stuttgart, 1970), p. 438-40: "General der Artillerie [Walter] Petzel, [Befehlshaber] Wehrkreiskommando XXI a BdE [Befehlshaber des Ersatzheeres], Posen, 23.11.1939".
33. Wildt, "Radikalisierung und Seibstradikalisierung", p. 41.
34. Ernst Klee, *"Euthanasie" im NS-Staat. Die "Vernichtung lebensunwerten Lebens"* (Frankfurt am Main, 1985), p. 95-98; Longerich, *Politik der Vernichtung*, p. 236-37.
35. Detlev J. K. Peukert, "Rassismus und 'Endlösungs'-Utopie. Thesen zur Entwicklung und Struktur der nationalsozialistischen Vernichtungspolitik", em Christoph Klessmann (org.), *Nicht nur Hitlers Krieg. Der Zweite Weltkrieg und die Deutschen* (Düsseldorf, 1989), p. 71
36. Klee, *"Euthanasie" im NS-Staat*, p. 417.
37. Nikolaus Wachsmann, "From Indefinite Confinement to Extermination. 'Habitual Criminals' in the Third Reich", em Robert Gellately e Nathan Stoltzfus (orgs.), *Social Outsiders in Nazi Germany* (Princeton, 2001), p. 177. O número de crimes passíveis de pena de morte subiu de três, em 1933, para 46 no final da guerra.
38. Wolfgang Ayass, *"Asoziale" im Nationalsozialismus* (Stuttgart, 1995); Patrick Wagner, *Volksgemeinschaft ohne Verbrecher. Konzeption und Praxis der Kriminalpolizei in der Zeit der Weimarer Republik und des Nationalsozialismus* (Hamburgo, 1996); Patrick Wagner, *Hitlers Kriminalisten. Die deutsche Kriminalpolizei und der Nationalsozialismus* (Munique, 2002); Nikolaus Wachsmann, "From Indefinite Confinement to Extermination", p. 165-91.
39. Wagner, *Hitlers Kriminalisten*, p. 11.
40. Patrick Wagner, *Volksgemeinschaft ohne Verbrecher. Konzeption und Praxis der Kriminalpolizei in der Zeit der Weimarer Republik und des Nationalsozialismus* (Hamburgo, 1996), p. 374.
41. Elizabeth D. Heineman, *What Difference Does a Husband Make? Women and Marital Status in Nazi and Postwar Germany* (Berkeley, Los Angeles e Londres, 1999), p. 46-47.

42. Ver John Keegan, *The Mask of Command* (Nova York, 1987), p. 274-75.
43. Vale notar nesse contexto que, mesmo em agosto de 1941, quando as baixas alemãs na Rússia aumentavam, Franz Halder, chefe do estado-maior das forças armadas, fazia comparações favoráveis com as baixas alemãs muitíssimo maiores nos dois primeiros anos da Primeira Guerra Mundial. Ver Generaloberst (Franz) Halder, *Kriegstagebuch, Bd. III, Der Russlandfeldzug bis zum Marsch auf Stalingrad (22.6.1941-24.9.1942)*, org. Hans-Adolf Jacobsen (Stuttgart, 1964), p. 190: registro de 21 de agosto de 1941.
44. Ver Omer Bartov, "From Blitzkrieg to Total War: Controversial Links between Image and Reality", em Ian Kershaw e Moshe Levin (orgs.), *Stalinism and Nazism: Dictatorship in Comparison* (Cambridge, 1997), p. 160-65.
45. Citado em Hans-Erich Volkmann, "Von Blomberg zu Keitel — Die Wehrmachtführung und die Demontage des Rechtsstaates", em Rolf-Dieter Müller e Hans-Erich Volkmann (orgs.), *Die Wehrmacht. Mythos und Realität* (Munique, 1999), p. 63.
46. *Meldungen aus dem Reich. Die geheimen Lageberichte des Sicherheitsdienstes der SS 1938-1945* (org. Heinz Boberach), vol. 4 (Herrsching, 1984), p. 1.218: "Meldungen aus dem Reich (nr. 94) 6. Juni 1940".
47. Generaloberst (Franz) Halder, *Kriegstagebuch, Bd. II. Von der geplanten Landung in England bis zum Beginn des Ostfeldzuges (1.7.1940-21.6.1941)*, org. Hans-Adolf Jacobsen (Stuttgart, 1963), p. 455: registro de 14 de junho de 1941. Wilhelm Deist, *Militär, Staat und Gesellschaft. Studien zur preussisch-deutschen Militärgeschichte* (Munique, 1991), p. 371-72.
48. Andreas Hillgruber, *Hitlers Strategie. Politik und Kriegführung 1940-1941* (Frankfurt am Main, 1965), p. 506-507; Weinberg, A *World at Arms*, p. 204.
49. Walter Manoschek, "'Gehst mit Juden erschiessen?' Die Vernichtung der Juden in Serbien", em Hannes Heer e Klaus Naumann (orgs.), *Vernichtungskrieg. Verbrechen der Wehrmacht 1941 bis 1944* (Hamburgo, 1995), p. 39-56.
50. Walter Manoschek, *"Serbien ist judenfrei". Militärische Besatzungspolitik und Judenvernichtung in Serbien 1941/42* (Munique, 1993), p. 31: "Korpsbefehl nr. 9 von General v. Kortzfleisch, Generalkommando XI. Armeekorps, 27.4.1941".
51. Manoschek, *"Serbien ist judenfrei"*, p. 31.
52. Manoschek, *"Serbien ist judenfrei"*, p. 32: "Befehl des Oberbefehlshabers der 2. Armee, Weichs, 28.4.1941".
53. Mark Mazower, *Inside Hitler's Greece. The Experience of Occupation, 1941-1944* (New Haven e Londres, 1993), p. 238-44; <motlc.wiesenthal.com/text/x29/xr2934.html>.
54. Generaloberst (Franz) Halder, *Kriegstagebuch. Bd. II. Von der geplanten Landung in England bis zum Beginn des Ostfeldzuges (1.7.1940-21.6.1941)*, org. Hans-Adolf Jacobsen (Stuttgart, 1963), p. 464, Anlage 2: "Oberkommando des Heeres, H.Qu.OKH, den 31. Januar 1941, 'Aufmarschanweisung Barbarossa'".
55. É comum esquecer que, durante a Primeira Guerra Mundial, os alemães invadiram a leste muitas das mesmas "terras desoladas, sujas e devastadas pela guerra" que invadiriam na Segunda e que a experiência de ocupação anterior afetou bastante a visão que os

alemães tinham do leste na década de 1940. Ver o importante estudo de Vejas Gabriel Liulevicius, *War Land on the Eastern Front. Culture, National Identity and German Occupation in World War I* (Cambridge, 2000). Liulevicius também ressalta até que ponto a ideia de *Lebensraum* tomou forma na experiência alemã a leste na Primeira Guerra Mundial (p. 247-77).

56. Andreas Hillgruber, "Das Russland-Bild der führenden deutschen Militärs vor Beginn des Angriffs auf die Sowjetunion", em Alexander Fischer, Günter Moltmann e Klaus Schwabe (org.), *Russland-Deutschland-Amerika. Festschrift für Fritz T Epstein zum 80. Geburtstag* (Wiesbaden, 1978), p. 296-310, aqui p. 306.
57. Deist, *Militär, Staat und Gesellschaft*, p. 371. Entretanto, Wilhelm Deist ressalta que o efetivo da força que invadiu a União Soviética não era maior do que o que atacara o ocidente no ano anterior; o que era muito maior era a extensão da frente, que, em junho de 1941, era mais que o dobro da frente de maio de 1940.
58. Generaloberst (Franz) Halder, *Kriegstagebuch, Bd. II. Von der geplanten Landung in England bis zum Beginn des Ostfeldzuges (1.7.1940-21.6.1941)*, org. Hans-Adolf Jacobsen (Stuttgart, 1963), p. 320: registro de 17 de março de 1941.
59. Generaloberst (Franz) Halder, *Kriegstagebuch, Bd. II. Von der geplanten Landung in England bis zum Beginn des Ostfeldzuges (1.7.1940-21.6.1941)*, org. Hans-Adolf Jacobsen (Stuttgart, 1963), p. 336-37: registro de 30 de março de 1941. Em termos gerais, ver Christian Streit, *Keine Kameraden. Die Wehrmacht und die sowjetischen Kriegsgefangenen 1941-1945* (Stuttgart, 1978), p. 34-35; Reinhard Otto, *Wehrmacht, Gestapo und sowjetische Kriegsgefangene im deutschen Reichsgebiet 1941/42* (Munique, 1998), p. 49-57.
60. Deist, *Militär, Staat und Gesellschaft*, p. 381.
61. Generaloberst (Franz) Halder, *Kriegstagebuch, Bd. II. Von der geplanten Landung in England bis zum Beginn des Ostfeldzuges (1.7.1940-21.6.1941)*, org. Hans-Adolf Jacobsen (Stuttgart, 1963), p. 337: registro de 30 de março de 1941.
62. Deist, *Militär, Staat und Gesellschaft*, p. 381-82.
63. Deist, *Militär, Staat und Gesellschaft*, p. 382-83; Mommsen, *Auschwitz*, p. 114.
64. Citado em Jürgen Förster, "Das Unternehmen 'Barbarossa' als Eroberungs- und Vernichtungskrieg", em Horst Boog et al., *Der Angriff auf die Sowjetunion* (Frankfurt am Main, 1991), p. 531. Hoepner foi o comandante de blindados que, em dezembro de 1941, mais se aproximou de Moscou, e depois, em janeiro de 1942, foi exonerado por Hitler por ordenar a retirada tática dos soldados para evitar baixas desnecessárias. Hoepner foi enforcado em agosto de 1944 na penitenciária de Plötzensee, em Berlim, pelo seu papel no atentado a bomba de julho.
65. Generaloberst (Franz) Halder, *Kriegstagebuch, Bd. III. Der Russlandfeldzug bis zum Marsch auf Stalingrad (22.6.1941-24.9.1942)*, org. Hans-Adolf Jacobsen (Stuttgart 1964), p. 53: registro de 8 de julho de 1941.
66. Citado em Andreas Hillgruber, "Die 'Endlösung' und das deutsche Ostimperium als Kernstück des rassenideologischen Programms des Nationalsozialismus", em Manfred Funke (org.), *Hitler, Deutschland und die Mächte. Materialien zur Aussenpolitik des Dritten Reiches* (Düsseldorf, 1978), p. 107. Ver também Streit, *Keine Kameraden*, p. 115.

67. Citado em Hillgruber, "Die 'Endlösung' und das deutsche Ostimperium", p. 107-108.
68. Streit, *Keine Kameraden*, p. 36; Michael Burleigh, *The Third Reich. A New History* (Londres, 2000), p. 513; Pavel Polian, "Sowjetische Staatsangehörige im 'Dritten Reich' während des Zweiten Weltkriegs. Gruppen und Zahlen", em Babette Quinkert (org.), *"Wir sind die Herren dieses Landes". Ursachen, Verlauf und Folgen des deutschen Überfalls auf die Sowjetunion* (Hamburgo, 2002), p. 140-41.
69. Generaloberst (Franz) Halder, *Kriegstagebuch, Bd. III. Der Russlandfeldzug bis zum Marsch auf Stalingrad (22.6.1941-24.9.1944)*, org. Hans-Adolf Jacobsen (Stuttgart, 1964), p. 29: registro de 30 de junho de 1941.
70. Generaloberst (Franz) Halder, *Kriegstagebuch, Bd. III. Der Russlandfeldzug bis zum Marsch auf Stalingrad (22.6.1941-24.9.1944)*, org. Hans-Adolf Jacobsen (Stuttgart, 1964), p. 117: registro de 25 de julho de 1941.
71. Overmans, *Deutsche militärische Verluste*, p. 238-39.
72. Generaloberst (Franz) Halder, *Kriegstagebuch, Bd. III. Der Russlandfeldzug bis zum Marsch auf Stalingrad (22.6.1941-24.9.1942)*, org. Hans-Adolf Jacobsen (Stuttgart, 1964), p. 374: registro de 5 de janeiro de 1942.
73. Generaloberst (Franz) Halder, *Kriegstagebuch, Bd III. Der Russlandfeldzug bis zum Marsch auf Stalingrad (22.6.1941-24.9.1942)*, org. Hans-Adolf Jacobsen (Stuttgart, 1964), p. 170: registro de 11 de agosto de 1941.
74. Deist, *Militär, Staat und Gesellschaft*, p. 376-78.
75. Generaloberst (Franz) Halder, *Kriegstagebuch, Bd III. Der Russlandfeldzug bis zum Marsch auf Stalingrad (22.6.1941-24.9.1942)*, org. Hans-Adolf Jacobsen (Stuttgart, 1964), p. 336: registro de 9 de dezembro de 1941.
76. De acordo com a ordem do general Von Brauchitsch de 28 de abril de 1941, que delineava o acordo entre o OKH e a SS, os *Einsatzgruppen* foram designados a grupos de exércitos "com vistas a marcha, equipamento e provisionamento", mas cumpriam o seu dever de forma independente. Ver Hans-Adolf Jacobsen, "Kommissarbefehl und Massenexekutionen sowjetischer Kriegsgefangener", em Hans Buchheim, Martin Broszat, Hans-Adolf Jacobsen e Helmut Krausnick, *Anatomie des SS-Staates*, vol. II (Munique, 1967), p. 171-73.
77. Helmut Krausnick e Hans-Heinrich Wilhelm, *Die Truppe des Weltanschauungskrieges. Die Einsatzgruppen der Sicherheitspolizei und des SD 1938-1942* (Stuttgart, 1981), p. 140.
78. Andrei Angrick, Martina Voigt, Silke Ammerschubert e Peter Klein, "'Da hätte man schon ein Tagebuch führen müssen'. Das Polizeibataillon 322 und die Judenmorde im Bereich der Heeresgruppe Mitte während des Sommers und Herbstes 1941", em Helge Grabitz, Klaus Bästlein e Johannes Tuchel (orgs.), *Die Normalität des Verbrechens. Bilanz und Perspektiven der Forschung zu den nationalsozialistischen Gewaltverbrechen* (Berlim, 1994), p. 325-85; Christian Gerlach, "Die Wannsee-Konferenz, das Schicksal der deutschen Juden und Hitlers politische Grundsatzentscheidung, alle Juden Europas zu ermodern", *WerkstattGeschichte*, vol. 6, n. 18 (1997), p. 9.
79. Krausnick e Wilhelm, *Die Truppe des Weltanschauungskrieges*, p. 145-47; Mommsen, *Auschwitz*, p. 115-17.

80. Citado em Krausnick e Wilhelm, *Die Truppe des Weltanschauungskrieges*, p. 157.
81. Citado em Krausnick e Wilhelm, *Die Truppe des Weltanschauungskrieges*, p. 158.
82. Mommsen, *Auschwitz*, p. 115-17.
83. Citado em Krausnick e Wilhelm, *Die Truppe des Weltanschauungskrieges*, p. 158.
84. Ver Christopher Browning, *Fateful Months. Essays on the Emergence of the Final Solution* (Nova York e Londres, 1991), p. 39-56; Manoschek, *"Serbien ist Judenfrei"*, p. 55-108; Longerich, *Politik der Vernichtung*, p. 458-60.
85. Ver Dieter Pohl, *Nationalsozialistische Judenverfolgung in Ostgalizien 1941-1944. Organisation und Durchfuhrung eines staatlichen Massenverbrechens* (Munique, 1996), p. 139-54; Thomas Sandkühler, *"Endlösung" in Galizien. Der Judenmord in Ostpolen und die Rettungsinitiativen von Bertold Beitz 1941-1944* (Bonn, 1996), p. 148-55.
86. Streit, *Keine Kameraden*, p. 220. Cerca de mil foram mortos com gás; outros foram postos a trabalhar na construção do novo campo de Birkenau, do outro lado da linha férrea.
87. Ver Wolfgang Scheffler e Helge Grabitz, "Die Wannsee-Konferenz. Ihre Bedeutung in der Geschichte des nationalsozialistischen Völkermords", em *Studia nad Faszyzmem i Zbrodniami Hitlerowskimi*, vol. XVIII (Breslau, 1995), p. 197-218; Christian Gerlach, "Die Wannsee-Konferenz"; Peter Longerich, *Die Wannsee-Konferenz vom 20. Januar 1942. Planung und Beginn des Genozids an den europäischen Juden* (Berlim, 1998); Longerich, *Politik der Vernichtung*, p. 466-72; Mark Roseman, *The Villa, the Lake, the Meeting: Wannsee and the Final Solution* (Londres, 2003). As minutas da Conferência de Wannsee estão disponíveis na internet (tanto em fac-símile como em texto) em <http://www.ghwk.de>.
88. Citado em Evan Burr Bukey, *Hitler's Austria. Popular Sentiment in the Nazi Era 1938-1945* (Chapel Hill e Londres, 2000), p. 164.
89. Ian Kershaw, *Popular Opinion and Political Dissent in the Third Reich: Bavaria 1933-1945* (Oxford, 1983), p. 361-62. De acordo com o relatório do SD de 9 de outubro de 1941: "O decreto sobre a identificação dos judeus foi bem aceito pela maioria avassaladora da população e recebido com satisfação, principalmente porque essa identificação é esperada por muitos já há muito tempo." Ver *Meldungen aus dem Reich. Die geheimen Lageberichte des Sicherheitsdienstes der SS 1938-1945* (org. Heinz Boberach), vol. 8 (Herrsching, 1984), p. 2.849: "Meldungen aus dem Reich (nr. 227) 9. Oktober 1941".
90. Ver Michael Zimmermann, *Rassenutopie und Genozid. Die nationalsozialistische "Lösung der Zigeunerfrage"* (Hamburgo, 1996); Guenter Lewy, *The Nazi Persecution of the Gypsies* (Nova York, 2000); Sybil H. Milton, "'Gypsies' as Social Outsiders in Nazi Germany", em Gellately e Stoltzfus (orgs.), *Social Outsiders in Nazi Germany*, p. 212-32.
91. Rolf-Dieter Müller, *Hitlers Ostkrieg und die deutsche Siedlungspolitik. Die Zusammenarbeit von Wehrmacht, Wirtschaft und SS* (Frankfurt am Main, 1991), p. 40-48.
92. "Richtlinien Görings für die Wirtschaftspolitik im Osten, vom 8.11.1941", citado em Müller, *Hitlers Ostkrieg und die deutsche Siedlungspolitik*, p. 43.

93. Citado em Götz Aly, *Rasse und Klasse. Nachforschungen zum deutschen Wesen* (Frankfurt am Main, 2003), p. 234.
94. Nas minutas de uma reunião realizada em 2 de maio de 1941 com os secretários permanentes do Conselho Geral da Administração do Plano Quadrienal, citadas em Aly e Heim, *Vordenker der Vernichtung*, p. 372.
95. Citado em Aly e Heim, *Vordenker der Vernichtung*, p. 372-73. Citado também em Düffer, *Nazi Germany 1933-1945*, p. 158.
96. O Conselho Geral da Administração do Plano Quadrienal, ao qual Backe pertencia, calculava cerca de 30 milhões de mortos. Ver Aly e Heim, *Vordenker der Vernichtung*, p. 369.
97. Citado em Aly e Heim, *Vordenker der Vernichtung*, p. 376.
98. John Erickson, *The Road to Stalingrad. Stalin's War with Germany. Volume 1* (Londres, 1975), p. 241.
99. Citado em Hillgruber, "Die 'Endlösung' und das deutsche Ostimperium", p. 106; Peter Klein, "Zwischen den Fronten. Die Zivilbevölkerung Weissrusslands und der Krieg der Wehrmacht gegen die Partisanen", em Quinkert (org.), *"Wir sind die Herren dieses Landes"*, p. 84-85.
100. Da carta de um soldado alemão para casa em 15 de setembro de 1941, citada em Klaus Latzel, *Deutsche Soldaten — nationalsozialistischer Krieg? Kriegserlebnis — Kriegserfahrung — 1939-1945* (Paderborn, 2000), p. 54-55.
101. Citado em Edgar M. Howell, *The Soviet Partisan Movement 1941-1944* (Washington, 1956), p. 59.
102. Bernhard Chiari, *Alltag hinter der Front. Besatzung, Kollaboration und Widerstand in Weissrussland 1941-1944* (Düsseldorf, 1998), p. 175.
103. Theo Schulte, *The German Army and Nazi Policies in Occupied Russia* (Providence, 1989), p. 139-40. Ver também Jonathan E. Gumz, "Wehrmacht Perceptions of Mass Violence in Croatia", 1941-1942, *The Historical Journal*, vol. 44, n. 4 (2001), p. 1.035-37.
104. Citado em Ben Shepherd, "The Continuum of Brutality: Wehrmacht Security Divisions in Central Russia", 1942, em *German History*, vol. 21, n. 1 (2003), p. 63.
105. Citado em Shepherd, "The Continuum of Brutality", p. 63.
106. Ben Shepherd se concentrou numa divisão de segurança (a 221ª) que, no verão de 1942, estava ao mesmo tempo mal treinada e equipada e era "responsável, com efetivo de bem menos de 7 mil combatentes, por uma área de 30 mil quilômetros quadrados, 2.560 aldeias e mais de 1.300.000 habitantes". Em setembro de 1942, a desvantagem numérica para os guerrilheiros era de quase dois para um. Ver Shepherd, "The Continuum of Brutality", p. 72.
107. Bernd Wegner, "Der Krieg gegen die Sowjetunion 1942/43", em Horst Boog et al., *Der Globale Krieg. Die Ausweitung zum Weltkrieg und der Wechsel der Initiative 1941-1943* (Stuttgart, 1990), p. 911.
108. Wegner, "Der Krieg gegen die Sowjetunion 1942/43", p. 917.

109. Norbert Müller (org.), *Okkupation Raub Vernichtung. Dokumente zur Besatzungspolitik der faschistischen Wehrmacht auf sowjetischem Territorium 1941 bis 1944* (Berlim, 1980), p. 139-40; Shepherd, "The Continuum of Brutality", p. 53. Ver também Christian Gerlach, *Kalkulierte Mörde. Die deutsche Wirtschafts- und Vernichtungspolitik in Weissrussland 1941-1944* (Hamburgo, 1999), p. 884-1.036.
110. Wolfgang Benz, Konrad Kwiet e Jürgen Matthäus (orgs.), *Einsatz im "Reichskommissariat Ostland". Dokumente zum Völkermord im Baltikum und in Weissrussland 1941-1944* (Berlim, 1998), p. 237-39: "Auszüge aus dem Bericht (des RKO) 'Zentralinformation I/lb' über die Entwicklung der Partisanenbewegung vom 1. Juli 1942 bis zum 30. April 1943".
111. Benz, Kwiet e Matthäus (orgs.), *Einsatz im "Reichskommissariat Ostland"*, p. 239-42: "Auszüge aus dem Abschlussbericht des HSSPF Ostland (Jeckeln) an den Kommandostab RFSS vom 6. November 1942 betr. 'Unternehmen Sumpffieber'".
112. Quanto a esse último argumento, ver Jonathan E. Gumz, "Wehrmacht Perceptions of Mass Violence in Croatia, 1941-1942", *The Historical Journal*, vol. 44, n. 4 (2001), p. 1.035.
113. Sarah Farmer, *Martyred Village. Commemorating the 1944 Massacre at Oradour-sur-Glane* (Berkeley, Los Angeles e Londres, 1999), p. 20-28.
114. Lutz Klinkhammer, "Der Partisanenkrieg der Wehrmacht 1941-1944", em Rolf-Dieter Müller e Hans-Erich Volkmann, *Die Wehrmacht. Mythos und Realität* (Munique, 1999), p. 833-36. Mark Mazower, "Military Violence and National Socialist Values: The Wehrmacht in Greece 1941-1944", *Past & Present*, n. 134 (1992), p. 129-58; Michael Geyer, "'Es muss daher mit schnellen und drakonischen Massnehmen durchgegriffen werden'. Civitella in Val di Chiana am 29. Juni 1944", em Hannes Heer e Klaus Naumann (orgs.), *Vernichtungskrieg. Verbrechen der Wehrmacht 1941 bis 1944* (Hamburgo, 1995), p. 208-37.
115. Ver principalemente Omer Bartov, *The Eastern Front, 1941-45. German Troops and the Barbarisation of Warfare* (Londres, 1985); e Omer Bartov, *Hitler's Army. Soldiers, Nazis, and War in the Third Reich* (Nova York e Oxford, 1992). Em Schulte, *The German Army and Nazi Policies in Occupied Russia*, há um relato que, ao contrário do de Bartov, se concentra nos soldados estacionados na retaguarda e dá menos ênfase ao papel da ideologia nazista.
116. Citado em Bartov, *Hitler's Army*, p. 158, 163.
117. Citado em Bartov, *Hitler's Army*, p. 163.
118. Citado em Bartov, *Hitler's Army*, p. 161.
119. Ver Bartov, *Hitler's Army*, p. 163-65.
120. Generaloberst (Franz) Halder, *Kriegstagebuch, Bd. III. Der Russlandfeldzug bis zum Marsch auf Stalingrad (22.6.1941-24.9.1942)*, org. Hans-Adolf Jacobsen (Stuttgart, 1964), p. 348: registro de 15 de dezembro de 1941.
121. Até a morte, Hitler permaneceu como comandante supremo do exército; de 30 de abril até a rendição incondicional da Alemanha em 8 de maio de 1945, foi sucedido pelo marechal de campo Ferdinand Schörner.

122. Citado em Andreas Hillgruber e Gerhard Hümmeichen, *Chronik des Zweiten Weltkrieges* (Frankfurt am Main, 1966), p. 57.
123. Max Domarus, *Hitler. Reden und Proklamationen 1932-1945. Kommentiert von einem deutschen Zeitgenossen. Band II Untergang, Zweiter Halbband 1941-1945* (Wiesbaden, 1973), p. 1.814.
124. Generaloberst (Franz) Halder, *Kriegstagebuch, Bd. III. Der Russlandfeldzug bis zum Marsch auf Stalingrad (22.6.1941-24.9.1942)*, org. Hans-Adolf Jacobsen (Stuttgart, 1964), p. 371: registro de 2 de janeiro de 1942.
125. Generaloberst (Franz) Halder, *Kriegstagebuch, Bd. III. Der Russlandfeldzug bis zum Marsch auf Stalingrad (22.6.1941-24.9.1942)*, org. Hans-Adolf Jacobsen (Stuttgart, 1964), p. 356: registro de 20 de dezembro de 1941.
126. Willi A. Boelcke (org.), *Deutschlands Rüstung im Zweiten Weltkrieg. Hitlers Konferenzen mit Albert Speer 1942-1945* (Frankfurt am Main, 1969), p. 127: reunião de 24 de maio de 1942 no *Führerhauptquartier*.
127. Richard Muck, *Kampfgruppe Scherer. 105 Tage eingeschlossen* (Oldenburg, 1943).
128. Generaloberst (Franz) Halder, *Kriegstagebuch, Bd. III Der Russlandfeldzug bis zum Marsch auf Stalingrad (22.6.1941-24.9.1942)*, org. Hans-Adolf Jacobsen (Stuttgart, 1964), p. 430-32: registro de 21 de abril de 1942.
129. MacGregor Knox, "1 October 1942: Adolf Hitler, Wehrmacht Officer Policy, and Social Revolution", *The Historical Journal*, vol. 43, n. 3 (2000), p. 801, 823.
130. Gerd R. Ueberschär, "Stalingrad — eine Schlacht des Zweiten Weltkrieges", em Wolfram Wette e Gerd R. Ueberschär (org.), *Stalingrad. Mythos und Wirklichkeit einer Schlacht* (Frankfurt am Main, 1993), p. 19.
131. Heinz Boberach, "Stimmungsumschwung in der deutschen Bevölkerung", em Wolfram Wette e Gerd R. Ueberschär (orgs.), *Stalingrad. Mythos und Wirklichkeit einer Schlacht* (Frankfurt am Main, 1993), p. 61-66.
132. Ver Ulrich Herbert, *Hitler's Foreign Workers. Enforced Foreign Labor in Germany under the Third Reich* (Cambridge, 1997), p. 258-59.
133. Helmut Heiber (org.), *Goebbels Reden 1932-1945, vol 2: 1939-1945* (Düsseldorf, 1972), p. 172-208. Na internet, em <http://www.calvin.edu/academic/cas/gpa/goeb36.htm>, há uma tradução para o inglês do discurso da "guerra total" de Goebbels.
134. *Meldungen aus dem Reich. Die geheimen Lageberichte des Sicherheitsdienstes der SS 1938-1945* (org. Heinz Boberach), vol. 12 (Herrsching, 1984), p. 4.831: "Meldungen aus dem Reich (nr. 361) 22. Februar 1943".
135. *Meldungen aus dem Reich. Die geheimen Lageberichte des Sicherheitsdienstes der SS 1938-1945* (org. Heinz Boberach), vol. 12 (Herrsching, 1984), p. 4.831: "Meldungen aus dem Reich (nr. 361) 22. Februar 1943".
136. *Meldungen aus dem Reich. Die geheimen Lageberichte des Sicherheitsdienstes der SS 1938-1945* (org. Heinz Boberach), vol. 13 (Herrsching, 1984), p. 4.945: "Meldungen aus dem Reich (nr. 367) 15. März 1943".

137. Bernd Wegner, "Krieg ohne Zukunft: Anmerkungen zu Deutschlands politisch-strategischer Lage 1942/43", em Stefan Martens e Maurise Vaïsse (orgs.), *Frankreich und Deutschland im Krieg (November 1942-Herbst 1944). Okkupation, Kollaboration, Resistance* (Bonn, 2000), p. 26. Ver também Bernd Wegner, "Defensive ohne Strategie. Die Wehrmacht und das Jahr 1943", em Rolf-Dieter Müller e Hans-Erich Volkmann (orgs.), *Die Wehrmacht. Mythos und Realität* (Munique, 1999), p. 197-209.
138. Em outubro de 1943, os alemães mantinham 1.370.000 militares na Europa ocidental, contra 3.900.000 na frente oriental. Ver Wegner, "Defensive ohne Strategie", p. 203.
139. Wegner, Krieg ohne Zukunft, p. 26.
140. Williamson Murray, "Betrachtungen zur deutschen Strategie im Zweiten Weltkrieg", em Rolf-Dieter Müller e Hans-Erich Volkmann (orgs.), *Die Wehrmacht. Mythos und Realität* (Munique, 1999), p. 318.
141. Citado em Wegner, "Defensive ohne Strategie", p. 205-206.
142. Ver Martin Kitchen, *The Silent Dictatorship. The Politics of the German High Command under Hindenburg and Ludendorff 1916-1918* (Londres, 1976), p. 247-70.
143. Wegner, "Defensive ohne Strategie", p. 207.
144. *Meldungen aus dem Reich. Die geheimen Lageberichie des Sicherheitsdienstes der SS 1938-1945* (org. Heinz Boberach), vol. 13 (Herrsching, 1984), p. 4.966: "Meldungen aus dem Reich (nr. 368) 18. März 1943".
145. Weinberg, *A World at Arms*, p. 602.
146. Há um relato perspicaz da batalha em Richard Overy, *Why the Allies Won* (Londres, 1995), p. 91-98. Mais recentemente, e com um olhar crítico sobre as baixas sofridas respectivamente pelas forças alemãs e soviéticas, Roman Töppel, "Legendenbildung in der Geschichtsschreibung — Die Schlacht bei Kursk", em *Militärgeschichtliche Zeitschrft*, 61 (2002), n. 2, p. 369-401.
147. Overy, *Why the Allies Won*, p. 96.
148. Aly, *Rasse und Klasse*, p. 242.
149. Há uma descrição especialmente boa disso num relatório do SD de novembro de 1943 sobre o moral das mulheres alemãs. Ver *Meldungen aus dem Reich. Die geheimen Lageberichte des Sicherheitsdienstes der SS 1938-1945* (org. Heinz Boberach), vol. 15 (Herrsching, 1984), p. 6.025-33: "SD-Berichte zu Inlandsfragen vom 18. November 1943".
150. Carl-Ludwig Holtfrerich, "Die Deutsche Bank vom Zweiten Weltkrieg über die Besatzungsherrschaft zur Rekonstruktion 1945-1957", em Lothar Gall et al., *Die Deutsche Bank 1870-1995* (Munique, 1995), p. 418. O principal temor, como ficou cada vez mais claro no final de 1944 e em 1945, era o que fazer no "Caso Ivan" (*Iwanfall*), isto é, a ocupação soviética da parte da Alemanha onde ficava a sede do banco.
151. Neil Gregor, *Daimler-Benz in the Third Reich* (New Haven e Londres, 1998), p. 240-42. Entretanto, à guisa de contraste, Peter Hayes afirma que "dentro da IG Farben, havia poucos indícios [...] de iniciativas para se safar da catástrofe que se preparava" na segunda metade da guerra. Ver Peter Hayes, *Industry and Ideology. IG Farben in the Nazi Years* (Cambridge e Nova York, 1987), p. 375.

152. Ver Overmans, *Deutsche militärische Verluste*, p. 238-39.
153. Ver Rudolf Absolon (org.), *Die Wehrmacht im Dritten Reich* (Band 6: 19. Dezember bis 9. Mai 1945) (Boppard am Rhein, 1995), p. 586.
154. Ver Rudolf Absolon (org.), *Die Wehrmacht im Dritten Reich* (Band 6: 19. Dezember bis 9. Mai 1945) (Boppard am Rhein, 1995), p. 587. O texto do decreto foi publicado no *Völkischer Beobachter*, 26 de julho de 1944. Ver também Hermann Jung, *Die Ardennen-Offensive 1944/45* (Zurique e Frankfurt am Main, 1971), p. 64.
155. Jung, *Die Ardennen-Offensive 1944/45*, p. 74-75.
156. *Meldungen aus dem Reich. Die geheimen Lageberichte des Sicherheitsdienstes der SS 1938-1945* (org. Heinz Boberach), vol. 17 (Herrsching, 1984), p. 6.686: "Meldungen über die Entwicklung in den öffentlichen Meinungsbildung vom 28. Juli 1944".
157. Ver Wildt, *Generation des Unbedingten*, p. 343. A respeito da diretiva de Hitler sobre a "Reorganização da administração dos prisioneiros de guerra" de 25 de setembro de 1944, ver Martin Moll (org.), *"Führer-Erlasse" 1939-1945. Edition sämtlicher überlieferter, nicht im Reichsgesetzblatt abgedrückter, von Hitler während des Zweiten Weltkrieges schriftlich erteilter Direktiven aus den Bereichen Staat, Partei, Wirtschaft, Besatzungspolitik und Militärverwaltung* (Stuttgart, 1997), p. 460-61. O decreto que nomeou Himmler comandante do Exército de Reserva em 20 de julho de 1944 foi publicado em Moll (org.), *"Führer-Erlasse" 1939-1945*, p. 433.
158. Jung, *Die Ardennen-Offensive 1944/45*, p. 12; Bernd Wegner, *Hitlers politische Soldaten: Die Waffen-SS 1933-1945. Studien zu Leitbild, Struktur und Funktion einer nationalsozialistischen Elite* (Paderborn, 1982), p. 210.
159. Jung, *Die Ardennen-Offensive 1944/45*, p. 12. Em 22 de novembro, as forças americanas tomaram Metz e, em 23 de novembro, Estrasburgo.
160. Ver Christian Gerlach e Götz Aly, *Das letzte Kapitel. Realpolitik, Ideologie und der Mord an den ungarischen Juden 1944/1945* (Stuttgart, 2002).
161. Overmans, *Deutsche militärische Verluste*, p. 238-39.
162. Citado em Kunz, "Die Wehrmacht in der Agonie der nationalsozialistischen Herrschaft", p. 108.
163. *Reichsgesetzblatt* 1944, I, p. 253 (20 de outubro de 1944); também publicado no *Völkischer Beobachter*, 20 de outubro de 1944. Ver Jung, *Die Ardennen-Offensive 1944/45*, p. 78-79. O decreto de Hitler que criou o Volkssturm é datado de 25 de setembro de 1944, mas por motivo de propaganda só foi publicado no aniversário da "Batalha das Nações", em outubro. Em termos gerais, ver Rolf-Dieter Müller e Gerd R. Ueberschär, *Kriegsende 1945. Die Zerstörung des Deutschen Reiches* (Frankfurt am Main, 1994), p. 42-47.
164. Ver Roland Müller, *Stuttgart zur Zeit des Nationalsozialismus* (Stuttgart, 1988), p. 519-20. Nessa época, os alemães não estavam nada entusiasmados com a ideia de virar bucha de canhão por uma causa obviamente perdida, e não foi raro que os homens evitassem ser organizados no Volkssturm.
165. Sobre a corrupção sob os nazistas, ver Frank Bajohr, *Parvenüs und Profiteure. Korruption in der NS-Staat* (Frankfurt am Main, 2001); Gerd R. Ueberschär e Winfried Vogel,

Dienen und Verdienen. Hitlers Geschenke an seine Eliten (Frankfurt am Main, 1999); Norman J. W. Goda, "Hitler's Bribery of His Senior Officers during World War II", *The Journal of Modern History*, vol. 72 (2000), p. 413-52.

166. R. J. Overy, *Goering. The 'Iron Man'* (Londres, 1984), p. 11, 128.
167. Michael Thad Allen, *The Business of Genocide. The SS, Slave Labor, and the Concentration Camps* (Chapel Hill e Londres, 2002), p. 108, 137.
168. Ver Rolf-Dieter Müller, "Albert Speer und die Rüstungspolitik im totalen Krieg", em Bernhard Kroener, Rolf-Dieter Müller e Hans Umbreit, *Organisation und Mobilisierung des deutschen Machtbereichs. Band 5/1. Kriegsverwaltung, Wirtschaft and personelle Ressourcen 1942-1944/45* (Stuttgart, 1999), p. 275-325.
169. R. J. Overy, *War and Economy in the Third Reich* (Oxford, 1994), p. 278, 312. Mais do que ninguém, Overy ajudou a refutar mitos sobre a economia nazista na guerra.
170. Overy, *War and Economy in the Third Reich*, p. 273.
171. Ver Willi A. Boelcke, *Die Kosten von Hitlers Krieg. Kriegsfinanzierung und finanzielles Kriegserbe in Deutschland 1933-1948* (Paderborn, 1985), p. 98-108.
172. Overy, *War and Economy in the Third Reich*, p. 270-71.
173. Overy, *War and Economy in the Third Reich*, p. 268-69.
174. Overy, *War and Economy in the Third Reich*, p. 289.
175. Overy, *War and Economy in the Third Reich*, p. 312.
176. Ver Overy, *War and Economy in the Third Reich*, p. 343-75.
177. Boelcke, *Deutschlands Rüstung im Zweiten Weltkrieg*, p. 22-25.
178. Há um estudo equilibrado, cuidadoso e detalhado dessa história complicada em Harold James, *The Deutsche Bank and the Economic War against the Jews* (Cambridge, 2001).
179. Frank Bajohr, *"Arisierung" in Hamburgo. Die Verdrängung der jüdischen Unternehmer 1933-1945* (Hamburgo, 1997), p. 333.
180. Rolf-Dieter Müller, "Das Scheitern der wirtschaftlichen 'Blitzkriegsstrategie'", em Horst Boog et al., *Der Angriff auf die Sowjetunion* (Frankfurt am Main, 1991), p. 1.187.
181. Müller, "Das Scheitern der wirtschaftlichen 'Blitzkriegsstrategie'", p. 1.187.
182. Dados de Jung, *Die Ardennen-Offensive 1944/45*, p. 293.
183. Heineman, *What Difference Does a Husband Make?*, p. 63.
184. Ulrich Herbert, *Hitler's Foreign Workers. Enforced Foreign Labor in Germany under the Third Reich* (Cambridge, 1997), p. 167.
185. Dados de Herbert, *Hitler's Foreign Workers*, p. 296-98.
186. Citado em Jens-Christian Wagner, *Produktion des Todes. Das KZ Mittelbau-Dora* (Göttingen, 2001), p. 173.
187. Herbert, *Hitler's Foreign Workers*, p. 132-33, 166; Heineman, *What Difference Does a Husband Make?*, p. 59.
188. Ver Andreas Heusler, *Ausländereinsatz. Zwangsarbeit für die Münchner Kriegswirtschaft 1939-1945* (Munique, 1996), p. 212-22; Herbert, *Hitler's Foreign Workers*, p. 130-31, 219-20; Wagner, *Produktion des Todes*, p. 175-76.
189. Ver Wagner, *Produktion des Todes.*

190. Wagner, *Produktion des Todes*, p. 423-26.
191. Gerhard Schreiber, *Deutsche Kriegsverbrechen in Italien. Täter — Opfer — Strafverfolgung* (Munique, 1996), p. 40. Em termos gerais, ver Gerhard Schreiber, *Die italienischen Militärinternierten im deutschen Machtbereich 1943 bis 1945: verraten — verachtet — vergessen* (Munique, 1990).
192. Schreiber, *Deutsche Kriegsverbrechen in Italien*, p. 214-15.
193. Ver Geyer, "Es muss daher mit schnellen und drakonischen Massnahmen durchgegriffen werden", p. 208-38. Também há indícios do aumento do ódio de civis alemães por italianos nas últimas fases da guerra. Ver, por exemplo, *Meldungen aus dem Reich. Die geheimen Lageberichte des Sicherheitsdienstes der SS 1938-1945* (org. Heinz Boberach), vol. 17 (Herrsching, 1984), p. 6.705: "Meldungen aus den SD-Abschnittsberichten vom 10. August 1944".
194. Ver Michael Krause, *Flucht vor dem Bombenkrieg. "Umquartierungen" im Zweiten Weltkrieg und die Wiedereingliederung der Evakuierten in Deutschland 1943-1963* (Düsseldorf, 1997); Jörg Friedrich, *Der Brand. Deutschland in Bombenkrieg 1940-1945* (Munique, 2002); Neil Gregor, "A *Schicksalsgemeinschaft?* Allied Bombing, Civilian Morale, and Social Dissolution in Nuremburg", 1942-1945, *The Historical Journal*, vol. 43, n. 5 (2000), p. 1.070.
195. Essa sensação de vitimização se reflete na história recente da campanha de bombardeio, o sucesso de vendagem de Jörg Friedrich, *Der Brand. Deutschland im Bombenkrieg 1940-1945* (Munique, 2002).
196. Sir Charles Webster e Noble Frankland, *The Strategic Air Offensive against Germany 1939-1945*, vol. 1 (Londres, 1961), p. 393.
197. De acordo com Krause, *Flucht vor dem Bombenkrieg*, p. 28-29. Ver também Martin Middlebrook, *The Battle of Hamburg. Allied Bomber Forces against a German City in 1943* (Londres, 1980); Friedrich, *Der Brand*, p. 192-95.
198. Boelcke, *Deutschlands Rüstung im Zweiten Weltkrieg*, p. 35.
199. Mais da metade da tonelagem total de bombas lançadas pelos aliados durante a guerra foi usada em 1944, e um quarto lançado apenas de janeiro a abril de 1945; nos quatro primeiros meses de 1945, foram lançadas quase uma vez e meia mais toneladas do que nos quatro anos de 1940 a 1943 somados.

BOMBAS LANÇADAS PELA FORÇA AÉREA BRITÂNICA E AMERICANA SOBRE A ALEMANHA E OS TERRITÓRIOS OCUPADOS DO OCIDENTE, 1940-45 (EM TONELADAS)

1940: 14.631	1942: 53.755	1944: 1.118.577
1941: 35.509	1943: 226.513	1945: 477.051

Fonte: Bundesminister für Vertriebene, Flüchtlinge und Kriegsgeschädigte (org.), *Dokumente Deutscher Kriegsschäden. Evakuierte — Kriegsgeschädigte — Währungsgeschädigte. Die geschichtliche und rechtliche Entwicklung*, vol. 1 (Bonn, 1958), p. 46. Ver também Krause, *Flucht vor dem Bombenkrieg*, p. 34.

200. Adolf Klein, *Köln im Dritten Reich. Stadgeschichte der Jahre 1933-1945* (Colônia, 1983), p. 280; Bernd-A. Rusinek, *Gesellschaft in der Katastrophe. Terror, Illegalität, Widerstand — Köln 1944/45* (Essen, 1989), p. 102.
201. Bundesminister für Vertriebene, Flüchtlinge und Kriegsbeschädigte (org.), *Dokumemente Deutscher Kriegsschäden*, p. 51-53.
202. Wagner, *Produktion des Todes*, p. 280.
203. Bundesminister für Vertriebene, Flüchtlinge und Kriegsbeschädigte (org.), *Dokumente Deutscher Kriegsschäden*, p. 58-62; Krause, *Flucht vor dem Bombenkrieg*, p. 36-37; Friedrich, *Der Brand*, p. 168.
204. Neil Gregor, "A *Schicksalsgemeinschaft?*", p. 1.070.
205. Rusinek, *Gesellschaft in der Katastrophe*, p. 94.
206. Matthias Menzel, *Die Stadt ohne Tod. Berliner Tagebuch 1943/45* (Berlim, 1946), p. 48-50. Citado em Hans Dieter Schäfer, *Berlin im Zweiten Weltkrieg. Der Untergang der Reichshauptstadt in Augenzeugenberichten* (Munique e Zurique, 1985), p. 268.
207. Ver Friedrich Blumenstock, *Der Einmarsch der Amerikaner und Franzosen im nördlichen Wurttemberg im April 1945* (Stuttgart, 1957), p. 17-20.
208. Manfred Uschner, *Die zweite Etage. Funktionsweise eines Machtapparates* (Berlim, 1993), p. 29.
209. Citado em Manfried Rauchensteiner, *Der Krieg in Österreich 1945* (2. ed., Viena, 1984), p. 25.
210. Tim Mason, "The Legacy of 1918 for National Socialism", em Anthony Nicholls e Erich Matthias (orgs.), *German Democracy and the Triumph of Hitler. Essays in Recent German History* (Londres, 1971), p. 215-40.
211. Citado em Schäfer, *Berlin im Zweiten Weltkrieg*, p. 309: "Bericht über den 'Sondereinsatz Berlin' für die Zeit vom 30.3.-7.4.1945", datado de 10 de abril de 1945.
212. Ver Overmans, *Deutsche militärische Verluste im Zweiten Weltkrieg*, p. 238. Ver também os comentários sugestivos de Andreas Kunz, "Die Wehrmacht in der Agonie der nationalsozialistischen Herrschaft 1944/45. Eine Gedankenskizze", em Jörg Hillmann e John Zimmermann (orgs.), *Kriegsende 1945 in Deutschland* (Munique, 2002), p. 107.
213. Publicado em Walther Hubatsch (org.), *Hitlers Weisungen für die Kriegführung 1939-1945. Dokumente des Oberkommandos der Wehrmacht* (Frankfurt am Main, 1962), p. 299.
214. Citado em Jung, *Die Ardennen-Offensive 1944/45*, p. 21.
215. Citado em Heinrich Schwendenmann, "'Deutsche Menschen vor der Vernichtung durch den Bolschewismus zu retten': Das Programm der Regierung Dönitz und der Beginn einer Legendenbildung", em Jörg Hillmann e John Zimmermann (orgs.), *Kriegsende 1945 in Deutschland* (Munique, 2002), p. 9.
216. Marlis Steinert, *Hitler's War and the Germans. Public Mood and Attitude during the Second World War* (Athens, Ohio, 1977), p. 287. Observar também o programa de televisão da estação ZDF, "Die Wahrheit über Nemmersdorf", transmitido em 25 de novembro de 2001: <http://www.zdf.de/ZDFde/inhalt/0,1872,2004695,00.html>.

217. Texto desse "Aufruf an die Soldaten der Ostfront", de 15 de abril de 1945, em *Kriegstagebuch des Oberkommandos der Wehrmacht (Wehrmachtführungsstab), Band IV: 1. Januar 1944-22 Mai 1945* (org. Percy Ernst Schramm) (Frankfurt am Main, 1961), p. 1.589-90.
218. Citado em Steinert, *Hitler's War and the Germans*, p. 288.
219. Ver John Zimmermann, "Die Kämpfe gegen die Westalliierten 1945 — Ein Kampf bis zum Ende oder die Kreierung einer Legende?", em Jörg Hillmann e John Zimmermann (orgs.), *Kriegsende 1945 in Deutschland* (Munique, 2002), p. 115-33.
220. Citado em Christoph Studt, *Das Dritte Reich in Daten* (Munique, 2002), p. 244.
221. MacGregor Knox, *Common Destiny. Dictatorship, Foreign Policy, and War in Fascist Italy and Nazi Germany* (Cambridge, 2000), p. 237-38.
222. Ver Klaus-Dietmar Henke, *Die amerikanische Besetzung Deutschlands* (Munique, 1995), p. 422.
223. Ver Alfred C. Mierzejewski, "When Did Albert Speer Give Up?", *The Historical Journal*, vol. 31, n. 2 (1988), p. 392.
224. Texto desse "Führerbefehl" em *Kriegstagebuch des Oberkommandos der Wehrmacht (Wehrmachtführungsstab), Band IV: 1. Januar 1944-22. Mai 1945* (org. Percy Ernst Schramm) (Frankfurt am Main, 1961), p. 1.580-81.
225. Sobre isso, e com uma visão crítica dos motivos de Speer, ver Mierzejewski, "When Did Albert Speer Give Up?"; Henke, *Die amerikavnische Besetzung Deutschlands*, p. 427-35.
226. Boelcke, *Deutschlands Rustung im Zweiten Weltkrieg*, p. 21.
227. O texto dessa carta de Speer a Hitler de 29 de março de 1945 foi publicado em *Kriegstagebuch des Oberkommandos der Wehrmacht (Wehrmachtführungsstab), Band IV: I. Januar 1944-22. Mai 1945* (org. Percy Ernst Schramm) (Frankfurt am Main, 1961), p. 1.581-84.
228. Albert Speer, *Inside the Third Reich* (Londres, 1975), p. 607-608.
229. Ver Dietrich Eichholtz, *Geschichte der deutschen Kriegswirtschaft 1939-1945. Band III: 1943-1945* (Berlim, 1996), p. 663-68.
230. Walther Hubatsch (org.), *Hitlers Weisungen für die Kriegführung 1939-1945. Dokumente des Oberkommandos der Wehrmacht* (Frankfurt am Main, 1962), p. 256-58: "Erlass des Führers über die Befehlsgewalt in einem Operationsgebiet innerhalb des Reiches vom 13. Juli 1944"; p. 259-60: "Erlass des Führers Ober die Zusammenarbeit von Partei und Wehrmacht in einem Operationsgebiet innerhalb des Reiches vom 13. Juli 1944"; p. 260-64: "Befehl des Chefs OKW betr. Vorbereitungen für die Verteidigung des Reichs, Der Chef des Oberkommandos der Wehrmacht, F.H.Qu., den 19.7.1944"; p. 294-95: "Zweiter Erlass des Führers über die Zusammenarbeit von Partei und Wehrmacht in einem Operationsgebiet innerhalb des Reichs vom 19. September 1944"; p. 295-97: "Zweiter Erlass des Führers über die Befehlsgewalt in einem Operationsgebiet innerhalb des Reiches vom 20. September 1944". Ver, em geral, Kunz, "Wehrmacht in der Agonie der nationalsozialistischen Herrschaft", p. 103-104.
231. Ver David Keith Yelton, "'En Volk steht auf'. The German Volkssturm and Nazi Strategy 1944-1945", *The Journal of Military History*, vol. 64 (2000), p. 1.066-67.

232. Citado em Yelton, "'Ein Volk steht auf'", p. 1.069.
233. Há ideias nessa linha em Yelton, "'Ein Volk steht auf'", p. 1068-70. Ver também Gerhard L. Weinberg, "German Plans for Victory, 1944-1945", no seu *Germany, Hitler and World War II. Essays in Modern German and World History* (Cambridge, 1994), p. 274-86.
234. Decreto de Himmler de 12 de abril de 1945, publicado em Rolf-Dieter Müller e Gerd R. Ueberschär, *Kriegsende 1945. Die Zerstörung des Deutschen Reiches* (Frankfurt am Main, 1994), p. 171.
235. Há uma descrição do cerco de Breslau em Norman Davies e Roger Moorhouse, *Microcosm, Portrait of a Central European City* (Londres, 2003), p. 13-37.
236. Erich Murawski, *Die Eroberung Pommerns durch die Rote Armee* (Boppard, 1969), p. 341-42.
237. Ver, por exemplo, Friedrich Blumenstock, *Der Einmarsch der Amerikaner und Franzosen im nördlichen Württemberg im April 1945* (Stuttgart, 1957), p. 21-25.
238. "Mitteilungsblatte" [boletim] do Kreisleitung do NSDAP em Küstrin, 5 de fevereiro de 1945, reproduzido em Hermann Thrams, *Küstrin 1945. Tagebuch einer Festung* (Berlim, 1992), p. 47.
239. Citado em Hans-Martin Stimpel, *Widersinn 1945. Aufstellung, Einsatz und Untergang eines militärischen Verbandes* (Göttingen, 1998), p. 68.
240. Wagner, *Produktion des Todes*, p. 268.
241. Citado em Wagner, *Produktion des Todes*, p. 332. Mittelbau-Dora recebeu cerca de 4 mil prisioneiros de Auschwitz no início de 1945, seguidos por mais de 10 mil de Gross--Rosen. Ver Wagner, *Produktion des Todes*, p. 269-70.
242. Wagner, *Produktion des Todes*, p. 272-73.
243. Sobre essa prática nas cidades da região do Ruhr, onde se empregara grande número de trabalhadores estrangeiros na indústria, ver Herbert, *Hitler's Foreign Workers*, p. 370-74.
244. Ver Gerhard Paul, *Landunter. Schleswig-Holstein und das Hakenkreuz* (Munster, 2001), p. 298-300.
245. Herbert, *Hitler's Foreign Workers*, p. 374.
246. Manfred Messerschmidt e Fritz Wüllner, *Die Wehrmachtjustiz im Dienste des Nationalsozialismus. Zerstörung einer Legende* (Baden-Baden, 1987), p. 131.
247. Ver, por exemplo, Blumenstock, *Der Einmarsch der Amerikaner und Franzosen*, p. 28-34.
248. Detalhes em Kunz, "Wehrmacht in der Agonie der nationalsozialistischen Herrschaft", p. 103, n. 26.
249. Citado em Rudolf Absolon (org.), *Die Wehrmacht im Dritten Reich* (Band 6: 19. Dezember bis 9. Mai 1945) (Boppard am Rhein, 1995), p. 604.
250. Citado em Messerschmidt e Wüllner, *Die Wehrmachtjustiz*, p. 117.
251. Hitler, *Mein Kampf*, p. 449; *Minha luta*, p. 391-92. Hitler era inflexível: "O desertor deve saber que a sua deserção traz justamente consigo aquilo de que ele desejava fugir, isto é, a morte. No front pode-se morrer, o desertor deve morrer. Unicamente por meio

de uma ameaça draconiana como essa, para toda tentativa de deserção, poder-se-ia evitar o desânimo não só do indivíduo, mas ainda da totalidade, da massa." Ver também Wette, *Die Wehrmacht*, p. 165.

252. Em contraste, somente um soldado americano e nenhum soldado britânico foi executado por deserção durante a Segunda Guerra Mundial. Ver Steven R. Welch, "'Harsh but Just'? German Military Justice in the Second World War: A Comparative Study of the Court-Martialling of German and US Deserters", *German History*, vol. 17, n. 3 (1999), p. 389.
253. Citado em Messerschmidt e Wüllner, *Die Wehrmachtjustiz*, p. 118.
254. *Reichsgesetzblatt* 1945, I, p. 30: "Verordnung über die Errichtung von Standgerichten vom 15. Februar 1945".
255. Citado em Henke, *Die amerikanische Besetzung Deutschlands*, p. 845.
256. Citado em Absolon (org.), *Die Wehrmacht im Dritten Reich*, p. 604.
257. 6º Grupo de Exércitos, G-2, Weekly Intelligence Summary n. 32, 28 de abril de 1945. Citado em Henke, *Die amerikanische Besetzung Deutschlands*, p. 853.
258. Ver Antony Beevor, *Berlin. The Downfall 1945* (Londres, 2002); *Berlim 1945: a queda*, trad. Maria Beatriz de Medina (Rio de Janeiro, 2004).
259. Ver Dietrich Eichholtz, *Geschichte der deutschen Kriegswirtschaft 1939-1945. Band III: 1943-1945* (Berlim, 1996), p. 632-34.
260. Andreas Kunz, *Zweierlei Untergang: Das Militär in der Schlussphase der nationalsozialistischen Herrschaft zwischen Sommer 1944 und Früjahr 1945* (dissertação, Universität der Bundeswehr Hamburg, 2003), p. 4.
261. Para uma boa e concisa discussão do governo de Dönitz, ver Martin Kitchen, *Nazi Germany at War* (Londres, 1995), p. 288-301.
262. Pode-se ver isso nas recordações subsequentes das alemãs sobre a guerra, que, como ressaltou Elizabeth Heineman, "concentram-se nos eventos que afetaram mais drasticamente a sua vida: bombardeios, evacuação, fuga, viuvez, estupro e fome". Ver Heineman, *What Difference Does a Husband Make?*, p. 79.

4. *O período posterior à Segunda Guerra Mundial*

1. Texto em Jeremy Noakes (org.), *Nazism 1919-1945. Volume 4. The German Home Front in World War II* (Exeter, 1998), p. 667-71.
2. Interrogatório de Hermann Göring realizado em Nuremberg em 3 de outubro de 1945 pelo coronel J. H. Amen, em Richard Overy, *Interrogations. The Nazi Elite in Allied Hands, 1945* (Londres, 2002), p. 312.
3. Sobre esse tema, ver Richard Bessel, "Hatred after War", em Alon Confino (org.), *Thinking of Twentieth-Century Germany*.
4. Marlis Steinert, *Hitler's War and the Germans. Public Mood and Attitude during the Second World War* (Athens, Ohio, 1977), p. 288.
5. Somente em Berlim, mais de 7 mil alemães se suicidaram em 1945, quase 4 mil deles mulheres. Ver Ursula Baumann, *Vom Recht auf den eigenen Tod. Die Geschichte des Suizids vom 18. bis zum 20. Jahrhundert* (Weimar, 2001), p. 377.

6. Citado em Susanne zur Nieden, *Alltag im Ausnahmezustand. Frauentagebücher im zerstörten Deutschland 1943 bis 1945* (Berlim, 1993), p. 160.
7. Baumann, *Vom Recht auf den eigenen Tod*, p. 376.
8. Mecklenburgisches Landeshauptarchiv Schwerin, Kreistag/Rat des Kreises Demmin, nr. 46, f. 62-64: "[Der Landrat] des Kreises Demmin to the Präsidenten des Landes Mecklenburg-Vorpommern, Abteilung Innere Verwaltung, 'Tätigkeitsbericht'", [Demmin], 21 de novembro de 1945.
9. Citado em Damian van Melis, *Entnazifizierung in Mecklenburg-Vorpommern. Herrschaft und Verwaltung 1945-1948* (Munique, 1999), p. 23-24.
10. Norman M. Naimark, *Fires of Hatred. Ethnic Cleansing in Twentieth-Century Europe* (Cambridge, Massachusetts, e Londres, 2001), p. 117.
11. Carta do general Serov a Beria, 8 de junho de 1945, citada em Naimark, *Fires of Hatred*, p. 117.
12. Arthur L. Smith, *Heimkehr aus dem Zweiten Weltkrieg. Die Entlassung der deutschen Kriegsgefangenen* (Stuttgart, 1985), p. 11.
13. Andreas Hilger, *Deutsche Kriegsgefangene in der Sowjetunion, 1941-1956. Kriegsgefangenenpolitik, Lageralitag und Erinnerung* (Essen, 2000), p. 314-67. Os últimos "Heimkehrer" dos campos de prisioneiros de guerra soviéticos chegaram à República Federal e à República Democrática Alemã em janeiro de 1956.
14. Em novembro de 1944, o número de evacuados registrado em todo o Reich era de 7.769.880, com 460.648 adicionais transferidos juntamente com as fábricas onde trabalhavam. Ver Katja Klee, *Im "Luftschutzkeller des Reiches". Evakuierte in Bayern: Politik, soziale Lage, Erfahrungen* (Munique, 1999), p. 175.
15. Em 1950, na Alemanha Ocidental, ainda havia mais de um milhão de homens listados como "desaparecidos". Ver Elizabeth D. Heineman, *What Difference Does a Husband Make? Women and Marital Status in Nazi and Postwar Germany* (Berkeley, Los Angeles e Londres, 1999), p. 118.
16. Heinz Petzold, "Cottbus zwischen Januar und Mai 1945", em Werner Stang e Kurt Arlt (orgs.), *Brandenburg im Jahr 1945. Studien* (Potsdam, 1995), p. 124-25.
17. Citado em Petzold, "Cottbus zwischen Januar und Mai 1945", p. 125.
18. Marie-Luise Recker, "Wohnen und Bombardierung im Zweiten Weltkrieg", em Lutz Niethammer (org.), *Wohnen im Wandel. Beiträge zur Geschichte des Alltags in der bürgerlichen Gesellschaft* (Wuppertal, 1979), p. 410.
19. Ver, por exemplo, Andreas Hofmann, *Nachkriegszeit in Schlesien. Gesellschafts- und Bevölkerungspolitik in den polnischen Siedlungsgebieten 1945-1948* (Colônia, Weimar e Viena, 2000), p. 21-22.
20. De acordo com o primeiro recenseamento após a guerra, havia 126 mulheres para cada 100 homens; em Berlim, a proporção era de 146 mulheres para 100 homens. Ver Robert G. Moeller, *Protecting Motherhood. Women and the Family in the Politics of Postwar West Germany* (Berkeley e Los Angeles, 1993), p. 27.
21. Norman Naimark, *The Russians in Germany. A History of the Soviet Zone of Occupation, 1945-1949* (Cambridge, Massachusetts, 1995), p. 69-140; Atina Grossmann, "A Ques-

tion of Silence: The Rape of German Women by Occupation Soldiers", em Robert G. Moeller (org.), *West Germany under Construction. Politics, Society and Culture in the Adenauer Era* (Ann Arbor, Michigan, 1997), p. 33-53; Elizabeth Heineman, "The Hour of the Woman: Memories of Germany's 'Crisis Years' and West German Identity", *American Historical Review*, vol. 101, n. 2 (1996), p. 364-74; Andrea Petö, "Memory and the Narrative of Rape in Budapest and Vienna in 1945", em Richard Bessel e Dirk Schumann (orgs.), *Life after Death. Approaches to a Cultural and Social History of Europe during the 1940s and 1950s* (Cambridge, 2003), p. 129-48.

22. Citado em zur Nieden, *Alltag im Ausnahmezustand*, p. 187.
23. Atina Grossmann, "Trauma, Memory, and Motherhood. Germans and Jewish Displaced Persons in Post-Nazi Germany", 1945-1949, em Bessel e Schumann (orgs.), *Life after Death*, p. 100-101.
24. Ver Lutz Niethammer, "Privat-Wirtschaft. Erinnerungsfragmente einer anderen Umerziehung", em Lutz Niethammer (org.), *"Hinterher merkt man, dass es richtig war, dass es schiefgegangen ist". Nachkriegs-Erfahrungen im Ruhrgebiet* (Berlim e Bonn, 1983), p. 22-34.
25. Isso foi esclarecido por Walter Ulbricht em maio de 1945. Quando confrontado por comunistas que perguntaram o que os médicos deviam responder às mulheres estupradas que queriam abortar, Ulbricht afirmou sumariamente que esse não era tema para discussões. Ver Wolfgang Leonhard, *Die Revolution entlässt ihre Kinder* (Colônia, 1990), p. 461-62.
26. Heineman, "The Hour of the Woman", p. 367.
27. Helene Albers, *Zwischen Hof, Haushalt und Familie. Bäuerinnen in Westfalen-Lippe (1920-1960)* (Paderborn, 2001), p. 380.
28. Michael L. Hughes, "'Through No Fault of Our Own': West Germans Remember Their War Losses", *German History*, vol. 18, n. 2 (2000), p. 193.
29. Sabine Behrenbeck, "Heldenkult oder Friedensmahnung? Kriegerdenkmale nach beiden Weltkriegen", em Gottfried Niedhart e Dieter Riesenberger (orgs.), *Lernen aus dem Krieg? Deutsche Nachkriegszeiten 1918 und 1945. Beitrage zur historischen Friedensforschung* (Munique, 1992), p. 361.
30. Hughes, "'Through No Fault of Our Own'", p. 194.
31. Ver Michael L. Hughes, *Shouldering the Burdens of Defeat: West Germany and the Reconstruction of Social Justice* (Chapel Hill, 1999), p. 151-89.
32. Hughes, "'Through No Fault of Our Own'", p. 211.
33. Citado em Michael Wildt, *Generation des Unbedingten. Das Führungskorps des Reichssicherheitshauptamtes* (Hamburgo, 2002), p. 143.
34. Citado em Clemens Vollnhals, *Evangelische Kirche und Entnazifizierung 1945-1949. Die Last der nationalsozialistischen Vergangenheit* (Munique, 1989), p. 134.
35. Richard Bessel, "Polizei zwischen Krieg und Sozialismus. Die Anfänge der Volkspolizei nach dem Zweiten Weltkrieg", em Christian Jansen, Lutz Niethammer e Bernd Weisbrod (orgs.), *Von der Aufgabe der Freiheit. Politische Verantwortung und bürgerliche Ge-*

sellschaft im 19. und 20. Jahrhundert. Festschrift für Hans Mommsen zum 5. November 1995 (Berlim, 1995), p. 525-26.

36. Ver Heinemann, *What Difference Does a Husband Make?*, p. 75-107.
37. Heinemann, *What Difference Does a Husband Make?*, p. 127.
38. Citado em Grossmann, “Trauma, Memory and Motherhood”, p. 122.
39. Ver as observações perspicazes de Frank Biess, “Männer des Wiederaufbaus — Wiederaufbau der Männer. Kriegsheimkehrer in Ostund Westdeutschland, 1945-1955”, em Karen Hagemann e Stefanie Schüler Springorum (orgs.), *Heimat-Front. Militär und Geschlechterverhältnisse im Zeitalter der Weltkriege* (Frankfurt am Main e Nova York, 2002), p. 354-56.
40. Steinert, *Hitler's War and the Germans*, p. 313-14.
41. Klaus-Dietmar Henke, *Die amerikanische Besetzung Deutschlands* (Munique, 1995), p. 943.
42. Uwe Backes e Eckhard Jesse, *Politischer Extremismus in der Bundesrepublik Deutschland* (Colônia, 1989), p. 62.
43. Ver Backes e Jesse, *Politischer Extremismus*, p. 63-66.
44. Protocolo dos trabalhos em Potsdam, 1º de agosto de 1945, II. A. 3 (i). Fonte: ?<http://www.cnn.com/SPECIALS/cold.war/episodes/01/documents/potsdam.html>.
45. Holger Afflerbach, “Das Militär in der deutschen Gesellschaft nach 1945”, em Holger Afflerbach e Christoph Cornelissen (orgs.), *Sieger und Besiegte. Materielle und ideele Neuorientierungen nach 1945* (Tübingen e Basel, 1997), p. 249.
46. Wolfram Wette, “Die deutsche militärische Führungsschicht in den Nachkriegszeiten”, em Niedhart e Riesenberger (orgs.), *Lernen aus dem Krieg?*, p. 40.
47. Citado em Afflerbach, “Das Militär in der deutschen Gesellschaft nach 1945”, p. 250.
48. Michael Geyer, “Cold War Angst. The Case of West-German Opposition to Rearmament and Nuclear Weapons”, em Hanna Schissler (org.), *The Miracle Years. A Cultural History of West Germany, 1949-1968* (Princeton e Oxford, 2001), p. 387.
49. Mecklenburgisches Landeshauptarchiv Schwerin, Kreistag/Rat des Kreises Uekermünde/Pasewalk, nr. 118, f. 2-4: “Kreisverwaltung Pasewalk, Landrat, Abt. Information, Pasewalk”, 14 de julho de 1952.
50. Wette, “Die deutsche militärische Führungsschicht in den Nachkriegszeiten”, p. 40.
51. De acordo com uma pesquisa realizada em julho de 1952, dois terços (66%) dos entrevistados responderam afirmativamente à pergunta “você acha que estamos sendo ameaçados pela Rússia ou não?”. Citado em Afflerbach, “Das Militär in der deutschen Gesellschaft nach 1945”, p. 250.
52. Em 1958, meros 2.447, ou 0,5% dos 464.418 homens convocados para o serviço militar, se recusaram a servir; no ponto máximo, em 1991, a proporção subiu para quase dois quintos (39,7%). Ver Afflerbach, “Das Militär in der deutschen Gesellschaft nach 1945”, p. 263.
53. Wette, *Die Wehrmacht. Feindbilder, Vernichtungskrieg, Legenden* (Frankfurt am Main, 2002), p. 204-205.

54. Erich von Manstein, *Verlorene Siege* (Bonn, 1955).
55. Franz Halder, *Hitler als Feldherr* (Munique, 1949).
56. Johannes Klotz, "Die Ausstellung 'Vernichtungskrieg. Verbrechen der Wehrmacht 1941 bis 1944'. Zwischen Geschichtswissenschaft und Geschichtspolitik", em Detlev Bald, Johannes Klotz e Wolfram Wette, *Mythos Wehrmacht. Nachkriegsdebatten und Traditionspflege* (Berlim, 2001), p. 116-76.
57. Norbert Frei, *Vergangenheitspolitik Die Anfänge der Bundesrepublik und die NS-Vergangenheit* (Munique, 1996), p. 77.
58. Por exemplo, numa pesquisa realizada em outubro de 1953, mais da metade (55%) dos entrevistados negou que se pudessem formular denúncias contra o comportamento dos soldados da Wehrmacht nos territórios ocupados; 21% responderam que sim, mas só em casos isolados; e meros 6% responderam com um "sim" sem ambiguidade. Ver Militärgeschichtliches Forschungsamt (org.), *Anfänge westdeutscher Sicherheitspolitik 1945-1956, Band 2, Die EVG-Phase* (bearbeitet von Lutz Miner u.a.) (Munique, 1990), p. 487.
59. Ver Robert G. Moeller, *War Stories. The Search for a Usable Past in the Federal Republic of Germany* (Berkeley, Los Angeles e Londres, 2001).
60. Ver os comentários sugestivos de Sabine Behrenbeck, "The Transformation of Sacrifice: German Identity between Heroic Narrative and Economic Success", em Paul Betts e Greg Eghigian (orgs.), *Pain and Prosperity. Reconsidering Twentieth-Century German History* (Stanford, 2003), esp. p. 134-35.
61. Ver Klotz, "Die Ausstellung".
62. Ulrich Herbert, "Good Times, Bad Times: Memories of the Third Reich", em Richard Bessel (org.), *Life in the Third Reich* (2. ed., Oxford, 2001), p. 97-110.
63. Statistisches Bundesamt (org.), *Die deutschen Vertreibungsverluste. Bevölkerungsbilanzen für die deutschen Vertreibungsgebiete 1939/50* (Wiesbaden, 1958), p. 33.
64. Protocolo dos trabalhos em Potsdam, 1º de agosto de 1945, XII. "Orderly Transfer of German Populations." Fonte: <http://www.cnn.com/ SPECIALS/cold.war/episodes/01/documents/potsdam.html>.
65. Statistisches Bundesamt (org.), *Die deutschen Vertreibungsverluste*, p. 37.
66. Naimark, *Fires of Hatred*, p. 108-38; Norman Davies e Roger Moorhouse, *Microcosm. Portrait of a Central European City* (Londres, 2003), p. 417-25.
67. Ver a série publicada na década de 1950 pelo Ministério dos Refugiados da Alemanha Ocidental e organizada por Theodor Schieder, Bundesministerium für Vertriebene (org.), *Dokumentation der Vertreibung der Deutschen aus Ost-Mitteleuropa* (Bonn, 1957).
68. Götz Aly, *Rasse und Klasse. Nachforschungen zum deutschen Wesen* (Frankfurt am Main, 2003), p. 232.
69. Vorwort, Bundesministerium für Vertriebene (org.) (bearbeitet von Theodor Schieder), *Die Vertreibung der deutschen Bevolkerung aus den Gebieten östlich der Oder-Neisse* (Band I/1. *Dokumentation der Vertreibung der Deutschen aus Ost-Mitteleuropa*) (Bonn, 1953), p. I.

70. Essa foi uma das principais razões para, em dezembro de 1945, a Administração Militar remover Andreas Hermes do comando da União Democrata-Cristã na zona de ocupação soviética. Ver Stefan Donth, *Vertriebene und Flüchtlinge in Sachsen 1945-1952. Die Politik der Sowjetischen Militäradministration unter der SED* (Colônia, Weimar e Viena, 2000), p. 82-92.
71. Embora cerca de metade dos refugiados políticos da Alemanha nazista tenha voltado, apenas 4% dos que partiram por razões "raciais" voltaram, no máximo. Werner Röder e Herbert A. Strauss (orgs.), *Biographisches Handbuch der deutschsprachigen Emigration nach 1933/International Biographical Dictionary of Central European Emigres 1933-1945*, vol. II, parte 1 (Munique, 1983), p. xxxxix.
72. Frank Stern, "The Historic Triangle: Occupiers, Germans and Jews in Postwar Germany", em Robert G. Moeller (org.), *West Germany under Construction. Politics, Society and Culture in the Adenauer Era* (Ann Arbor, 1997), p. 202.
73. Michael Brenner, "East European and German Jews in Postwar Germany 1945-50", em Y. Michal Bodemann (org.), *Jews, Germans, Memory: Reconstructions of Jewish Life in Germany* (Ann Arbor, Michigan, 1996), p. 50.
74. Ver Constantin Goschler, "The Attitude towards Jews in Bavaria after the Second World War", em Robert G. Moeller (org.), *West Germany under Construction*, p. 231-33.
75. Discurso do general de brigada Gerald Templer, diretor do governo militar britânico, numa conferência dos governantes dos *Länder* e províncias da zona britânica em Detmold, 19/20 de novembro de 1945, em *Akten zur Vorgeschichte der Bundesrepublik Deutschland 1945-1949, Band 1, September 1945-Dezember 1946, Teil 1* (Munique, 1989), p. 156.
76. Henke, *Die amerikanische Besetzung Deutschlands*, p. 847-48; Susanne Schlösser, "Vas sich in den Weg stellt, mit Vernichtung schlagen". Richard Drauz, "NSDAP-Kreisleiter von Heilbronn", em Michael Kissner e Joachim Scholtyseck (orgs.), *Die Führer der Provinz. NS-Biographien aus Baden und Württemberg* (Konstanz, 1997), p. 157.
77. Em 1º de janeiro de 1947, o número de detidos em todas as quatro zonas chegava a 249.892 (95.250 na zona americana, 68.500 na britânica, 18.963 na francesa e 67.179 na soviética); desses, 93.498 foram libertados nessa data (44.244 na zona americana, 34.000 na britânica, 8.040 na francesa e 7.214 na soviética). Ver Clemens Vollnhals (org.), *Entnazifizierung. Politische Säuberung und Rehabilitierung in den vier Besatzungszonen 1945-1949* (Munique, 1991), p. 251.
78. Protocolo dos trabalhos em Potsdam, 1º de agosto de 1945, II.A.6. Fonte: <http://www.cnn.com/SPECIALS/cold.war/episodes/01/documents/potsdam.html>.
79. Norbert Frei, "Hitlers Eliten nach 1945 — eine Bilanz", em Norbert Frei (org.), *Karrieren im Zwielicht. Hitlers Eliten nach 1945* (2. ed., Frankfurt am Main e Nova York, 2002), p. 306.
80. Jeffrey Herf, *Divided Memory. The Nazi Past in the Two Germanys* (Cambridge, Massachusetts, e Londres, 1997), p. 335-37.
81. Ver, em termos gerais, Frei (org.), *Karrieren im Zwielicht.*

82. Vollnhals (org.), *Entnazifizierung*, p. 18.
83. Vollnhals (org.), *Entnazifizierung*, p. 19.
84. Ver a estatística da desnazificação das zonas ocidentais em Vollnhals (org.), *Entnazifizierung*, p. 332-33.
85. Ver principalmente Lutz Niethammer, *Die Mitläuferfabrik. Die Entnazifizierung am Beispiel Bayerns* (Bonn e Berlim, 1982).
86. Dieter Stiefel, *Entnazifizierung in Österreich* (Viena, Munique e Zurique, 1981), p. 308-309.
87. Ver Stiefel, *Entnazifizierung in Österreich*, p. 326-28.
88. Karl Heinrich Knappstein, "Die versäumte Revolution", *Die Wandlung* (agosto de 1947). Publicado em Vollnhals (org.), *Entnazifizierung*, p. 310-11.
89. Ver Vollnhals (org.), *Entnazifizierung*, p. 61.
90. "Regierungserklärung des Bundeskanzlers Konrad Adenauer vom 20. September 1949". Fonte: <http://www.dhm.de/lemo/html/dokumente/JahreDesAufbausInOstUndWest_erklaerungAdenauerRegierungserklaerung1949>.
91. Discurso do general de brigada Gerald Templer, diretor do governo militar britânico, numa conferência dos governantes dos *Länder* e províncias da zona britânica em Detmold, 19/20 de novembro de 1945, em *Akten zur Vorgeschichte der Bundesrepublik Deutschland 1945-1949, Band 1, September 1945-Dezember 1946, Teil 1* (Munique, 1989), p. 157.
92. Ver Frei, *Vergangenheitspolitik*; Frei (org.), *Karrieren im Zwielicht.*
93. Ver van Melis, *Entnazifizierung in Mecklenburg-Vorpommern*; Timothy R. Vogt, *Denazification in Soviet-Occupied Germany. Brandenburg, 1945-1948* (Cambridge, Massachusetts, e Londres, 2000). Há uma discussão concisa da desnazificação na zona soviética em Vollnhals (org.), *Entnazifizierung*, p. 43-55.
94. De acordo com dados liberados pelo Ministério das Relações Exteriores soviético em julho de 1990, dos 122.671 presos, quase 43 mil morreram em consequência de doenças e 776 foram condenados à morte. Ver Vollnhals (org.), *Entnazifizierung*, p. 55.
95. Frei (org.), *Karrieren im Zwielicht*, p. 129.
96. Hannah Arendt, "The Aftermath of Nazi Rule. Report from Germany", em *Commentary*, 10 (outubro de 1950), p. 342-53, aqui p. 342-43.
97. Ian Kershaw, *Hitler 1889-1936: Hubris* (Londres, 1998), p. xxx.

BIBLIOGRAFIA SELECIONADA

Allen, Michael Thad, *The Business of Genocide. The SS, Slave Labor, and the Concentration Camps* (Chapel Hill e Londres, 2002).

Allen, William Sheridan, *The Nazi Seizure of Power. The Experience of a Single German Town* (edição revista, Londres, 1989).

Aly, Götz, *'Final Solution'. Nazi Population Policy and the Murder of the European Jews* (Londres, 1999).

Aycoberry, Pierre, *The Nazi Question* (Londres, 1983).

Bartov, Omer, *The Barbarisation of Warfare. German Officers and Soldiers in Combat on the Eastern Front, 1941-1945* (Londres, 1986).

______, *Hitler's Army. Soldiers, Nazis, and War in the Third Reich* (Oxford, 1991).

______, *Murder in our Midst: the Holocaust, Industrial Killing, and Representation* (Nova York e Oxford, 1996).

______ (org.), *The Holocaust. Origins, Implementation, Aftermath* (Londres, 2000).

Bessel, Richard, *Political Violence and the Rise of Nazism* (New Haven e Londres, 1984).

______ (org.), *Fascist Italy and Nazi Germany. Comparisons and Contrasts* (Cambridge, 1996).

______ (org.), *Life in the Third Reich* (edição revista, Oxford, 2001).

______ e Schumann, Dirk (orgs.), *Life after Death. Approaches to a Cultural and Social History of Europe during the 1940s and 1950s* (Cambridge, 2003).

Bracher, Karl Dietrich, *The German Dictatorship. The Origins, Structure and Effects of National Socialism* (Harmondsworth, 1971).

Breitman, Richard, *The Architect of Genocide: Himmler and the Final Solution* (Hanover, New Hampshire, 1991).

Bridenthal, Renate et al., *When Biology Became Destiny. Women in Weimar and Nazi Germany* (Nova York, 1984).

Broszat, Martin, *The Hitler State. The Foundation and Development of the Internal Structure of the Third Reich* (Londres, 1981).

Browning, Christopher, *Fateful Months. Essays on the Emergence of the Final Solution* (Cambridge, 1991).

______, *Ordinary Men. Reserve Police Battalion 101 and the Final Solution in Poland* (Nova York, 1992).

______, *The Path to Genocide. Essays on the Launching of the Final Solution* (Cambridge, 1992).

______, *Nazi Policy, Jewish Labor, German Killers* (Cambridge, 2000).

Bukey, Evan Burr, *Hitler's Austria. Popular Sentiment in the Nazi Era, 1938-1945* (Chapel Hill e Londres, 2000).

Bull, Hedley (org.), *The Challenge of the Third Reich* (Oxford, 1986).

Burleigh, Michael (org.), *Confronting the Nazi Past* (Londres, 1996).

______, *The Third Reich. A New History* (Londres, 2000).

______ e Wippermann, Wolfgang, *The Racial State. Germany 1933-1945* (Cambridge, 1991).

Caplan, Jane e Childers, Thomas (orgs.), *Reevaluating the Third Reich* (Nova York, 1993).

Carr, William, *Arms, Autarky and Aggression. A Study in German Foreign Policy, 1933-1945* (Londres, 1972).

______, *Hitler: A Study of Personality in Politics* (Londres, 1978).

Childers, Thomas, *The Nazi Voter. The Social Foundations of Fascism in Germany* (Chapel Hill e Londres, 1983).

______ (org.), *The Formation of the Nazi Constituency 1918-1933* (Londres, 1986).

Crew, David F. (org.), *Nazism and German Society 1933-1945* (Londres, 1994).

Deist, Wilhelm, *The Wehrmacht and German Rearmament* (Londres, 1982).

Evans, Richard J., *The Coming of the Third Reich* (Londres, 2003).

Fischer, Conan, *Stormtroopers. A Social, Economic and Ideological Analysis 1929-1935* (Londres, 1983).

Frei, Norbert, *National Socialist Rule in Germany. The Führer State 1933-1945* (Oxford, 1993).

Friedlander, Henry, *The Origins of Nazi Genocide: From Euthanasia to the Final Solution* (Chapel Hill e Londres, 1995).

Friedländer, Saul, *Nazi Germany and the Jews, vol. 1: The Years of Persecution 1933-1939* (Nova York, 1997).

Fritzsche, Peter, *Germans into Nazis* (Cambridge, Massachusetts, 1998).

Gellately, Robert, *The Gestapo and German Society. Enforcing Racial Policy 1933-1945* (Oxford, 1990).

______, *Backing Hitler. Consent and Coercion in Nazi Germany* (Oxford, 2001).

______ e Stoltzfus, Nathan (org.), *Social Outsiders in Nazi Germany* (Princeton, 2001).

Geyer, Michael e Boyer, John W. (orgs.), *Resistance against the Third Reich, 1933-1990* (Chicago, 1994).

Graml, Hermann, *Antisemitism in the Third Reich* (Oxford, 1992).

Grunberger, Richard, *A Social History of the Third Reich* (Harmondsworth, 1974).

Heineman, Elizabeth D., *What Difference Does a Husband Make? Women and Marital Status in Nazi and Postwar Germany* (Berkeley, Los Angeles e Londres, 1999).

Herbert, Ulrich, *Hitler's Foreign Workers: Enforced Foreign Labor in Germany under the Third Reich* (Cambridge, 1997).

______ (org.), *National Socialist Extermination Policies. Contemporary German Perspectives and Controversies* (Nova York e Oxford, 2000).

Hildebrand, Klaus, *The Third Reich* (Londres, 1984).

Hirschfeld, Gerhard (org.), *The Politics of Genocide. Jews and Soviet Prisoners of War in Nazi Germany* (Londres, 1986).

Jarausch, Konrad H. e Geyer, Michael, *Shattered Past. Reconstructing German Histories* (Princeton e Oxford, 2003).

Johnson, Eric, *The Nazi Terror. The Gestapo, Jews and Ordinary Germans* (Londres, 2000).

Kaplan, Marion, *Between Dignity and Despair: Jewish Life in Nazi Germany* (Nova York, 1998).

Kater, Michael, *The Nazi Party. A Social Profile of Members and Leaders, 1919-1945* (Oxford, 1983).

Kershaw, Ian, *Popular Opinion and Political Dissent in the Third Reich. Bavaria, 1933-45* (Oxford, 1983).

______, *The 'Hitler Myth'. Image and Reality in the Third Reich* (Oxford, 1987).

______ (org.), *Weimar: Why Did German Democracy Fail?* (Londres, 1990).

______, *The Nazi Dictatorship. Problems and Perspectives of Interpretation* (quarta edição, Londres, 2000).

______, *Hitler, 1889-1936: Hubris* (Londres, 1998).

______, *Hitler, 1936-1945: Nemesis* (Londres, 2000).

______ e Levin, Moshe (orgs.), *Stalinism and Nazism: Dictatorship in Comparison* (Cambridge, 1997).

Kitchen, Martin, *Nazi Germany at War* (Londres, 1995).

Knox, MacGregor, *Common Destiny. Dictatorship, Foreign Policy, and War in Fascist Italy and Nazi Germany* (Cambridge, 2000).

Large, David Clay (org.), *Contending with Hitler. Varieties of German Resistance in the Third Reich* (Cambridge, 1991).

Leitz, Christian (org.), *The Third Reich* (Oxford, 1999).

Mason, Tim, *Social Policy in the Third Reich. The Working Class and the 'National Community'* (Providence e Oxford, 1993).

______, *Nazism, Fascism and the Working Class* (Cambridge, 1996).

Mazower, Mark, *Inside Hitler's Greece: The Experience of Occupation 1941-1944* (New Haven, 1993).

Merson, Allen, *Communist Resistance in Nazi Germany* (Londres, 1985).

Moeller, Robert G., *War Stories. The Search for a Usable Past in the Federal Republic of Germany* (Berkeley, Los Angeles e Londres, 2001).

Mommsen, Hans, *From Weimar to Auschwitz. Essays in German History* (Oxford, 1991).

______, *The Rise and Fall of Weimar Democracy* (Chapel Hill e Londres, 1996).

Mosse, George L., *Fallen Soldiers. Reshaping the Memory of the World Wars* (Nova York, 1990).

Müller, Klaus-Jürgen, *The Army, Politics, and Society in Germany, 1933-1945 Studies in the Army's Relationship to Nazism* (Manchester, 1987).

Noakes, Jeremy (org.), *Nazism 1919-1945* (quatro volumes, Exeter, 1983, 1984, 1988, 1998).

Overy, R. J., *War and Economy in the Third Reich* (Oxford, 1994).

______, *The Nazi Economic Recovery, 1932-1938* (segunda edição, Cambridge, 1996).

Peukert, Detlev J. K., *Inside Nazi Germany. Conformity and Opposition in Everyday Life* (Londres, 1987).

______, *The Weimar Republic. The Crisis of Classical Modernity* (Londres, 1991).
Pine, Lisa, *Nazi Family Policy, 1933-1945* (Oxford, 1997).
Rees, Laurence, *The Nazis. A Warning from History* (Londres, 1998).
Schleunes, Karl A., *The Twisted Road to Auschwitz. Nazi Policy towards German Jews 1933-1939* (Chicago, 1970).
Schoenbaum, David, *Hitler's Social Revolution. Class and Status in Nazi Germany, 1933-1939* (Nova York e Londres, 1997).
Schulte, Theo, *The German Army and Nazi Policies in Occupied Russia* (Providence, 1989).
Stachura, Peter D. (org.), *The Shaping of the Nazi State* (Londres, 1978).
______ (org.), *The Nazi Machtergreifung* (Londres, 1983).
Steinert, Marlis, *Hitler's War and the Germans* (Athens, Ohio, 1977).
Stephenson, Jill, *Women in Nazi Germany* (Londres, 1975).
Turner , Henry A. (org.), *Nazism and the Third Reich* (Nova York, 1972).
______, *German Big Business and the Rise of Hitler* (Nova York e Oxford, 1985).
______, *Hitler's Thirty Days to Power* (Londres, 1996).
Wachsmann, Nikolaus, *Hitler's Prisons. Legal Terror in Nazi Germany* (New Haven e Londres, 2004).
Weinberg, Gerhard L., *A World at Arms. A Global History of World War II* (Cambridge, 1994).
Welch, David, *The Third Reich: Politics and Propaganda* (Londres, 1993).
Wistrich, Robert S., *Hitler and the Holocaust* (Nova York, 2001).

ÍNDICE

Conheça mais sobre nossos livros e autores no site
www.objetiva.com.br

Disque-Objetiva: (21) 2233-1388

Este livro foi impresso na
LIS GRÁFICA E EDITORA LTDA.
Rua Felício Antônio Alves, 370 – Bonsucesso
CEP 07175-450 – Guarulhos – SP
Fone: (11) 3382-0777 – Fax: (11) 3382-0778
lisgrafica@lisgrafica.com.br – www.lisgrafica.com.br